国家社会科学基金课题（11BGL056）结题成果

地方治理背景下的土地增值收益分配研究

——土地产权与土地租税费

朱一中◎著

光明日报出版社

图书在版编目（CIP）数据

地方治理背景下的土地增值收益分配研究：土地产权与土地租税费 / 朱一中著. — 北京：光明日报出版社，2017.10

ISBN 978-7-5194-3552-3

Ⅰ. ①地… Ⅱ. ①朱… Ⅲ. ①土地经营-收入分配-研究-中国 Ⅳ. ①F321.1

中国版本图书馆 CIP 数据核字（2017）第 258423 号

地方治理背景下的土地增值收益分配研究：土地产权与土地租税费

DiFang ZhiLi BeiJingXia de TuDi ZengZhi ShouYi FenPei YanJiu: TuDi ChanQuan yu TuDi ZhuShuiFei

著　　者：朱一中

责任编辑：曹美娜　朱　然　　　　责任校对：顾梦煊
封面设计：博克思文化　　　　　　责任印制：曹　诤

出版发行：光明日报出版社
地　　址：北京市西城区永安路 106 号，100050
电　　话：010-67078248（咨询），67078870（发行），67019571（邮购）
传　　真：010-67078227，67078255
网　　址：http://book.gmw.cn
E-mail：gmcbs@gmw.cn　　caomeina@gmw.cn
法律顾问：北京德恒律师事务所龚柳方律师

印　　刷：三河市华东印刷有限公司
装　　订：三河市华东印刷有限公司
本书如有破损、缺页、装订错误，请与本社联系调换

开　　本：710×1000　1/16
字　　数：264 千字　　　　　　印　　张：13.5
版　　次：2018 年 1 月第 1 版　　印　　次：2018 年 1 月第 1 次印刷
书　　号：ISBN 978-7-5194-3552-3

定　　价：42.00 元

序　言

1978 年以来，中国进行了以社会经济管理权限下放为主要内容的地方管理制度改革及以分税制为主要内容的财政管理制度改革，与城乡土地所有制结构一起构成了中国土地扩张型城市化路径选择与地方政府“土地财政”依赖的制度背景，奠定了现行的地方治理模式与中央—地方财政关系基本格局。据 2016 年中国国家统计年鉴统计数据，全国城市建成区面积由 2000 年的 2.24 万平方公里增加到 2015 年的 5.21 万平方公里，年平均拓展速度为 5.78%，远高于同期城镇人口的年增长速度 3.52% 和城镇化的年增长率 2.96%。另据 2016 年中国国土资源公报，截至 2015 年年末，全国建设用地总量已达 38.59 万平方公里，其中城镇村及工矿用地面积高达 31.43 万平方公里，而全国耕地保有量则从 2009 年的 20.31 亿亩减少到 2015 年的 20.25 亿亩。随着大量农村集体土地被征收，政府土地财政收入快速增长，农民失去赖以生存的土地，由此引发的矛盾日益突出。根据中国社会科学院《2011 年中国社会形势分析与预测蓝皮书》的研究成果，73% 的农村集体上访和纠纷事件与土地有关，其中 40% 涉及征地纠纷问题，而征地纠纷中的 87% 都涉及征地补偿和安置问题，严重影响了社会稳定。

地方政府对土地财政的过度依赖、失地农民土地补偿标准过低、房地产业对国民经济的“绑架”等种种现象无不与土地增值收益在不同利益主体间的分配失衡紧密相关。城市化发展与土地扩张冲动中伴随着的土地增值分配矛盾引起了全社会的普遍关注，成为关系和谐社会建设、新型城镇化发展的重大问题。2013 年中国共产党十八届三中全会通过的《中共中央关于全面深化改革若干重大问题的决定》对农村土地制度改革作出了总体部署，提出要建立兼顾国家、集体、个人的土地增值收益分配机制，合理提高个人收益，其重点是要赋予农民更多的财产权利，保障农民平等参与现代化进程，公平分享土地增值收益，共同分享发展成果。随着工业化和城市化发展进入转型期，建立合理的利益分配机制已成为国家政治与经济体制改革需要重点建设的关键制度。

本研究遵循土地产权配置—土地租税（费）结构—土地增值收益分配—土地增值管理政策工具应用与制度设计的思路，将土地产权、土地增值收益配置和财政分权机制下的地方治理整合为逻辑统一的研究框架，从理论上探讨土地增值收益产生的机理、土地产权配置与土地增值收益分配的内在联系、土地增值收益配置的原则和机制等问题，并结合高速城市化演进中的农地征收和城市拆迁案例实证研究，探讨现行的土地产权配置、土地租税（费）制度与土地增值收益分配模式及其存在问题，为土地增值收益分配制度改革提供对策建议。

目　录

第 1 章　绪论

1.1 地方治理、财政分权与土地增值收益分配问题的提出

1.1.1 地方治理与财政分权体制

基于政府干预经济理论和福利国家建设的需要，“二战”后西方国家建立了福利国家体制和官僚层级模式，政府职能急剧膨胀。自 20 世纪七八十年代以来，财政压力迫使政府转变管理模式，一方面调整中央政府与地方政府的关系，进行垂直式分权化改革，授予地方政府更大的财权和事权；另一方面市场经济的发展增强了私营部门参与公共事务的意愿，公共部门和私营部门的关系也进行了结构调整，即地方政府横向分权，将部分公共事务管理权力向私营部门让渡。传统的地方政府管理概念已经难以描述这种新的地方管理体制，地方治理的概念应运而生（娄成武等）。地方治理体现了地方公共事务管理过程中的民主化发展趋势，强调“以分权化为主导的地方权力和自主管理能力，但又倡导不同层级政府之间、地方政府与私企之间、政府组织与公民社会之间广泛的合作与伙伴关系”（孙柏瑛）。

分权既是地方治理的前提和基础，也是地方治理的要义。自 20 世纪 80 年代以来，地方分权成为全球地方管理制度改革与创新的重要方向。Tiebout 论证了地方政府由于信息优势，较之中央政府更加了解本地居民的偏好，因而向地方政府分权有利于提高社区公共物品的供给水平。Oates 进一步论证了地方财政自主权的扩大将强化地区间竞争和公众政治参与，从而有助于约束地方政府行为，促使地方政府提高效率。根据 Lee and Gilbert 的研究，在全球 75 个人口超过 500 万的发展中国家中，有 63 个都采取了积极的分权政策。

1978 年以来，中国的改革开放总体上是一个逐步摆脱计划经济体制、将社会经济管理权限下放的过程，然而这个过程并不是一个单一的绝对纵向分权的过程。从财政体制来看，大致经历了“由解放初期中央对地方实现高度集权的财政‘统收统支’制度到 20 世纪 80 年代中期逐渐过渡到比较分权的财政包干制度，又到 90 年代中期（1994 年）实行了相对较为集权的分税制体制”的过程（周飞舟）。

中国自 1980 年正式实施“划分收支、分级包干”的“分灶吃饭”财政体

制；1985年将“分灶吃饭”的具体形式改为“划分税种，核定收支，分级包干”；1988年根据省区的不同情况进一步改革为六种不同形式的财政包干体制。改革的总体趋势是越来越分权，激起了地方政府发展地方企业尤其是乡镇企业的积极性，但也导致了税收在GDP中的比重下降，中央预算收入在财政总收入中的比重下降（周飞舟）。

1994年开始实施的分税制取代了原有的财政包干体制，其目的在于调整20世纪80年代形成的中央地方关系，改进财政收入和公共品供应水平的省际不平衡，加强中央政府的宏观经济管理能力。改革的核心内容是将税收分为中央税、地方税和共享税，并通过中央财政转移支付的形式来消除地方政府的财政赤字。地方政府的财政收入相应包括本级政府财政净收入和来自中央的转移支付。与20世纪80年代中国实行的财政包干制度相比较，1994年的分税制改革使中国地方政府在财政自主权上经历了显著的收缩。

“分税制”改革后，地方财政收入占全国财政总收入的比重由1993年的78%快速下滑到1994年的44.3%，此后基本在47%左右波动，可见分税制改革造成了明显的“财政资源中央集结”效应。2007年后由于对财政收支科目统计口径进行了重大改革，地方财政收入占全国财政总收入的比重略有上升，2011年达到50.6%。

与此同时，1993年至2006年，地方财政支出占全国财政总支出的比重却呈上升趋势，从1993年的71.7%上升到2006年75.3%。统计口径更改后，更由2007年的77%上升到2011年的84.9%。地方政府的财政支出范围有扩大趋势，说明地方政府的事权范围有所增大。

分税制改革使地方财政收入占全国财政总收入比重下降，而地方财政支出比重不减反增，造成地方财政收支严重失衡，且收支缺口越来越大。分税制改革之前，地方政府财政收支基本平衡；但1994年之后，地方财政收入金额由1994年的2311.6亿元增长到2011年的52547.11亿元，而地方财政支出金额则由1994年的4038.19亿元增加到2011年的92733.68亿元，地方政府财政赤字日益严重，收支差额从1994年的1726.59亿元增加到2011年的40186.57亿元。

分税制奠定了现行中央—地方财政关系和地方治理模式的基本格局，深刻影响了地方政府的行为。分税制改革后，中央政府的财政能力得到增强，而地方政府在“财权收缩、事权扩大”的情况下面临巨大的财政压力，其应对措施则包括改变公共品支出结构，优先确保政府运转和基础设施建设，并将寻求预算外资金和非预算资金作为保障财政增长的重点措施（陈硕、傅勇、张晏、周飞舟、善婧）。

1.1.2 地方治理与土地财政的形成

自1992年市场经济体制改革以来，社会各种资源打破了地域、行业领域的界限自由流动，为了适应市场经济的发展需求，中国对计划经济体制下中央高度集权的管理模式实施了一系列改革。中央对地方事务的行政管理权下放，地方政府对地方公共事务拥有了独立的管理权，获得了地方资源的相对控制权，在一定程度上成为独立的行为主体；分税制改革虽然导致地方政府预算内财政收入比重明显减少，但凸显了地方利益，使地方政府拥有了真正意义上的地方财政，推动地方经济发展的积极性得到极大提高。

另外，随着市场经济的进一步发展及全球一体化步伐的加快，多元社会利益主体形成并通过多种途径积极参与社会公共事务管理，促进了传统地方治理模式的转变，"国家—市场—公民社会"三位一体的治理框架开始形成。然而，由于中国市场经济体制改革的时间比较短，市场和公民社会力量的发展尚不充分，加之传统的行政管理体制的影响，地方政府在地方公共事务管理中仍发挥着主导作用。中国现行的地方治理是一种地方政府主导—多元主体共同参与的治理模式，作为地方治理首要主体的地方政府的基本使命是组织多元主体共同参与到地方公共事务的管理中来，满足公众需求、提供公共物品和服务，实现地方利益的最大化和可持续发展。

在现行财政体制下，地方政府仅依靠一般预算收入来应对中央政府不断下移的提供公共产品和服务的事权，财政收支缺口严重。与此同时，偏向经济绩效的考核制度迫使地方官员不得不想方设法搞经济建设。地方政府在没有征税立法权的情况下，为了有效应对这种"财权与事权严重不匹配以及经济建设政绩考核需要"的困境，除了选择性地减少部分公共物品的供给外，开始通过各种规范或非规范途径寻求新的财政收入增长方式。其中，城市化成为地方政府获得财政收入的重要途径，地方政府围绕土地收益形成了一些新的财政行为模式：

第一，热衷于利用公权力征地和卖地，以获得建设用地和农业用地之间巨大的价格差。迄今，政府的土地财政收入主要是指以土地出让金为主体的收入。

第二，土地融资成为地方政府进行城市基础设施投资建设的重要手段，在城市扩张中起到杠杆作用。各地方政府往往以土地储备中心、政府性公司和开发区为载体获得银行贷款，增加了地方融资平台风险。

第三，积极扩大土地相关税税基，引发城市扩张热潮。在现行分税制下，消费税、关税、车辆购置税、增值税和证券交易税的75%为中央财政的固定收入，近年来增长较快的所得税也改为共享税，且中央与地方按60∶40的比例分享；而地方财政的固定收入主要包括营业税、土地使用税、耕地占用税、土地增值税、房产税、城市维护建设税、车船使用税、契税及分享税部分。显然，在地方税体系中，土地相关税占了大部分，为此，发展城市建筑业和房地产业成为地方政府快速增加财政收入首选方法。

第四，收取各种费，提高财政预算外收入，尤其以土地相关收费为最主要构成部分。目前，中国土地收费种类繁多，各级政府对房地产业的收费按其性质可分为三类：一是项目性收费，二是管理费和手续费，三是各项证件工本费。相关研究表明，许多地方的土地收费项目在100项以上，有的多达200多项。土地税收约占房地产开发总成本的10%，而各种收费却占总成本的30%以上（阮家福）。经过税费体制的不断完善，土地收费项目虽然有所减少，但仍然是土地财政的重要构成部分。

第五，一度通过低价甚至“零地价”或“负地价”出让工业用地来招商引资，增加营业税、消费税等税收收入，并以此带动当地经济发展。为了成功招商引资，地方政府不惜以低价出让工业用地，使政府间的竞争演变成工业用地出让价格的竞争，造成了土地收益的大量流失。

1.1.3 中国土地财政收入概况

根据《中国国土资源统计年鉴》土地出让数据（表1－1），2001—2013年，土地出让总面积为291.34公顷，年均出让建设用地面积为22.41万公顷。其中以招、拍、挂方式出让土地总面积为187.31万公顷，占总出让面积的64.29%；土地出让金总额高达194394.40亿元。

表1－1　中国土地出让面积及土地出让金收入（2001—2013年）

年份	土地出让面积（万公顷）			土地出让收入（亿元）			地方财政收入（亿元）	土地出让收入占地方财政收入的比重
	总面积	土地“招拍挂”出让面积	土地“招拍挂”出让面积占比	总收入	土地“招拍挂”出让收入	土地“招拍挂”出让收入占比		
2001	9.04	0.66	7.30%	1295.89	483.37	37.30%	7803.3	16.61%
2002	12.42	1.81	14.57%	2416.79	968.55	40.08%	8515.00	28.38%
2003	19.36	5.19	26.81%	5421.31	3225.68	59.50%	9849.98	55.04%
2004	18.15	5.21	28.71%	5412.18	3253.68	50.74%	11893.37	53.91%
2005	16.56	5.72	34.54%	5883.82	3920.09	66.62%	15100.76	38.96%
2006	23.3	6.65	28.54%	8077.64	5492.09	67.99%	18303.58	44.13%
2007	23.5	11.53	49.06%	12216.72	9551.00	78.18%	23572.62	51.83%
2008	16.59	13.36	80.53%	10259.80	9528.74	92.87%	28649.79	35.81%
2009	20.9	17.8	85.17%	15910.20	15098.5	94.90%	32602.59	48.80%
2010	29.15	25.73	88.30%	27100.00	26000	95.94%	40613.04	66.73%
2011	33.39	30.47	91.3%	31500.00	30200.0	95.9%	52547.11	60.10%

续表

省份	2001年	2002年	2003年	2004年	2005年	2006年	2007年	2008年	2009年
西藏	0.05	0.57	0.71	1.91	4.62	5.99	3.76	7.81	1.19
陕西	13.62	16.02	43.38	113.36	66.99	119.14	201.50	159.15	176.59
青海	1.08	2.58	1.79	2.24	3.39	2.55	1.64	3.31	46.94
宁夏	0.88	1.92	16.18	19.98	13.76	21.06	50.98	30.41	64.86
新疆	6.66	10.63	25.16	28.86	21.45	35.58	61.29	61.58	58.77
合计	84.65	216.86	535.03	800.57	790.01	1119.68	1745.02	1293.93	1823.29

数据来源：中国国土资源统计年鉴（2001—2009年）。

在分税制改革背景下，为了获得最大化财政收入，地方政府不仅要和同级政府进行经济竞争，还要和中央政府进行政策博弈。当前，中国地方财政除了所得税、营业税、消费税等税收收入外，土地开发中的各种租税费收入（尤其是土地出让金收入）成了地方财政增收的主要途径，占地方财政收入的半壁江山；而且与税收收入不同的是，地方政府对土地收益的管理和使用更为自由，这就决定了地方政府愈加倚重最大限度地开发利用土地资源，以期获得土地财政的最大化。土地财政使得地方财政收入大幅度增加，支持了地方经济的发展，增强了地方政府竞争力，土地本身价值及其相关产业收入得到提高，反过来又提高了土地财政收入，由此形成了独特的地方治理与土地财政的循环发展模式与反馈机制，促成了地方政府对土地财政的过分依赖，成为近二十年来“土地城市化”发展的直接原因。

1.1.4 土地增值收益分配问题的提出

土地财政在一定程度上增加了地方政府的可支配收入，减轻了地方政府的财政负担，促进了城市化发展进程，但同时也带来了严重的负面效应，主要体现在：受经济周期影响和土地资源供给数量的限制，过度依赖“土地财政”的地方财政收入结构脆弱不可持续；土地出让金作为地方政府收入的主要或重要来源，违背价值规律对地价实行保护垄断，助长了高地价高房价的恶性循环；高房价抑制了国内消费需求，固化了消费疲软的经济格局，障碍了中国经济结构的转型；浪费土地资源，导致土地违法和耕地流失严重；土地征收过程中侵害了农民的土地财产权益，土地收益分配失调，寻租腐败行为严重等（程睿娴、陈志勇）。

在地方治理、财政分权及地方政府土地财政依赖等相关宏观制度背景下研究土地增值收益分配的课题，所需要回答的问题包括：

（1）土地增值的影响因素有哪些？土地增值的形成机制是怎样的？

（2）现行制度环境下中国土地增值收益在不同利益主体间的分配状况是怎样的？现行土地增值收益分配制度是如何影响土地增值收益分配的？现行土地增

值收益分配机制存在的问题及其根源是什么?

(3) 如何通过土地增值收益分配制度改革建立合理公平的土地增值收益分享机制，并实现可持续的地方财政?土地增值收益分配制度创新的核心要素和环节是什么?

1.2 基本概念界定

1.2.1 土地产权

土地产权指的是建立在土地之上的经济行为主体间形成的排他性权利和关系。由于产权具有层次性，不同情况下对土地权能的具体划分和细化会有所不同，各国的土地产权体系也因其政治制度和社会经济的差异而有所差别。一般来说，土地产权体系包括土地所有权、土地使用权、土地发展权、土地租赁权、土地继承权、地役权等各项权能（毕宝德)。在中国现行土地产权体系中，土地所有权、土地使用权、土地租赁权和土地发展权是最常被提及的基本权能。土地所有权是土地权利束中最充分的一项物权，包括对土地的占有、使用、收益以及处分（支配或转让交易）的权利；土地使用权有狭义和广义之分，狭义土地使用权指依法对土地实际利用的权利，广义土地使用权则包括对土地的占有、实际利用、部分收益和不完全处分的权利，如中国城镇国有土地使用权出让和转让制度中的土地使用权；土地租赁权指承租人对租赁物占有并且获得收益的权利，如中国农村土地转包实际上就是一种有期限的土地租赁（这里的出租方是土地承包者)；土地发展权指土地发展的权利，其实质是变更土地用途的权利，是可与土地所有权分离而单独处分的财产权。

1.2.2 地租、地税与土地费

1.2.2.1 地租

根据马克思对资本主义农业地租的研究，所谓地租，是农业资本家为获取土地的使用权而交给土地所有者的超过平均利润的那部分价值。作为租地农场主的资本家，为了得到在这个特殊生产场所使用自己资本的许可，要在一定期限内按契约规定支付给土地所有者一个货币额，这个货币额就是地租。

城市土地地租与农业土地地租具有同样的性质。马克思着重研究了农业地租的形式及其产生条件，并认为同样的原理也适用于矿山、建筑用地等不同土地利用类型。由于土地所有权的存在，租用任何土地，都必须支付地租。非农业用地地租同样具有级差地租和绝对地租等形式。“凡是自然力能被垄断并保证使用它的产业家得到超额利润的地方，不论瀑布、富饶的矿山、生产鱼类的水域，还是位置有利的建筑地段，那些因对地球的一部分享有权利而成为这种自然物所有者的人，就会以地租形式，从执行职能的资本那里把这种超额利润夺走”（马克思）。

1.2.2.2 地税

地税是各国最古老但在现今世界仍广泛实施的税收形式，具有税收的基本特点，是“国家以土地为征税对象，凭借其政治权力，运用法律手段，从土地所有者或土地使用者手中无偿、强制、固定地取得部分土地收益的一种税收”（毕宝德）。地税的范畴有狭义和广义之分。狭义的地税仅对土地课税；广义的地税不仅对土地课税，还对地上建筑物或其他附属物课税。本书所涉及的土地税收范畴为广义的地税。

由于时代和经济发达程度的差异，各国土地税收制度有所不同，主要分为两类：财产税式的土地税和所得税式的土地税。财产税式的土地税，以反映土地拥有量的数值为课税依据，分为从量税和从价税两类。从量税包括按土地面积征收和按土地等级征收两种；从价税包括土地原价税和土地增值税。所得税式的土地税，以土地收益（包括来自土地本身以及其他生产要素创造所得的收益）为课税对象，包括按总收益征税、按纯收益征税、按估定收益征税和按租赁价格征税四种。两种税制各有优劣，所得税式的土地税更显公平，但财产税式的土地税在实际中更容易征收。在现代各国的土地税中，以土地财产税为主，并且多是从价值式的土地税，即基于土地价值征收的地价税，在研究中划分为保有税、取得税、流转税。

1.2.2.3 土地费

土地费是对投资和使用管理的补偿，是国家以行使社会职能为前提，向土地使用者收取的花费或消耗的补偿，它不属于分配和再分配的范畴。规范的土地费一般有两种类型：①规费，即政府部门对公民个人提供特定服务或实施特定行政管理而收取的工本费和手续费，包括行政事业性收费和服务性收费，如征地管理费、工本费、劳务补偿费、过户费等；②使用费，即政府按一定标准向公共设施的使用者收取的费用，通常具有补偿性，包括设施补偿费和资源补偿费，如过桥费、高速公路过路费、停车费、耕地开垦费等。土地费和土地税收都以国家行使社会职能为前提，但由于其特质的不同，土地费具有区别于土地税收的适用范围：①土地费用于弥补社会管理或治理负外部效应的成本，而不以组织财政收入为目的，主要表现为具有校正性的惩罚费；②费的前提是不可用税收替代，因此能用税收代替的项目，就应通过立法征土地税而不以土地费的形式收取；③受益性是区分收费（惩罚费除外）和税收的重要标志，指的是缴款人通过缴纳土地费而接受收款者提供的管理性服务或参与活动，但并不是从该款项的使用中获益。

在中国土地租税费体系里，土地费按政府收费管理部门一般分为行政事业性收费、服务性收费和资源性收费三种，但大部分费带有租或税的性质；由于本书所涉及土地租税费体系中的土地费未必是真正意义上的费，同时在土地增值收益分配中不占重要份额，在本书中不做重点研究。

1.2.3 土地价值与土地价格

基于马克思经济学劳动价值论与西方现代经济学效用价值论的不同出发点，关于土地价值的内涵出现了土地无价值论、全价值论、土地收益论、土地商品价值论、使用价值论、效用价值论、二元价值论等不同观点的论争，其中以二元价值论获得了最广泛的认可。本研究认同二元价值论的观点，并认为由于土地构成的二元性（土地物质和土地资本），土地价值也具有二元性，土地物质或土地资源的价格不是以劳动价值论为基础，它表现为绝对地租和级差地租Ⅰ，在本质上是效用价值的体现，是以“虚幻的价格”形成出现的“真正地租”；土地资本价格则是劳动价值的体现，是土地资本的折旧和投资利息，表现为级差地租Ⅱ。土地价格最终体现为市场供需平衡关系条件下的一个综合的整体价格。

和一般商品价格不同，土地价格有如下特点：①土地价格是土地的权益价格，土地是不动产，人们购买土地不是购买土地本身，而是购买土地获得收益的权利。②土地价格不是土地价值的货币表现，不依生产成本定价。③土地供给无弹性，或者弹性很小，土地价格由需求决定。④土地的稀缺性随着人口增加和社会经济发展不断加剧，地租有不断上涨的趋势。并且，随着科学技术的进步，劳动总量在生产中的比重日益降低，使得整个社会的资本有机构成提高，社会平均利润率下降，利息率变小。地租的上升和利息率的下降，使得地价必然出现上升趋势。⑤土地价格具有强烈的地域性，土地位置固定，不能像一般商品那样可以到处流动，土地价格多是个别形成，没有可能形成统一的市场均衡价格。

1.2.4 土地增值

1.2.4.1 狭义和广义的土地增值

土地增值有广义和狭义之分。根据珀尔格雷夫政治经济学辞典，土地增值是指那些“由于其他目的的公共投资引起的土地价值的增加，但这些地价的增值并非公共投资的目的”；Hagman 等认为“土地增值是在排除土地所有者自身决定引起的地价变化因素外，中央或地方政府的决定或行为引起的土地价值的变化”；田莉（2008）提出“不包括由于人口增加、城市扩张、物价上涨或土地所有者自身的投资引起的土地价值的变化，土地增值主要是指由于地方政府，如公共设施投资或土地使用条件变化等引起的土地价值的增加”。以上论述均指狭义的土地增值，概括起来，它是指基于政府和公共行为引起的土地增值。

从广义的角度来看，土地增值即指“土地价值的增加”或“土地价格的上涨”。如周诚认为土地的价格“既以一定劳动价值量为基础并持续受到劳动价值量的影响，又不断地随供求关系的变动而变动”，把土地增值界定为“现实经济生活中土地价格的增加，而不是作为土地价格重要基础的土地劳动价值的增值”。邓宏乾认为土地增值即“土地价值的增加，也就是指在房地产开发利用或交易过程中发生的土地价格的上升和超额利润的增加”，王德起将其简单表述为“考虑通货膨胀因素在内的土地价格上升”。总之，广义的土地增值包含了各种内部因素和外部条件变化所带来的土地价值增长或收益增加。

1.2.4.2 土地自然增值与土地人工增值

把土地增值划分为自然增值和人工增值，是为了区分土地增值的不同来源并为土地增值的分配提供依据。周诚把土地增值分解为由宗地内业主投资带来的直接投资性增值、由宗地外投资辐射引起的外部投资辐射性增值和由土地用途管制、土地用途变换等引起的稀缺性增值，其中直接投资性增值又称为人工增值，而外部投资辐射性增值和稀缺性增值这类并非由业主直接投资引起的增值称为土地自然增值，并主张土地自然增值归公并由社会公平分享。

本研究采用土地增值的概念，包括广义的土地增值，土地人工增值和土地自然增值三个层面：广义的土地增值是指土地价值（土地物质价值和土地资本价值）的增加，包括人工增值和自然增值两部分，在现实经济生活中表现为地价的增长。土地人工增值，是指对宗地本身进行投资而导致的土地价值增加。土地自然增值，也是国外研究常采用的狭义的土地增值，包括各种外部性因素带来的土地价值增加，如社会经济总体进步、基础设施完善、土地供需条件变好、土地用途规制条件变化等。

土地增值既包括已实现的可见增值，也包括未来预期可实现的增值。土地增值既可能是正增值，也可能是负增值。

1.3 文献综述

早期土地增值收益理论研究成果包括李嘉图、马克思以及马歇尔等运用劳动价值论、一般均衡分析法、边际分析方法关于地租和地价形成机制的研究。19世纪中期，乔治的土地增值理论成为影响西方世界最广泛的理论之一，并由此提出了土地增值税的政策主张。进入20世纪后，关于财产税性质（受益税或资本税）和效应（累进税或累退税）的研究成为土地增值收益理论研究的重要补充，但总的来说，这一时期西方关于土地增值收益分配的理论研究没有大的进展。在中国，随着土地有偿使用制度的实施，尤其是近年来地方政府土地财政依赖、房地产价格、土地征收补偿等社会经济问题日益凸显，土地增值研究也受到越来越广泛的关注，其中土地增值的形态、影响因素或形成机制、土地增值的测算、土地增值的管理工具是研究探讨的重点内容。

1.3.1 土地增值的形态与形成机制

描述土地增值的形态与影响因素，目的在于认识土地增值的形成机制，分析土地增值的因果关系以及土地增值的内在规律，并为土地增值的分配提供依据。

周诚认为土地增值是现实生活中的土地价格增加，而不是土地的劳动价值增加，土地增值既包含正向的增值，也包括土地贬值，可以区分为投资性增值、供求性增值和用途性增值三种类型。杜新波、孙习稳依据马克思政治经济学理论，将土地价格分为“资源价格”和“资本价格”，土地增值可理解为地租和土地资本的增加，并从地租角度将土地增值划分为绝对地租增值、级差地租增值和垄断地租增值。李燕茹、胡兆量指出土地增值的表现形式是将通货膨胀因素考虑在内的土地价格上升，可用数学公式表达为“土地增值 = 土地现价 - 土地原价 × （1 - 通货膨胀率）”，并依据土地增值的动力来源阐述了“供求拉动、投资驱动、用途转换、外部辐射”四种增值类型；王德起在其研究中支持了这一观点，并将其分类为利用过程中的增值、聚集效益产生的增值、社会经济发展造成的增值和时间变化引起的增值；李肇文归纳了城市土地增值的六点原因，包括土地环境位置的变化、土地资金的增加、土地用途的改变、土地稀缺程度的增加、币值和利率的影响、政治局势的变化，并认为土地增值根本原因在于城市成长和经济繁荣以及由政府举办公共工程的促进，所以土地增值收益应该实行“涨价归公”。邓宏乾将土地增值分为生产性因素的增值和非生产性因素的增值，生产性因素是指对特定地块或相邻区域投入的资金、劳动力等要素，非生产性因素主要是指土地稀缺性、土地用途调整、利率、政策性。张鹏、张安录等对城市边界土地增值的形成原因进行了分析，认为城市增长必然导致土地增值，城市边界区地价包括农业地租价值和预期地租增值价值两个部分，并且预期地租增值随城市发展、越靠近城市边界就越大。上述研究均着重从经济学角度讨论了土地增值产生的根源。

从制度的角度讨论土地增值，是学者们关注的另一个焦点，早期即有学者研究认为农村土地向城市建设用地转变的土地增值中，经济租是它的外在表现形式，其实质是制度租，即“由于制度供给的不同，使得某种商品在不同制度间的转化具有潜在的利益，某一主体根据其特殊的地位不断地实现这种商品在不同制度之间的转化，而寻求直接的非生产性利润”（吴敬琏）。王家庭、张换兆从制度租的视角分析认为农村土地征用表面上是土地用途的改变，实质是制度转换和所有权的转化以及准市场化行为，地方政府和企业在征地过程中获取了制度租金，社会福利水平没有明显增加而农民利益明显损失。马贤磊、曲福田提出除了自然增值外，“中国经济转型期还存在土地价格扭曲（包括政府价格扭曲和市场价格扭曲）造成的增值”，这种所谓价格扭曲，亦可视为制度租的产物。借鉴这一观点，陈莹、谭术魁研究了征地过程中的土地增值，将市场失灵和政府失灵导致的价值扭曲，与环境改善带来的增值一起视为“自然增值”的组成部分。

探讨单个或多个具体因素对土地价值的影响，从微观层面对土地增值的产生进行量化研究，更深入细致地揭示了土地增值的来源。如 John F. McDonald 等研究了土地利用区划与土地价值的关系，发现土地使用分区会使土地价值增加。Hongbo Du and Corinne Mulley 统计分析英国桑德兰某地铁站附近的住宅价格的变化后认为轨道交通系统在短期内会对土地价值有影响，应该回收土地增值以支持高成本的轨道交通投入。Robert Cervero and Chang Deok Kang 指出快速公交系统（BRT）会影响土地利用变化和土地价值，从而使土地溢价，因此要利用土地价值回收工具来帮助基础设施融资。在各种定量分析中，特征价格模型是相对成熟的方法，在探讨交通设施、环境、经济政策等外部因素对地价或房价的影响中得到广泛应用，其研究深入揭示了土地增值的形成机制。Robert Cervero and Chang Deok Kang 运用特征价格模型研究了快速公交系统（BRT）对韩国首尔土地利用与土地价值的影响，发现自 2007 年 BRT 开通后，距 BRT 公交站点 300 米范围内居住用地的价格提高了约 10%，150 米范围内零售商业和其他非居住用地价格上涨了 25%。Xiaolu Gao 等分别以东京、北九州市和香港为例，运用特征价格模型研究了城市景观环境因素对土地价格或住房价格的影响。聂冲、温海珍、樊晓锋利用特征价格模型研究轨道交通对周边房地产价值的影响，着重分析了交通区位在时空上的正负效应。田莉利用特征价格模型分析广州地铁二号线对沿线物业价值的影响，发现地铁沿线物业的业主坐享了公共设施建设带来的渔利。

1.3.2 土地增值及其分配的测算

土地增值分配的研究必须以对土地增值进行具体测算为基础，由于涉及复杂的产权关系、土地用途转变与土地开发模式、多元参与利益主体以及中国特殊的土地制度与宏观社会经济环境背景等多重因素，目前关于土地增值的测算并无一致的方法，研究角度和测算方式各有差异，案例分析和调查统计是较常采用的途径。

土地增值可能发生在不同的土地开发利用方式情境中。罗丹等研究了国家征地土地非农化模式、集体土地直接非农化模式的土地增值收益分配特征和效应，从宏观层面考察了不同土地非农化模式下的土地增值分配问题。但目前征收集体所有土地转为国有土地仍然是中国现行法律制度框架所认可的主流的土地非农化方式，土地增值收益分配中的主要矛盾和问题表现为征地拆迁过程中补偿标准过低、政府收益份额偏大。因此，土地征收与拆迁成为中国土地增值收益分配实证研究关注的重点领域。

为了准确计算土地增值空间，需要对不同时期的土地价格进行校准。陈莹、谭述魁在土地出让价格的基础上取基准地价进行年期修正和用途修正从而获得征收后的建设用地价格，土地原用途价格则同时考虑了农地市场价格和非市场价格；关于土地增值的分配，农民所获征地补偿数据来自对村民的问卷调查，政府所获土地出让金和土地税费收入则来自统计数据或根据相关政策规定进行的测算。马贤磊、曲福田认为现行的土地出让方式导致土地价值出现了扭曲，分别以土地协议出让价格和土地招拍挂出让价格为基准对土地增值的分配进行了测算，发现政府失灵导致价格扭曲是现有土地征收中收益分配不当、农民权益受损的主要原因。

揭示土地增值收益在农民和政府间的分配情况是研究关注的重点问题，研究多采用调查统计数据。施伟伟通过对浙江省慈溪市的数据进行分析，得出在征地补偿分配过程中，失地农民所获得的土地增值收益比例只占到5%—10%。诸培新和唐鹏对江苏省部分县市2006—2011年农地转市地后出让过程中土地收益分配格局进行了抽样调查和分析，研究结果显示，“尽管国家不断地提高农地征收补偿标准，但农地非农化征收与出让过程中农民的土地收益占土地出让收益比例仍然偏低，在3%—16%，而地方政府的收益份额在75%以上”。王小映等基于对江苏省昆山、桐城、新都的抽样调查分析，发现土地补偿费在三地分别只占到平均土地供应价格的8.3%、4.3%和12.9%。

1.3.3 土地增值管理的政策工具

John E. Anderson论述了土地税收和费用作为管理手段对土地使用的影响，主要讨论了物业税和开发影响费的作用。Vander Krabben等指出，城市管理者为了获取发展城市基础设施的必要资金，会通过一些再发展项目将公众与私人利益结合起来，并用法律及谈判等手段从土地所有者和开发者手中回收一部分土地增值收益。Hui等在总结我国香港地区和新加坡政府实践的基础上指出土地税收是政府收入的主要来源，包括年利率和财产印花税等，政府主要靠这笔资金为公众提供基础设施和社会公益服务。Mercy Brown－Luthango发现南非城市的交通基础设施建设由于需要大量资金支持而面临着融资困难后，对通过获取土地增值收益来为基础设施建设提供经费的可能性进行了探讨。Lucía Mejía Dorantes等认为交通基础设施给沿线地区市民带来了福利，并使得土地增值，政府应通过土地税收来获取土地增值以支持交通基础设施投资。

在中国，地租、地税、土地费都是土地增值收益分配的基本手段，其中地租是最主要的形式（王文革）。针对中国土地增值收益管理存在的问题，国内学者对国外土地值回收制度建设的经验给予了很大关注。张俊提到城市土地增值大多源于公共部门的活动，土地增值回收途径分为土地税、费和管理手段三种，并指出完备的税收制度与受益者付费制度是美国有效回收土地增值的重要保障。田莉、胡士戡等总结了世界各国的土地增值收益管理政策，主要包括土地税收、土地储备、土地再调整、土地国有化、公共土地批租制度等。张俊、于海燕比较了美国、英国和我国台湾地区的城市土地增值收益分配制度，包括土地租、税、费以及开发协议、规划得益、发展权转移等管理手段。张娟锋、贾生华等介绍了新加坡和我国香港地区获取土地增值的工具，包括各种土地租税费，财产税、土地和不动产税收分别是新加坡和我国香港地区政府税收的最主要来源。总的来看，大多数发达国家都建立了城市土地增值回收制度，包括土地税、费、受益者合理负担、规划得益等制度，其中土地税收是各国最广泛采用的土地增值收益分配方式。

1.3.4 中国土地增值收益分配与管理存在的主要问题

中国土地增值收益分配中的主要问题表现为征地拆迁过程中补偿标准过低、政府和开发商收益份额偏大。一般认为，导致中国土地增值收益分配失衡的根本原因在于土地产权制度安排得不合理。陈小君认为目前中国农村村集体组织扮演的是国家代理人的角色。洪朝晖认为村民委员会是基层自治组织，不具备作为产权主体的法人资格。朱秋霞认为现行农村土地所有权制度具有准国家所有制的特征，不是现代产权意义上的规范的集体所有制。农地所有权主体的多元和模糊鼓励了政府低价征用农地以及多元主体对农民的剥夺（丁建嵘），特别是“分税制”后各级政府实际掌握国有土地所有权，拥有独立获取土地收益的权利，使农民与政府、开发商在土地增值收益分配中地位极不平等，农民的收益权被行政权力随意侵害，大部分土地增值收益被开发商和地方政府掠夺（刘凤芹）。在城市土地市场，土地竞争市场混乱，土地收益流失，主要根源也是城市土地产权制度本身的残缺（张杰等）。

土地租、税、费不但涉及政府对土地增值收益的管理，也是不同利益主体实现土地增值收益的表现形式，土地收益的初次分配与再分配的实质乃是土地租、税、费的占有与分配问题（郭爱请等）。王小映等研究认为，土地从征收到出让过程中，政府取得的土地增值收益包括税费形式的初次土地增值收益和土地出让金形式的二次土地增值收益，并主要集中在县、市级政府。刘凤芹认为在中国农村既有的约束条件下，大部分税费跟地租没有区别，乡政府和村委会通过征收各种明的和暗的税费不断向农民攫取的土地剩余实际相当于地租，它们不是真正的税费，也没有发挥税费应有的调控作用。一方面，由于中国各种土地租、税、费存在概念不清、相互混淆、名不副实的问题，以税代租、以费代税、以税代费、以费挤税的现象非常普遍（曾艳、黄征学、张立彦、曹飞），直接影响到土地收益的合理分配；另一方面，土地租、税、费体系配置不合理、税负不公，也无法发挥其应有的调控作用，主要表现在：①土地所有权转移时的税、费（耕地占用税和征地补偿税等）标准过低；②用地取得时的租、税、费对用地需求的约束力不足；③用地保有或占用期间租、税、费负担偏轻；④用地流转时的租、税、费（土地出让金、所得税、印花税等）负担偏重；⑤税制体系中税种繁杂、重复征税，而主要税种（土地增值税、耕地占用税和城镇土地使用税）的税率轻重不协调，且内外税制有别有违国民待遇原则（张乃贵、宫玉泉、何振一）。

1.3.5 完善土地增值收益分配制度的对策建议

关于农地产权制度改革，大多数学者认为应在继续坚持农村土地集体所有的基础上，进一步完善和保障农民的土地使用权、转让权和收益权，主要措施包括：明确集体土地所有权主体和界定集体成员资格；赋予农民完全的土地财产权利，用与公民相同的财产权制度来体现农民集体土地的产权内涵，集体土地财产权在土地征收过程中应当按照市场价格获得公平的补偿；细化现有的土地使用权并使之物权化，包括加强对农村土地产权的登记制度、地籍管理体系和法律保障体系建设（邓宏乾，吴次芳，谭峻）。

有的学者主张通过集体土地股份化来实现土地财产资本化，保障农民土地权益。黎元生认为要明确集体土地所有权的层级范围，将承包经营权股份化并成立土地股份合作社，完善集体所有权权能，合理界定土地产权市场配置的条件，以此实现土地产权物权化；应规范农地非农化过程中的交易行为，政府除了收取土地交易税外，不应从土地交易中获利；集体农民作为土地所有者应当公平分享土地增值收益。

近年来，有学者提出农村土地制度的创新模式，主张虚化土地所有权，强化土地使用权，赋予农民土地长久或永久使用权，使农民对土地享有完整的占有、使用、处置和收益的权利，农村土地享有和城市建设用地同等的权利（也有学者称之为“国家拥有土地法律所有权，农民拥有土地经济所有权”），从而从根本上改革城乡二元经济制度（周天勇、刘荣材、窦祥铭）。

针对土地租、税、费体系存在的问题，“正租、明税、清费”被认为是土地租税费制度改革的基本原则，但在具体的操作措施方面则存在不同的意见。

关于地租收入的归属，有的学者主张以目前的土地公有制为基础，加强政府对土地一级市场的控制，加大土地出让中招标和拍卖所占的比重，确保政府在土地一级市场的地租收入，这一观点主张地租应归属政府所有（唐在富）；有的学者则认为，以土地国有制为基础，政府应当享有土地出让金形式的地租收入，但要改革其在中央、地方政府之间的分配关系，提高农地征收过程的农民土地收入分享比重，实际上是主张地租分享（邓宏乾）。主张地租分享的观点得到较多支持，王家庭、张换兆认为农地直接入市而政府仅收取相应的税的确可以在很大程度上避免制度租金，但是会造成城市化成本的急剧上升，因此，提议在现行的制度设计下重点考虑充分补偿农民损失并实现其可持续发展，以及同时保障城市化和城市经济发展的问题。还有的学者则认为应让集体土地直接进入建设市场，政府土地收益应转向以土地增值税、房地产税等土地税收收入为主（周天勇），这一建议建立在强化土地私权的基础上，在土地增值初次分配中将地租收入归为产权所有者，政府则以税收形式回收部分土地增值收益从而实现收益再分配。

土地税作为增值收益分配的重要形式，近年来备受关注，其中土地增值税和物业税（房产税）是研究重点。征收土地增值税是克服外部性的一个重要办法，但学者们并不主张完全的“涨价归公”，而是认为需制定一个合理的土地增值税率，使大部分土地增值收归国有（况伟大、邓宏乾）。与房地产调控问题相伴，物业税开征的可行性以及物业税能否替代土地出让金也成为国内理论界关注的热点问题，如李海宁提出开征物业税是重构和完善中国房地产税费制度的现实选择，中国应选择合适的物业税立法模式，理顺税、租、费关系，以物业税为核心建立和完善房地产税费体系；吴明昭认为中国现行土地批租制有很大的弊端，但也不宜简单地将土地出让金完全并入物业税，而应该从制度设计上让物业税具有部分土地出让金的功能，通过市场手段和税收政策的结合调控土地市场。胡怡建认为，与土地使用权、房产权所发生的资产收益相适应的税收制度的缺乏导致中国产权制度改革受到制约，应实行对资本利得征税。土地产权明晰是土地税收制度建设的基础，产权界定是补偿外部经济引起的土地增值的必要条件，通过征收土地增值税可调整一部分土地外部经济引起的土地增值，避免国有土地资产和收益的流失（施小明）；目前中国不清晰的产权环境导致物业税制改革发展面临较大阻碍（唐明）。

1.3.6 研究述评

国内外学者在土地增值机理、分配原则和管理政策工具方面已进行了浩如烟海的研究并取得了丰硕的研究成果。但是，由于土地自然增值形成因素的多样性和土地自然增值本身的不可分割性，以及土地产权保护和土地增值回收之间固有的内在矛盾，导致土地增值管理成为一个困难的研究课题。针对土地增值管理中的难点问题和现有研究存在的不足，尚待进一步研究的方向如下：

（1）加强土地增值收益分配和管理的实证分析。由于无法准确区分自然增值与人工增值，也缺少建立在可靠事例、数据和坚实理论基础上的实证分析（如关于分配比例等关键问题的研究并不多），多数研究着重于相关制度的比较、理论与制度架构的分析及相关经验的总结，关于土地增值分配机制、分配比例和回收途径的论述比较模糊，角度单一，多停留于“谁所有，谁享有；谁投资，谁受益”或“公私分享”这样的原则性研究，说服力和针对性不强。自然增值虽然已在理论上基本形成了“部分回收归于社会所有”的共识，但如何进行分配和管理的实证研究和政策探讨非常缺乏，有待进一步加强 。

（2）加强土地增值问题的分类研究。土地公有制、城乡二元土地所有制、土地供应双轨制等特殊的土地产权制度背景使得中国土地增值收益管理问题异常复杂，在工业用地批租、行政划拨土地使用领域、土地保有环节等方面存在土地增值收益流失、回收途径缺乏的问题，在农地征收环节则存在土地增值收益分配不平衡、农民土地增值权益无法得到保障的现象。因此，应加强土地增值问题的分类研究。

（3）加强土地产权理论、土地租税理论和土地增值收益管理理论创新研究。土地增值管理制度的建设是一个系统工程，其中土地产权制度、土地租税费制度、土地增值收益政策管理工具选择是研究的核心，但是，目前这几个问题的研究存在内容片面、研究深度不够等缺陷，关于土地产权、土地租税费与土地增值收益管理之间的内在联系和相互作用机制的研究还十分薄弱，并且存在各种不同的观点，加之利益博弈关系复杂，难以形成有效的政策措施，因此，必须加强土地公有制基础上的土地产权、土地租税和土地增值收益管理理论创新研究，为建立内在逻辑统一的制度和政策体系奠定基础。

1.4 研究目的与研究内容

研究目的：在财政分权和地方治理的制度背景下，以土地产权与土地租、税、费制度为核心，综合剖析中国土地增值收益分配的内在机制和存在问题的根源、改革的目标取向和路径，为建立系统的土地增值收益管理制度提供具有创新意义的政策建议。

研究的主要内容安排如下：

第 1 章，绪论。探讨问题产生的社会经济背景，提出研究的基本问题，明确课题研究目的和研究任务，设计研究方法和技术路线。

第 2 章，土地增值收益分配理论。辨析土地产权与土地租税费性质，研究土地产权体系配置与土地租、税、费结构的内在联系及其对土地增值收益分配的影响，建立土地增值收益分配研究的理论分析框架。

第 3 章，土地增值收益管理制度。界定土地增值收益的内涵、形态，辨析土地收益的来源、性质与增值产生机制，探讨土地增值收益的分配机制和分配模式，比较土地增值收益管理政策工具的应用。研究在市场机制与政府调控的双重作用、中央与地方财政分权的地方治理背景下中国现行土地增值收益分配制度的特征与模式。

第 4 章，基于特征价格理论的土地增值影响因素及效应分析。以中山市居住用地价格为例，探讨土地增值的机理并进行定量分析，为土地增值收益分配原则的建立和土地增值收益分配制度的建设提供理论和方法论指导。

第5章，地租税费视角下的农地征收补偿与土地增值收益分配。采用抽样调查方法研究农地征收补偿、村民关于农地征收补偿的认知、意愿与满意度决定问题，并基于个案分析，从土地租、税、费的视角对农地征收过程中的土地增值收益分配进行了详细测算。

第6章，土地发展权视角下的土地增值收益分配。着重从土地产权配置的角度研究土地增值收益分配问题。以城中村改造补偿、土地股份合作制及地票制为例，研究了土地发展权作为一种事实产权在中国的实践应用及其意义，对土地发展权的性质和特征进行了理论分析。选取了农地征收、旧城更新、城中村改造、旧工厂改造等四个不同形式的典型案例，探讨土地发展权配置与土地增值收益分配机制的关系。以广州市为例，从土地发展权的视角对土地增值收益在不同利益主体间的理论分配模式进行了研究。

第7章，中国土地增值收益分配制度改革的对策建议。对土地增值收益分配制度存在的问题进行总结，研究土地增值分配制度创新的要素、条件和方向，为土地产权和土地增值收益分配制度的改革提供政策建议。

1.5 研究方法与技术路线

遵循产权配置—土地租税费结构—土地增值收益分配—政策管理工具的思路，将土地产权、土地增值收益配置和财政分权机制下的地方治理整合为逻辑统一的研究框架，综合运用文献研究、实证分析和规范分析等方法，从理论上研究土地增值收益产生的机理、土地产权配置与土地增值收益分配的内在联系、土地增值收益配置的原则和机制，并结合高速城市化演进中的农地征用和城市拆迁案例研究，探讨现行的土地产权配置与土地增值收益分配模式、土地租税费制度及其存在问题，为土地产权制度、土地租税费制度改革以及土地增值收益政策管理工具的改进提供对策建议。

研究的框架与技术路线如图1－2所示。

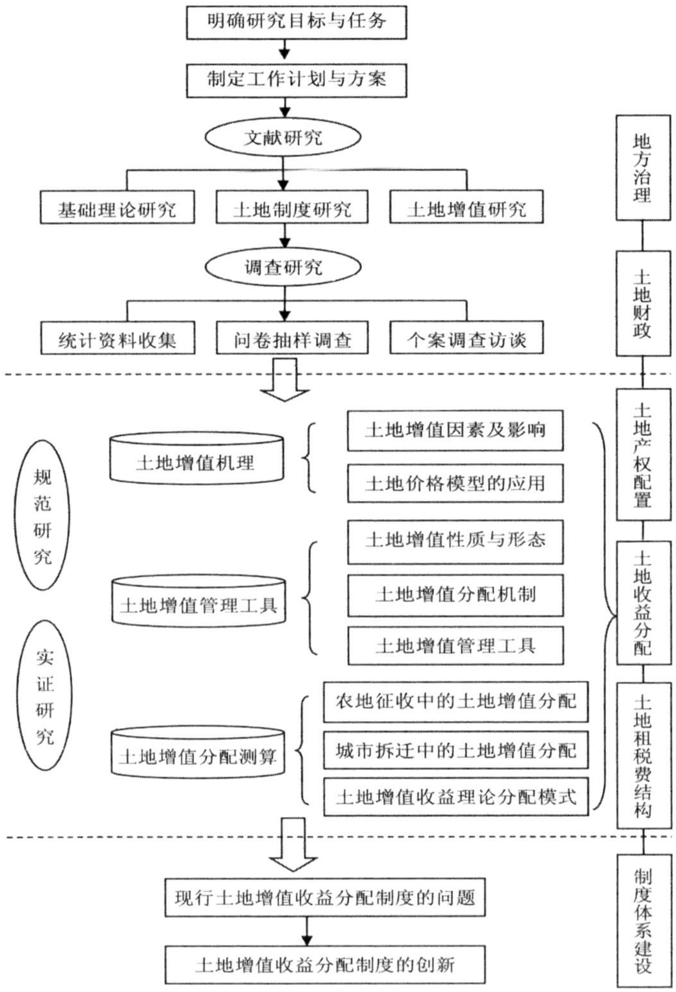

图 1－2　研究框架与技术路线

1.6 研究的重点与难点

19 世纪早期以来的古典经济学认为土地增值税在理论上是一种完美的税收，但土地增值税制度在市场主义国家（地区）并没有得到较普遍的成功应用。在理论上，由于影响因素的复杂性和利益相关者的多元化，土地增值收益分配的研究历来是一个极富争议的问题。研究应着重解决的重点难点问题包括：

（1）研究土地增值收益的性质和形成机理，构建土地增值收益估算模型。

（2）基于对土地增值收益来源及土地产权权系构成的分析，研究土地所有者、使用者、管理者在土地增值收益分配中的利益分享模式和利益实现机制。

（3）研究土地租、税、费的性质与结构及其与土地增值收益分配的关系，并以土地产权配置和土地租税费制度为核心，探讨土地增值收益分配制度改革的方向。

土地产权、土地租税费与土地财政、地方治理的关系是理解中国土地（增值分配）问题的内在统一的逻辑框架，宏观制度环境将影响到核心制度演变的路径，如何在行政管理体制、财政分权机制和地方治理的宏观制度背景下理解和把握由土地产权与土地租税费制度所构成的核心制度体系，界定土地增值收益分配中各层次利益主体的地位、责任、权利，形成一个产权、市场、政府调控、社会协商多元互补而相互制约的土地增值收益分配机制是研究的难点。

本章参考文献

1. C. Y. Jim, Wendy Y. Chen. Value of scenic views: Hedonic assessmentofprivate housing in Hong Kong [J] . Landscape and Urban Planning, 2009 (91): 226 -234.

2. Hagman D. G. and D. J. Misczynski. Windfalls for wipeouts: Land value Capture and compensation [J] . American Society of Planning Officials, 1978, Chicago.

3. Hongbo Du, Corinne Mulley. The short - term land value impacts of urban rail transit: Quantitative evidence from Sunderland, UK [J] . Land Use Policy, 2007, 24 (1): 223 -233.

4. Hui, Eddie Chi - Man, Ho, Vivian Sze - Mun, David Kim - Hin Ho. Land value capture mechanisms in Hong Kong and Singapore: A comparative analysis [J] . Journal of Property Investment & Finance, 2004, 22: 76 -100.

5. John. E. Anderson. Taxes and fees as forms of land use regulation [J] . Journal of Real Estate Finance and Economics, 2005, 31 (4): 413 - 427.

6. John F. McDonald, Daniel P. McMillen. Land values, land useand the first chicago zoning ordinance [J] . The Journal of Real Estate Finance and Economics, 1998, 16 (2): 135 -150.

7. Lee. K. S. and R. Gilbert. Developing towns and cities: Lessons from brazil and the philippines [J] . Washington: World Bank, 1999.

8. Lucía Mejía Dorantes, José Manuel Vassallo Magro. Financing urban transport through value capture [J] . Highwayand Urban Environment. Alliance for Global Sustainability Bookseries, 2010 (17): 15 -21.

9. Mercy Brown - Luthango. Capturing land value Increment to finance infrastructure investment—Possibilities for south africa [J] . Urban Forum, 2011, 22 (1): 37 -52.

10. Oates, W. Fiscal federalism [J] . New York: Harcourt Brace Jovanovich, 1972.

11. Robert Cervero, Chang Deok Kang. Bus rapid transit impacts on land uses and land values in Seoul, Korea [J] . Transport Policy, 2011, 18 (1): 102 -116.

12. Tiebout, C. A pure theory of local expenditures [J] . Journal of Political Economy, 1956 (64): 416 -424.

13. Vander Krabben, Erwin, Needham, Barrie. Land readjustment for value capturing: A new planning tool.

14. For urban redevelopment [J]. The Town Planning Review, 2008, 79 (6): 651 – 672.

15. Xiaolu Gao, Yasushi Asamib. Effect of urban landscapes on land prices in two Japanese cities [J]. Landscape and Urban Planning, 2007 (81): 155 – 166.

16. 毕宝德. 土地经济学(第五版)[M]. 中国人民大学出版社, 2006.

17. 曹飞. 论城市土地租税费体系的调整与完善 [J]. 现代商贸工业, 2009 (4): 67 – 68.

18. 程睿娴, 李妍. 国内土地财政研究述评 [J]. 经济问题探索, 2011 (2): 127 – 131.

19. 陈硕. 分税制改革、地方财政自主权与公共品供给 [J]. 经济学(季刊), 2010, 9 (4): 1427 – 1446.

20. 陈小君. 农村土地法律制度研究——田野调查解读 [M]. 中国政法大学出版社, 2004.

21. 陈莹, 谭术魁, 张安录. 武汉市征地过程中的土地增值测算 [J]. 中国土地科学, 2009, 23 (12): 16 – 21.

22. 陈志勇, 陈莉莉. 土地财政: 缘由与出路 [J]. 财政研究, 2010 (1): 29 – 34.

23. 邓宏乾. 公共财政视角下的土地收益分配改革 [J]. 江海学刊, 2007 (3): 64 – 69, 238.

24. 邓宏乾. 中国城市主体财源研究 [M]. 商务印书馆, 2008.

25. 邓宏乾. 土地增值收益分配机制: 创新与改革 [J]. 华中师范大学学报(人文社会科学版), 2008, 47 (5): 42 – 49.

26. 于建嵘. 制约农民致富的制度分析 [EB/OL]. http: //www. macrochina. com. cn, 2003 – 7 – 20.

27. 杜新波, 孙习稳. 城市土地增值原理与收益分配分析 [J]. 中国房地产, 2003 (8): 38 – 41.

28. 窦祥铭. 基于产权视角的中国农村土地制度创新模式探讨 [J]. 理论探讨, 2013 (1): 94 – 97.

29. 傅勇, 张晏. 中国式分权与财政支出结构偏向: 为增长而竞争的代价 [J]. 管理世界, 2007 (3): 4 – 12.

30. 郭爱请, 尚国, 刘巧芹, 张侠. 城市土地收益分配改革思路探讨 [J]. 商业时代, 2010 (7): 78 – 79.

31. 国土资源部: 2006 年共查处结案土地违法案件 9 万余件 [EB/OL].

32. 吴敬琏. "寻租"理论与中国经济中的某些消极现象 [M]. 经济体制改革, 1999.

33. 胡士戳, 石来德, 胡际峰. 城市土地增值收益管理研究综述与经验借鉴 [J]. 经济论坛, 2009 (4): 47 – 49.

34. 胡怡建. 适应产权制度改革, 实行资本利得征税 [J]. 财贸经济, 1993 (2): 43 – 46.

35. 洪朝辉. 论中国农民土地财产权利的贫困 [EB/OL]. http: //www. aisixiang. com/data/3874. html, 2004 – 8 – 19.

36. 何振一. 中国土地价税费问题和改革对策 [J]. 中国地产市场, 2004 (3): 57 – 69.

37. 况伟大. 土地用途、外部性与土地税 [J]. 中国土地, 2005 (10): 22 – 23, 26.

38. 聂冲，温海珍，樊晓锋．城市轨道交通对房地产增值的时空效应［J］．地理研究，2010，29（5）：801－810.

39. 娄成武，张建伟．从地方政府到地方治理：地方治理之内涵与模式研究［J］．中国行政管理，2007（7）：100－102.

40. 罗丹，严瑞珍，陈洁．不同农村土地非农化模式的利益分配机制比较研究［J］．管理世界，2004（9）：87－96.

41. 刘凤芹．农村土地产权的归属、保护与政策建议［J］．江苏社会科学，2004（4）：58－63.

42. 刘凤芹．模糊的土地收益权：租、税、费——农民负担解析［J］．农业经济问题，2004（4）：44－49，80.

43. 李海宁．房地产税费制度改革与物业税的开征［J］．生产力研究，2010（4）：89－91.

44. 刘荣材．关于中国农村土地产权制度改革与创新的探讨［J］．经济体制改革，2007（1）：85－89.

45. 廖小军．中国失地农民问题研究［M］．北京：中国社会文献出版社，2005.

46. 李燕茹，胡兆量．城市土地增值的动力机制与调控［J］．城市问题，2000（3）：6－9.

47. 黎元生．农村土地产权配置市场化与制度改革［J］．当代经济研究，2007（3）：44－47.

48. 李肇文．城市土地增值初探［J］．中南财经政法大学学报，1988（5）：75－80.

49. 马克思著. 资本论［M]. 中共中央马克思、恩格斯、列宁、斯大林著作编译局译．人民出版社，2004.

50. 马贤磊，曲福田．经济转型期土地征收增值收益形成机理及其分配［J］．中国土地科学，2006，20（5）：2－6.

51. 马永欢，关于在“十二五”规划中设置国土资源领域核心指标的建议．

52. 阮家福．中外土地税收制度的比较与借鉴［J］．宏观经济研究，2009（9）：75－79.

53. 孙柏瑛．当代发达国家地方治理的兴起［J］．中国行政管理，2003（4）：47－53.

54. 善婧．中国式财政分权问题探讨［J］．经济论坛，2010（7）：45－48.

55. 施伟伟．农地非农化进程中土地增值收益分配机制研究——以浙江省慈溪市为例［D］．浙江工商学院，2011.

56. 施小明．土地外部经济与土地增值［J］．国土资源科技管理，2004（3）：30－32.

57. 谭峻．中国集体土地产权制度存在的问题及应对之策［J］．农村经济，2010（4）：34－36.

58. 田莉．从国际经验看城市土地增值收益管理［J］．国外城市规划，2004（6）：8－13.

59. 田莉．有偿使用制度下的土地增值与城市发展［M］．中国建筑工业出版社，2008.

60. 田莉．中国城镇化进程中喜忧参半的土地城市化［J］．城市规划，2011（2）：11－12.

61. 唐明．论物业税制改革的产权法律基础困境［J］．云南财经大学学报，2009（4）：

58-64.

62. 唐在富. 适应公共财政要求的中国土地财税体制建设研究 [J]. 经济研究参考，2008 (21)：2-16.

63. 吴次芳，谭荣，靳相木. 中国土地产权制度的性质和改革路径分析 [J]. 浙江大学学报（人文社会科学版），2010 (6)：25-32.

64. 王德起. 城市化进程中土地增值机制的理论探析 [J]. 城市发展研究，2010，17 (4)：102-109.

65. 王家庭，张换兆. 城市化进程中的土地增值收益研究——基于制度租的视角 [J]. 山西财经大学学报，2009，31 (5)：1-7.

66. 吴明昭. 浅析物业税与土地出让金的关系 [J]. 科教导刊（中旬刊），2010 (12)：67-68.

67. 王文革. 建立合理的城市土地增值回收制度 [J]. 国土资源，2006 (2)：16-17.

68. 王小映，贺明玉，高永. 中国农地转用中的土地收益分配实证研究——基于昆山、桐城、新都三地的抽样调查分析 [J]. 管理世界，2006 (5)：62-68.

69. 新华网，国土资源部：06 年共查处结案土地违法案件 9 万余件.

70. 周诚. 论土地增值及其政策取向 [J]. 经济研究，1994 (11)：50-52.

71. 周飞舟. 分税制十年：制度及其影响 [J]. 中国社会科学，2006 (6)：100-115.

72. 周飞舟. 大兴土木：土地财政与地方政府行为 [J]. 经济社会体制比较，2010 (3)：77-89.

73. 中国国家统计局. 中国统计年鉴 [J]. 中国统计出版社，2012.

74. 中国国土资源年鉴编辑部. 中国国土资源统计年鉴 [J]. 地质出版社，2010.

75. 中华人民共和国国家质量监督检验检疫总局. GB/T 18508-2001 城镇土地估价规程 [S]. 2001-11-12.

76. 中华人民共和国审计署. 2009 年第 9 号：18 省区市财政预算管理情况审计调查结果.

77. 张杰，庞骏. 基于产权制度下的旧城土地调控与失效反思 [J]. 规划师，2008 (3)：14-19.

78. 张俊. 美国土地价值捕获制度借鉴 [J]. 中国土地，2008 (1)：58-62.

79. 张俊，于海燕. 英国城市土地增值收益分配制度及其启示 [J]. 商业时代，2008 (3)：33-34.

80. 张娟锋，贾生华. 新加坡、中国香港城市土地价值获取机制分析与经验借鉴 [J]. 现代城市研究，2007 (11)：80-87.

81. 诸培新，唐鹏. 农地征收与供应中的土地增值收益分配机制创新——基于江苏省的实证分析 [J]. 南京农业大学学报（社会科学版），2013 (1)：1-10.

82. 张鹏，张安录. 城市边界土地增值收益之经济学分析——兼顾土地征收中的农民利益保护 [J]. 中国人口·资源与环境，2008，18 (2)：13-17.

83. 张立彦. 土地租税费制度存在的问题与政策建议 [J]. 价格月刊，2007 (7)：46-48.

84. 张乃贵，宫玉泉. 建立新型土地租、税、费体系 [J]. 中国土地，1998 (3)：15-18.

85. 朱秋霞. 论现行农村土地制度的准国家所有制特征及改革的必要性.

86. 周天勇. 中央与地方：财权再分配［J］. 南风窗，2009（15）：45－47.

87. 曾艳，黄征学. 关于完善中国土地租税费体系的探讨［J］. 农业经济问题，2000（6）：39－43.

第2章　土地增值收益分配理论基础

自计划经济年代开始，马克思主义经济学成为指导中国经济制度设计的理论思想指导，奠定了中国现行土地公有制（城市土地国家所有和农村土地集体所有）的基础。改革开放后，中国尝试进行市场经济体制改革，为了明晰土地产权、促进土地利用效率的提高，借鉴西方现代经济理论建立了以土地出让制度、土地有偿使用制度为核心的土地市场制度。两种不同理论指导下形成的土地所有制与土地使用、土地收益分配之间的矛盾冲突，成为土地制度改革的重大障碍。本章着重比较了不同经济学学派，特别是马克思主义经济学和西方现代经济学关于地租地价理论、土地税收理论和土地产权理论的不同论述，试图厘清不同分析层面和话语语境下二者观点的异同，以期为土地制度改革提供一个具有内在逻辑一致性的理论指导框架。

2.1 地租地价理论

地租是一个历史范畴，在不同的社会形态下，由于土地所有权性质不同，地租的性质、内容和形式也不同，体现着不同的社会生产关系。一般来说，地租是直接生产者在生产中创造的剩余生产物被土地所有者占有的部分，是土地所有权在经济上实现的形式，是社会生产关系的反映。按照地租理论的历史发展顺序，可以划分为四个阶段：古典经济学地租理论、庸俗经济学地租理论、马克思主义地租理论和现代西方经济学地租理论（毕宝德）。

2.1.1 马克思主义地租理论

马克思在劳动价值论、剩余价值论、利润论以及生产价格论的基础上，对资本主义的地租进行了深入分析。他从土地所有制出发，论证了地租不管其性质、内容和形式如何不同，都是一种社会关系的反映，是土地所有者凭借其土地所有权对直接生产者所创造的超过社会平均利润的那部分剩余价值的占有，是土地所有权在经济上得以实现的形式，土地所有权的存在和垄断是产生地租的根本原因。马克思主义地租理论将资本主义地租划分为绝对地租、级差地租Ⅰ和Ⅱ、垄断地租。

在资本主义土地私有制条件下，无论租种好地还是坏地，都必须缴纳地租，这种不管租种什么样的土地都必须缴纳的地租，就是绝对地租。在资本主义经济发展的前期，农业生产技术装备一般落后于工业，农业部门资本有机构成低于工业部门。在这种情况下，农业产品的价值就与生产价格之间形成了一个差额，正是这个差额形成了绝对地租。绝对地租形成的另外一个重要条件是土地所有权的垄断，“一定的人们对土地、矿山和水域等的私有权，使他们能够攫取、拦截和扣留在这个特殊生产领域即这个特殊投资领域的商品中包含的剩余价值超过利润（平均利润，由一般利润率决定的利润）的余额，并且阻止这个余额进入形成一般利润率的总过程”（马克思），这就能解释为什么即使最劣等的土地也存在绝对地租了。

马克思认为，资本主义级差地租是经营较优土地的农业资本家获得的并最终归土地所有者占有的超额利润，其来源是产品个别生产价格与社会生产价格的差额，因为这种地租与土地等级相联系，故称为级差地租。马克思在综合前人研究的基础上，指出造成土地等级差异大致有三个原因：一是不同地块在丰度、肥力上具有差异性；二是不同地块的地理位置即区位存在差异性；三是同一块土地上连续投资产生的劳动生产率也有差异性。根据这些形成条件造成的土地等级的差异，级差地租分为级差地租Ⅰ和级差地租Ⅱ。虽然级差地租Ⅰ和级差地租Ⅱ都是由个别生产价格与社会生产价格之间的差额所形成的超额利润转化而成的，但级差地租Ⅱ转化的时间和方式与级差地租Ⅰ不完全相同。由于地租额的高低是土地出租时在租约中确定的，因此，当地租额一经确定，在租约有效期间的级差地租Ⅱ全部落在农业资本家手里，而租约期满时的级差地租Ⅱ则因地租额的增加，在缔结新租约时全部或部分转归土地所有者占有。资本主义级差地租产生的原因是由土地有限而产生的资本主义经营垄断，马克思认为资本主义土地所有权“不是使这个超额利润创造出来的原因，而是使它转化为地租形式的原因”。

在资本主义制度下，除了级差地租和绝对地租两种基本地租形式之外，还存在着垄断地租，即由产品的垄断价格带来的超额利润转化成的地租。马克思说：“当我们说垄断价格时，一般是指这样一种价格，这种价格只由购买者的购买欲和支付能力决定，而与一般生产价格或产品价值所决定的价格无关。”这种垄断价格产生的超额利润，由于土地所有者拥有对这种具有特殊性质的土地所有权，因而转化为垄断地租，落入土地所有者手中。此外，马克思还提出了资本主义矿山地租和建筑地段地租。建筑地段地租理论与城市地租理论是基本一致的，因而为后期的城市地租研究奠定了基础（马克思）。

地租曾被认为是资本主义土地私有制条件下的产物，是资本主义特有的现象。在中国社会主义制度下，由于一度否认地租的存在，对土地采用无偿无限期的使用方式，土地所有权无法在经济上实现，造成了土地权属关系的混乱。实际上，在当前中国的土地所有制关系中，不但地租产生的条件以及土地所有权关系依然存在，土地所有权的经济价值必然以绝对地租的形式存在，而且在土地所有权与使用权相分离的情况下，社会主义的市场经济中使用土地产生的效益必定有差别，级差地租也必然存在。

2.1.2 西方新古典主义经济学地租理论

古典经济学地租理论和马克思主义地租理论以“地租剩余”理论为核心，着重研究地租的性质与来源问题；而新古典经济学更关注地租数量决定的研究，将边际分析方法应用于地租分析，发展了地租的边际生产力理论，杜能是这一理论的先行者，主要的代表人物包括阿隆索、马歇尔、萨缪尔森等。

阿尔弗雷德·马歇尔认为，生产要素有土地、劳动和资本，土地是一种特定形式的资本，凡是不依靠劳动而来的有用物质都可归入土地。他认为地租具有三级构成：土地自然的“原始价值”；土地所有者个人为改良土地及建立地面建筑投入的资本、劳动及带来的收益，称为“私有价值”；社会的一般发展进步，使土地具有“公有价值”。地租就是由“原始价值”“私有价值”“公有价值”三部分组成的。马歇尔还提出了稀有地租和准地租的概念。如不存在稀缺性，任何土地都不会有地租。从某种意义上讲，所有的地租都是稀有地租，所有的地租也都是级差地租。准地租是指使用土地之外的其他资源（如厂房、设备等）时所支付的报酬。之所以称为准地租，是因为这种资源从短期考察，其数量固定不变，供给弹性为零，使占有较好厂房、设备的厂商生产成本更低，由此产生的收益与支付之间的差额在性质上类似地租，归厂商所有。至于如何具体确定地租水平，马歇尔认为原则上应根据供求论，地租理论不过是供求理论中特定的一种主要应用而已。土地供给受自然条件的限制，供给量是固定不变的，它没有生产费用，因而也没有供给价格。因此，地租只受土地需求的影响，土地需求价格则决定于土地的边际收益产量。

威廉·阿隆索在杜能农业区位理论的基础上，用一个均质大平原的市场假设模型创立了竞标地租理论，建立了厂商对城市土地的投标曲线，并基于经济学中的一般均衡原理，研究了土地市场均衡条件下包括农业、工商业和居住性用地在内的土地价值模式。阿隆索的主要贡献在于：第一，利用数学模型揭示了各行业的地租成因，拓展了地租研究领域的广度和深度。以土地面积、产品价格、经营成本以及单位产品的运输成本为因变量，建立了农业地租的投标曲线并解释地租成因，分析了不同区位相应的经营作物选择；以租用土地的支出、通勤费用以及各种商品消费和服务支出为因变量，建立了住户的地租模型和相应的投标曲线；以追求最大利润为目标，以经营成本、利润额、营业量以及土地成本为因变量，建立了厂商地租模型和相应的投标曲线。第二，阿隆索利用地租结构分析了土地利用空间格局的形成机制，不同作物的竞标模型揭示了杜能环的形成机制，而城市各种用地的竞标地租模型则反映了城市土地利用空间结构的形成过程（毕宝德）。

保罗·萨缪尔森认为地租是为使用土地付出的代价，是土地要素的相应报酬。由于土地供给数量固定，因此地租量完全取决于土地需求者之间的竞争，即其大小取决于生产要素互相依赖的边际生产力。萨缪尔森认为，可利用地租和生产要素的价格来分配稀缺资源，对稀缺资源征收地租有助于更有效率地配置资源，不收取地租则会造成缺乏效率的以及不适当的使用方法。

边际生产力理论与古典理论的最大不同在于否定对土地、资本、劳动的三分法，把它们看作生产中提供服务的可相互替代要素。边际生产力派学者如美国经济学家克拉克就否定古典经济学中土地不同于资本的两个特点，把土地等同于一般资本，把地租当作土地劳务得到的报酬，由于它与资本提供劳务相类似而合并于资本要素之中。边际生产力分配论者把土地等同于一般资本，其论点并不具有充分的说服力（土地和资本并非可相互替代的），却使其理论绕过了一个不易克服的难题，因为土地的特征若存在，对任何一个边际生产力分配论者都甚棘手。边际生产力分配论至今仍是西方经济学分配理论的主流，其最终目的是要说明竞争的要素定价机制是有效率的，它们解决工资、利息、地租确定的唯一办法就是通过供求来决定。

抛开其关于生产关系与阶级分析的论争，两种地租理论并非是完全不相容的。边际生产力分配理论在完全竞争条件下对要素价格形成进行了非常精细的解释，然而其实际应用性却很低。以李嘉图的剩余地租理论为基础的土地剩余估价法，在西方的土地估价行业中的运用仍很流行。这也说明地租的古典剩余理论与边际生产力理论或许是可以“相容”的。两种地租在适当的条件下是相同的，地租的边际生产力分配论者马歇尔就因不能“忍痛舍弃”古典剩余地租理论受到熊彼特的批评（马洪波、乔志敏、石莹、何爱平、贺卫、王流尘）。事实上，边际分析论并非是对剩余地租论的否定，由于在实际生活中，资本及劳动交易比土地交易更普遍地发生，具有相对一致性的资本边际生产力报酬利润率的确定，并且劳动力的价格确定较为容易，这样，土地的边际生产力报酬即地租就可用从总收益中扣除资本的劳动的报酬后的“剩余”来确定。美国当代土地经济学家雷利·巴洛维在他所著的《土地资源经济学——不动产经济学》一书中指出：地租可以简单地看作一种经济体系，即总产值或者总收益减去总要素成本或者总成本之后余下的那一部分（雷利·巴洛维）。各类土地上的地租额取决于产品价格水平和成本之间的关系，再次说明了将边际分析论和剩余地租论相对立，无助于对地租本质的深入理解。

2.1.3 地价理论

地价理论总是与地租理论密切联系在一起，它是建立在地租理论基础之上的，这里同样主要介绍马克思的地价理论和现代西方经济学的地价理论。

马克思的地价理论主要阐明了三个方面的观点：①土地虽然不是劳动产品，没有任何价值，但它的特殊使用价值使其在一定劳动条件下能为人类永续提供产品和服务，并产生地租，土地价格实际上是对这种地租的购买价格；②分析土地价值时，把土地区分为土地物质和土地资本两个本质不同的范畴，土地物质的价值给土地所有者带来真正的地租，土地资本的利息则和真正的地租共同构成土地所有者的收入，从而决定土地价格；③土地价格是地租的资本化，用公式表示为土地价格=地租/土地还原利率。

现代西方经济学的地价理论是在市场价格理论基础上发展起来的，目前研究主要以土地收益理论、土地供求理论和均衡价格理论为代表。土地收益理论和马克思的地价理论相似，它以土地收益在资本市场上如何决定土地价格而建立起来，认为土地价格是土地收益即地租的资本化，这里的地租是指经济地租，即土地总收益扣除总成本的余额，而土地收益则是正常情况下当土地处于最佳利用方向的土地纯收益。土地的收益是确定它的价值的基础，把预期的土地年收益系列资本化而成为一笔价值基金，这在经济学上就称为土地的资本价值，在流行词汇中则称为土地的售价（理查德·伊利、爱德华·莫尔豪斯）。现代地价理论的创始人阿尔弗雷德·马歇尔融合了已有的研究，建立以“均衡价值论”为核心的理论体系，他在边际效用价格理论基础上，应用古典学派的供应—成本模型分析地租地价，认为供给与需求同时对价格发生作用，完善的市场机制使价值、价格与成本达到均衡。然而他的观点也有矛盾的地方，他认为土地的“原始价值”是真正的地租，是大自然赋予的收益，土地的稀有性会带来地租，但从边际报酬出发则确认边际土地没有地租。保罗·萨缪尔森认为，土地的自然供给是无弹性的，而土地的需求是一种引致需求，土地的价格由土地的市场供给和市场需求决定。由于土地供给无弹性，因此，土地价格主要由土地需求决定。土地供求理论和均衡价格理论认为，土地具有使用价值并且可以发生交换关系，故有土地价格，供给与需求规律的作用是决定土地价格的基本条件；均衡价格理论是当代市场经济的代表性价格理论，它把影响价格的一切因素都归于以市场为中心的供求关系，以市场上形成的供需平衡点作为均衡价格，即市场供求关系决定一切商品价格。

西方地价理论经历了从论质到论量、从宏观到微观、从理论到实际操作的发展过程，具体而详细地分析了地价的确定原则和方法及相关因素，引入了边际分析、均衡分析、弹性分析、供求曲线等一系列的数学分析工具和方法，从总体到个体、从静态到动态、从商业用地到居住用地等各个领域和层次都建立了不同形式的地价模型，为市场经济条件下的地价研究展示了更加开阔的思路。

2.2 土地税收理论

关于土地税收理论的研究主要以西方学者的研究成果为主：从以威廉·配第为代表的前古典期对土地税收的经验性研究，到以亚当·斯密、李嘉图、马歇尔为代表的古典时期发展和完善了土地税收局部均衡分析，再到以费尔德斯坦为代表的现代时期运用一般均衡分析方法研究土地税收的动态归属问题。然而，迄今为止关于土地税收理论的研究中，对于土地税收是否中性、税负归属是否累进等问题仍存在争议。

税收中性原则主张国家应减少经济干预，在征税中表现为税收对纳税人的生产、投资、消费方面的决策行为不产生影响。所谓土地税收具有非中性论，是相对中性原则而言的，其基本观点是当市场配置下可能因土地利用的负外部性导致土地市场失灵时，可以通过土地税收来促进土地资源的合理配置和利用，也就是说，通过灵活运用某些土地税收，改变土地投资者的预期和收益，影响经济主体对土地经济行为的选择，从而达到政府所期望的某些经济政策效果。

土地税收对土地增值收益的分配功能是研究关注的重点，以下着重介绍约翰·穆勒和亨利·乔治的税收思想。

2.2.1 约翰·穆勒的土地税收思想

约翰·斯图亚特·穆勒是 19 世纪中期英国的著名哲学家和经济学家，是“地租归公”论的最早提出者，在 1848 年发表的经济学著作《政治经济学原理——及其在社会哲学上的应用》中，他尖锐批评了坐享地租不劳而获的地主阶级，要求对全国土地估价，现有土地价值归地主所有，估价后因社会进步而自然增加的价值以租税的形式交给国家。也就是说，排除地主投资引起的土地增值外，政府拥有土地的未来增值收益。穆勒的税收思想主要包括国家职能说以及税收的平等原则。

关于国家职能说，穆勒修正了古典学派关于国家征税是强加于经济之上的额外负担的观点，他从经济自由主义出发，发展了亚当·斯密的国家职能论，提出国家行使职能与经济自由主义并不对立，国家在行使行政职能或者进行经济干预时，所依据的共同理由是其必须能增进社会的普遍福利，为了实现国家职能就必须课税，税收是政府存在的条件。增进普遍的公共福利，是国家征税的重要依据，因此对土地征税以及考虑税收用途时应以维护公共福利为最终目的。

穆勒在论述税收原则时引用了亚当·斯密的税收四项原则，即平等原则、确实原则、便利原则和最小征收费用原则。穆勒认为人们对平等原则的理解往往不够全面或没有明确的判断，以致对它抱有许多错误观念，因此，平等原则需要更为充分的考察。亚当·斯密的平等原则要求国家的每个国民应尽量按各自能力的比例缴纳赋税，以维持政府。穆勒的平等原则主要包括以下论断：第一，按平等牺牲论来达到征税公平与最小牺牲，政府是全体人民的政府，要求人民做出牺牲时必须尽量承受同样的压力，这是使得全体人民所做牺牲减至最低限度的方法；如果某人承担少于他应公平承担的赋税，则必然有人要承担多于他公平承担的赋税，一般说来，某人承担赋税减轻所带来的利益并不如他以外的人承担赋税加重所带来的害处大；课税平等意味着牺牲的平等，虽然每个人的牺牲平等无法完全实现，但是讨论实际问题的首要目标是弄清什么是理想境界。第二，依据平等牺牲论，应采取比例税率，但比例税率有两个条件，一是根据边沁提出的纠正负担不平等主张即对购买生活必需品所必需的最低收入免税，按照扣除最低生活必需费用后的剩余收入而不是总收入的固定比例来征税，这符合均等牺牲原则；二是保留对贫民消费奢侈品的课税，免税仅针对最低生活必需收入，贫民购买奢侈品时同样按照固定比例负担平等的赋税。第三，对自然增加的地租课以特别税，假设有某种收入，其所有者不需做任何牺牲和贡献，它就会不断增长，所有者听凭事情自然发展就变得越来越富有，这种情况下，国家没收增长的全部或者部分均不违反私有财产制的原则；地租实际上就属于这种情况，因此国家应对地租的自然增长额征收全部或者部分，用来造福社会，而不是任凭其成为少部分人不劳而获的财富。

总结而言，穆勒认为维持国家存在的税收是一种经济必然，国家可以利用税收重新分配社会的财富和收入，实现社会正义与公平。他的税收思想，包括采取平等牺牲论基础上的比例税率、对最低生活费免税、对非劳动所得（主要是地租）课以重税，对中国的土地增值收益分配以及土地租税费体系的构建具有重要借鉴意义。

2.2.2 亨利·乔治的单一地价税思想

亨利·乔治是美国19世纪末的经济学家，他提倡的单一地价税主张在欧美一些国家颇有影响，其著作《进步与贫穷》中关于土地税收的论断被认为是影响最广泛的土地增值管理理论。亨利·乔治（1879）认为土地价值的增加是人口聚集与生产的需求而非某个人的劳动或投资引起，土地增值的收益应归社区所有，通过征收地价税归公并废除其他一切税收，使社会财富趋于平均。

乔治认为“土地的价值之所以增加，是人口的集聚和生产的需求，而非某个人的劳动或投资引起的，因此土地增值的收益应归全社区所有”。这是由于，一方面当生产毛利用于支付工资、地租和利息，如果地租升高，就会挤占原属于工资的部分要素报酬而使得工资降低，为了减少贫困必须阻住这种趋势，而解决方法就是土地公有制，更准确的说法就是地租公有化；另一方面，地租上涨并不创造社会的总财富而只是一种财富分配的手段，在实际中却使得某些房地产所有者获得暴利，而这些钱原本是属于整个社会，因此地租归公有其合理性。乔治明确地说："不主张买回私人的地产，亦不主张把私人的地产充公，第一种办法不公正，第二种办法不需要"；土地所有权的实现在于地租，"我们只需在我们租税的方式里面，加以某种的变迁去收回全部地租就是了"。总结乔治的思想就是：每个人使用土地的权利都是平等的，地价上涨是造成贫富不均的重要原因，土地增值应归公，并且是通过地租归公或者某种租税方式来实现。当然，地租归公有其实际操作的难度，因此就应该设法让大部分的地租收益合理分配给全体人民。

乔治从多个方面证明土地私有和垄断对社会不公造成的巨大影响，认为地价上涨是造成贫富不均的重要社会原因，因此主张地租归公。解决办法就是"把地租化作国家的税收"以及"取消地价税以外的全部税收"——这就是乔治单一地价税的理论核心。该理论的基本内容：一方面，国家征收土地上产生的一切非劳动盈余即地租，也就是实施地价税；另一方面，单单征收土地税就可以装满国库，满足国家财政需要，认为这样就可以预防社会经济周期性危机，增加工人和农民收入，从而实现"社会主义的理想"。单靠征收地价税来满足政府财政，从而免除了所有其他税收，因此称为"单一地价税"。

乔治的单一地价税理论对中国具有重要的借鉴意义：首先，其把地租化作国家税收的思想，实现了土地的"虚拟国有化"，它并不要求全部土地充公，相比社会主义者要求全部土地国有化的措施而言更有效，是一个渐进的可操作的改良方案；其次，通过地价税来免除其他一切税收，实际上是把土地增值收益作为主要的政府财政收入，并希望这些收入用于公共福利的投入，以解决贫困问题。当然，单一地价税理论在实际中还是存在争议，如地租是否需要全部归公，这种手段是否符合市场经济原则，或者单靠土地税是否能解决土地垄断并满足政府财政支出，甚至是否能真正实现公共福利最大化等，都有待进一步考究和验证，但其试图使政府通过税收手段干预土地市场以扩大公共财政、促进社会公平的理念仍然是可取的。乔治这种"以非革命的方式进行根本性再分配"的理论，"只要恰当安排税制，就能在不损害市场的情况下重新分配财富"的思想，依然对中国土地税收和土地增值收益分配的研究有着积极的意义。

2.3 产权理论与土地产权

2.3.1 产权的法学与经济学内涵

对于产权的定义，学界一直得不到共识。产权，译自英文的 Property rights，最先为法学概念，后来被经济学所沿用。

王利明在《物权法论》中指出："法律上的产权概念并不复杂。所谓产权，就是指财产权"。在法学上，产权，或财产权，体现的是一种人与物的关系。梅夏英认为，财产权是"主体在物上的权利或加于其他人的非人身性权利，前者包括主体在物上的所有权和其他排他性权利，后者则包括债权和其他含有财产内容的请求权"，合称财产权利。根据《牛津法律大辞典》，"财产权是指存在于任何客体之中或之上的完全权利，包括占有权、使用权、出借权、转让权、用尽权、消费权和其他与财产有关的权利。不要把财产视作单一的权利，而应当把它视作若干独立权利的集合体。其中的一些甚至其中的很多独立权利可以在不丧失所有权的情况下予以出让"。

产权在大陆法系和英美法系中的含义有所不同。在大陆法系中，产权看重的是权利的归属，强调的是所有者对物的绝对支配权，即所有权。大陆法系对"物"做出了严格的定义和分类，基于物的其他各项权能都包含在所有权之下，遵循物一原则。物权是大陆法系的法律用语，是指权利人依法对特定的物享有直接支配和排他的权利，包括所有权、用益物权和担保物权。为了使得所有权的各项权能可以脱离所有权人而被他人所使用，所有权派生出了"他物权"，作为对所有权的暂时限制，用益物权和担保物权都属于他物权的范畴；但是，他物权到期后，各项权能重新回归所有权。因此，可以说大陆法系中的财产权即产权是所有权基础上的一系列权利束的组合，包括所有权、使用权、占有权、收益权等。如果说大陆法系注重财产权的"物的属性"，则英美法系更注重财产权的"人的权利属性"，关注更多的是财产的利用，其产权的范围很广，指一组平等的权能的集合，各项权利不存在派生关系且可由不同的主体分享。英美法系并没有对"物"做出明确界定，也没有严格的分类，其产权设置并未形成一物一权的规则，也没有完整的所有权定义。中国的财产权体系主要是参照大陆法系的立法原理建立的。在大陆法系中，财产权可分为广义的财产权和狭义的财产权。广义的财产权包括物权、债权、知识产权等，狭义的财产权只包括物权（赵海怡、李斌）。

从经济学的视角，产权所反映的是经济行为中所产生的人与人之间的关系。马克思经济学认为产权是所有制结构中各产权主体之间社会经济关系的具体体现；在西方现代产权经济学看来，产权是由人们对物的使用引起的相互认可的行为关系。以 1937 年科斯发表的《企业的性质》一文为标志，西方现代产权理论开始形成，但科斯并未给出产权的定义，西方产权学派的学者也不过是从不同角度描述了产权的性质或功能，德姆塞茨认为产权是"使自己或他人受益或受损的权利"，阿尔钦认为"产权是一种通过社会强制而实现的对某种经济物品的多种用途进行选择的权利"，产权界定的目的是"帮助一个人形成他与其他人进行交易的合理预期，这些预期通过社会的法律、习俗和道德得到表达。产权的所有者拥有他的同事同意他以特定的方式行事的权利”。经济学视角中的产权行为关系不像法学视角中的所有权一样具有完整性和充分的排他性，所有者可以准予或邀请不同的参与主体“使用”（进入）自己的财产，在分享“共同财产”的过程中界定权利并进行交易，从而产生“相互认可的行为关系”（科斯，阿尔钦，诺斯等，见刘守英译《财产权利与制度变迁》2004 版）。

法学意义上的“产权”与经济学意义上的“产权”虽然使用同一术语，其研究目的和内涵却具有很大差异。法学上的产权具有明确的内涵和分类体系，通过界定“人与物”的关系来明确产权的归属，以达到保护产权、实现公平和自由的目的。经济学从来没有给出过一个明确的“产权”定义，这也是它备受诟病之处，然而产权经济学对经济行为中的权利配置关系进行了精细的刻画，建立了系统的研究范式，对现实经济具有深刻的解释能力，为经济效率的提高和引导制度变革提供了有力的分析工具。

有的经济学者认为法学的产权定义刻板，书面的定义无法反映经济现实；有的法律学者则认为，经济学“产权”概念不是一个科学的概念，贬低“产权”概念的价值（于明磊），这种将二者对立起来的观念不利于学科发展和科学研究。的确，法律意义上的产权所明确和解释的权利只是现实生活中的一部分，甚至是一小部分。由于社会生活的丰富性、主体的多元性和行为的复杂性，法律不可能对现实生活中的产权关系一一做出界定，只能对产权作原则性规定。经济学研究的是事实上的产权，这就是为什么巴泽尔认为产权不是法律所赋予的权利、也不一定表现为法律关系的原因。但无论是法学或经济学，其研究的根本目的都是促进产权明晰，而明晰的产权，则是能够以法律（或具有法律效力的合同）的形式确定下来并得以保护和促进经济效率提高的产权。因此，康芒斯就曾经批评经济学家总是看到物质上的占有，忽视法律上的占有，指出物质上的合法占有是增加财富生产或消费的前提，没有法律的确认，权利是不存在的，或者说是没有任何意义的，因而产权是一项法律上的权利，它首先是一个法律概念。总而言之，关于产权问题，法学和经济学的研究均指向制度结构，前者以法律条文形式使产权关系明晰化，后者则从经济效率的角度来研究产权最优配置，经济学意义上的产权具有更大的外延，并将法律和合同未能清晰界定的产权——剩余控制权和剩余索取权视为研究己任，二者既相互依存，也有明确的研究分工，并非是不调和的关系。

2. 3. 2 经济学关于产权分析的两种范式

在经济学的各个理论流派中，马克思主义经济学和现代西方产权经济学将制度（更明确地说应该是产权制度）作为研究的核心范畴。二者运用不同的方法论，形成了两种不同的产权分析范式（张廉、曹钢、吕天奇、黄少安）。关于产权的定义，两个学派都认为产权应该包括以下内涵：①产权是人们围绕财产所形成的排斥他人干涉的权利，其本质是人与人之间的社会关系。②产权在本质上是一种法权，是社会关系的法律表现，具有社会强制性。③产权是一组包括所有权、占有权、使用权、支配权、收益权、不可侵犯权等在内的权利束。④产权是可以分割的，各项权利可以相互组合，即产权所包含的各项权能可以全属于一个主体，也可以分离分属于不同主体。⑤产权具有分配功能，拥有不同产权的产权主体可通过受益权来获取利益。

但是，两派的产权分析范式也存在较大分歧，主要表现在以下方面：①马克思主义的产权分析以劳动价值论为核心概念，是在所有制框架内的以整体主义为主的产权分析，认为产权是所有制结构中各产权主体之间社会经济关系的具体体现，在产权的各项权利的作用问题上，这些权利之间的关系并不是并列的，所有权是最根本的，其他权利是由所有权派生出来的；而西方产权学家认为，产权的各项权利的作用是并重的，否认了生产资料所有权对经济关系的决定性意义。②在产权功能方面，除了分配功能以外，马克思主义产权学派认为，产权还具有生产功能和交换功能；而西方产权理论则认为，产权还具有交易功能、预期功能和内在化功能，新制度经济学的产权分析尤其注重产权的经济效率功能。③马克思主义产权分析以劳动价值论为核心，使用了“社会人”假设，以有机整体论为主要研究方法，既强调个体对整体的作用也强调整体对个体的作用；西方产权理论以交易费用为核心，使用“经济人”假设，以个体理性主义为主要研究方法，只强调个体的作用，忽略了个体与个体间的矛盾和冲突，注重考察经济主体的私人产权状况及变迁。④马克思主义产权学派是承认阶级性的，并主动站在无产阶级的立场，为无产阶级的经济利益服务；西方产权理论研究交易成本、产权界定和经济效率之间的关系，将市场主体视为平等的参与主体，否定阶级性的存在。⑤马克思主义产权理论侧重于不同产权制度下人与人之间的社会关系；西方产权理论侧重于私有产权制度下人与人之间的合作关系，但西方产权理论也强调国家的经济主体性作用。

经济学研究产权的目的是决定如何配置产权可以达到更公平或更有效率的配置。现代产权经济学虽然将效率提高作为研究的宗旨，但并不意味着其前提就是不讲究公平，只是它认为公平的产权配置是法学应该解决的研究范畴，也就是说，它将公平作为其研究的逻辑假设前提之一。马克思经济学将公平作为研究的目标，但也并非不讲究效率，它认为一个公平的制度安排，最终也必将是有效率的安排，然而由于马克思的研究着眼于整体分析，忽略了个体的行为动机和交易成本的存在，理论上“公平”的理想制度安排，在实践中未必能达成有效率的结果；此外，“劳动价值论”作为马克思关于“公平”判别标准所赖以建立的理论基础，与西方经济学所持“生产要素论”的立论前提也有根本差异。

由此可见，马克思经济学和西方现代产权经济学虽然有相同的研究对象和研究范畴，但在研究目标、立论前提、方法论和研究工具应用方面有着根本差异，形成了两种完全不同的研究范式，得到的结论也完全不一致。计划经济年代中国以马克思经济学理论为指导，构建了以社会主义公有制为核心的经济制度基础。改革开放后中国逐步建立社会主义市场经济体制，引入了西方现代产权经济学的理论指导产权制度改革，并基于大陆法系产权构造体例建立了以物权法为核心的财产权利立法体系。

2.3.3 产权的内涵

由于研究目的、方法、角度的不同，经济学和法学之间，以及学科内部各流派之间对于产权理解存在着各种差异，难以对产权做出一个全面和精确的定义。综合各个学科和流派的观点，关于产权的内涵已取得的主要研究结论包括：

2.3.3.1 产权是基于所有权而不同于所有权的一种权利关系

在英文中，所有权是指对物的归属关系，对于某一经济物品，归属权、占有权、使用权、处分权是处于同一层次的权利，这可理解为狭义的所有权的含义。在大陆法系或马克思经济学的产权思想中，所有权包括了财产主体全部权能的集合，这可理解为广义的所有权的含义。所有权是产权形成的基础，但所有权并不等同于产权。在现代经济社会，由于社会分工合作的关系，但凡参与市场交易活动的某一经济物品，其所有权人无法完全排他性地行使对该物品的全部权利，换言之，不同的权利是可以进行分解并为不同主体拥有和行使。因此，现实经济生活中的产权关系并非抽象的定义可以概括，相比所有权强调对物的占有和归属关系，产权更强调的不是对物的使用，而是“由于物的存在和使用而引起的人们之间的一些被人认可的行为关系”（菲吕博腾，佩杰威齐，见刘守英译《财产权利与制度变迁》2004版），因此，产权的含义要广泛得多（卢现祥、朱巧玲）。

张五常以私有产权为考察对象，认为私有产权包括三个权利：使用权（或使用决定权），不受干预的收入享有权和自由转让权，并由此推论“所有权”概念无足轻重，仅是一种抽象的存在。张五常的观点虽然有失偏颇，但它反映了关于产权的两个重要的事实：一是在现代社会，资源由“所有为中心”转向“利用为中心”，一味强调所有权往往会导致资源的低效率使用；二是理解产权需要从其具体功能上入手。产权界定的目的是“帮助一个人形成他与其他人进行交易的合理预期，这些预期通过社会的法律、习俗和道德得到表达。产权的所有者拥有他的同事同意他以特定的方式行事的权利”（盛洪），因此，产权应根据其外部性内部化、受益受损、交易预期等不同功能理解为可分解组合的权利束，才有利于资源的合理配置。

2.3.3.2 产权的基本功能是实现外部性内部化

根据诺斯的考察，从历史来看，产权的演变过程，首先是不准外来者享用资源，然后是制定规则限制内部人员开发资源的程度。可见产权的产生，就是私有制（排他性）的产生，是对资源稀缺程度的反映。

产权的功能表现在多个方面：减少不确定性；外部性内部化；激励功能；约束功能；资源配置功能；收入分配功能。其中，“产权的基本功能是引导在更大程度上实现外部性的内部化的动力”（盛洪）。人类社会是一个资源稀缺的世界，如果每个人的自利行为不受任何资源约束，就会发生争夺资源的利益冲突，因此通过对人们获取资源的方式和竞争条件做出具体规定，即产权安排，来保证交易活动的顺利进行，使各个交易主体获得应得权益并承担相应成本，从而实现外部性内部化。

关于外部性问题的研究，在20世纪60年代之前，经济理论界基本因袭庇古的传统。庇古认为外部效应内部化的最有效方法是通过税收，引入政府力量，通过税收或法规的方式，对外部性生产者课税、惩罚或支付受影响者的津贴，对外部性受影响者给予补偿，以保证社会运行的公平与效率；并且，在论述排污问题时，他认为对排污者征税优于制定排污标准。但庇古定理的两个隐含假设在现实生活中常常不被适用：一是政府干预零成本的假设，现实中的政府成本不仅非零甚至是比较高昂的；二是政府行为以增进社会福利为主要意图，但现实中的政府常常出于对自己利益而不仅是对社会福利的考量，甚至是官僚们出于扩大机构规模、追求个人利益最大化的动机，导致外部效应的过度内部化以及资源分配的低效化。科斯认为外部性问题是双向性的，他指出，庇古定理中的简单征税可能引起一方的受损超过另一方的得益，因此带来社会总效应的丧失；基于社会总效益出发，解决方法并不是简单制裁产生负面影响的一方，应是建立一份双方认可的契约，使相关各方面共同承担“外部效应内部化”的责任（罗必良、盛洪）。

科斯定理以交易成本理论为核心，认为交易成本为零时，不管初始的权利如何分配，私人经济主体各方之间总可以达成一种协议，通过权利的自由交易使外部性问题得到有效解决。科斯定理是由三个定理组成的定理组：第一定理及其推论为，假设交易成本为零，可交易权利的初始配置不会影响它的最终配置或社会福利，通过清楚完整地把产权界定给一方或另一方，并允许把这些权利用于交易，政府能有效地解决外部性问题；第二定理及其推论为，假设交易成本为正，可交易权利的初始配置会影响它的最终配置或社会福利，因此应选择提供较大社会福利的权利初始配置，也就是说，政府应该把权利界定给最终导致社会福利最大化或社会福利损失最小化的一方；第三定理为，存在交易成本时，通过明确分配界定权利所实现的福利改善，可能优于通过交易实现的福利改善（罗必良）。由于现实世界总是存在交易成本，因此在一个有摩擦的世界里，产权初始界定就成为一个关键问题，它不仅涉及福利改善，更涉及初始公平的问题。

2.3.3.3 产权的界定程度取决于交易成本的高低

外部性的存在说明有一部分利益（或损失）不能为现有的权利界定所解决，即产权界定不清晰，产权界定的目的就是通过明晰产权来消除外部性。但事实上，由于界定成本（也是交易成本的一种）的过于高昂，以至于使得将产权留在公共领域是“合算”的。巴泽尔指出，由于交易成本的存在，产权作为经济问题从来没有被完全清晰地界定过（盛洪）。

除了立法的原因外，产权本身的不能完全被界定导致了现实生活中大量的“事实产权”和“法定产权”的不一致。尼科尔森认为产权是“所有者和所有权的各项权利的法律安排”，是从法律的角度来定义产权。张五常将产权定义为“为了解决人类社会中对稀缺资源争夺的冲突所确立的竞争规则，这些规则可以是法律、规制、习惯或等级地位”，则说明了产权不仅存在“法定产权”和“事实产权”的区别，并且受不同的规则的限制，事实产权的形式具有多样性（王亚华）。

从产权的归属对象看，产权形式主要有私有产权、公共产权（开放产权）、社团产权（共有产权）和国有产权四种类型，国有产权在本质上可以看成共有产权的一种特殊形式。很多学者认为，现实中的产权结构可能是连续的，如张五常指出“私有产权和共有产权是产权安排形式的两个极端，大多数产权安排处于这两者之间”。李金昌也提出自然资源产权结构是一个谱系，“从独占性资源资产到公共性资源资产构成了一个谱系，前者包括耕地、固体矿物、森林等；后者包括海洋水产资源、流动水体、环境容量等”，虽然自然资源产权的界定并非仅仅受制于物质的物理形态因素，但这一论述仍然解释了产权的客观事实。总之，简单的“两分”法（公有产权，私有产权）或“四分”法的产权划分相对于现实中诸多复杂的产权形式显得有些简单，但它对于认识产权的性质仍是必不可少的。

巴泽尔认为：“人们对资产的权力（包括他们自己的和他人的）不是永久不变的，它们是他们自己直接努力加以保护、他们企图夺取和政府予以保护程度的函数。”也就是说，产权界定的有效程度在于所涉及的个体之间的维护自身权利能力的高低权衡、谈判能力的强弱比较、政府的保护程度等条件共同导致的交易成本约束。因此，私有产权的交易成本总是高于集体产权和公共产权，但随着知识累积和技术进步，逐渐降低的交易成本又使得产权制度有向私有产权演进的趋势，私有产权的外部性总是比较低。

2.3.3.4 产权的具体形式是复杂和多样的，其实质是剩余控制权和剩余索取权

产权不是单项的权利，而是包括所有权、占有权、使用权、管理权、收益权、转让权、排他权等权利在内的综合体。不同的资源具有不同的自然和社会经济属性特征，产权的具体表现形式也会有差异。其中，关于企业产权和自然资源产权的研究结论对于土地研究尤其具有重要的指导意义。

产权经济学在关于企业理论的研究中指出，产权在本质上是“剩余控制权”和“剩余索取权”。现代产权理论是建立在不完全合同的基础上，所谓所有权就是在合同对决策权没有规定的时间和地方实施剩余控制权的权利，和在合同履行之后取得剩余收益的权利（费方域）。因此，与法学意义上的财产所有权（包括占有权、使用权、收益权和处分权）强调“占有”和“归属”不同，企业所有权（张维迎认为这一概念具有误导性，企业作为不同要素投入者缔结的契约，不存在“所有者”）应理解为“剩余控制权”和“剩余索取权”。正是由于企业契约的不完备性，才引申出“企业所有权”的问题，并使得“谁拥有企业所有权”（“剩余控制权”和“剩余索取权”如何配置才是最优的）成为产权经济学的一个重要研究课题（张维迎）。马克思虽然没有直接提出“剩余索取权”的概念，但他深入研究了“剩余价值”的问题，论证了资本家凭借对生产资料的所有权而拥有了对剩余价值的索取权，其本质是对工人剩余劳动的无偿占有。虽然马克思主义经济学的“剩余价值”与产权经济学的“剩余收益”具有不同的内涵，但也由此可见，经济学关于产权的研究最终均着眼于“收益权”。正如德姆塞茨所言，产权意指“使自己或他人受益或受损的权利”，产权作为“一种社会工具，其重要性就在于事实上它们能帮助一个人形成他与其他人进行交易时的合理预期”。这一结论可以引申至所有资源的利用，包括土地资源的开发利用，剩余控制权与索取权的配置始终是产权配置的核心问题。

在现代经济体系中，自然资源作为一种生产要素，成为具有公共财产性质的私人物品，这就决定了它必须是多重所有权支配的客体。自然资源赋存的有限性决定了其消费与需求的冲突，是典型的竞争性物品，是厂商支配的客体（特定产权的支配客体），具有产权的独占性、排他性、垄断性特征。同时，自然资源作为一国人民共享的财富，又具有公共财产的性质，这是自然资源的产权区别于一般经济物品产权的典型特征。如何实现具有公共资财性质的自然资源的最佳治理，避免“公地悲剧”，学者们从不同视角提出了解决办法。有的建议关键的是自然资源要实现国有化，由国家对资源的开发利用进行控制；有的建议通过资源的私有化来解决问题；而埃莉诺·奥斯特罗姆通过对渔业资源的研究，提出了政府和市场之外产权管理的第三条道路，即公共池塘资源的自主治理途径。

2.3.4 土地产权的理论分析

2.3.4.1 经济学视角的讨论

马克思经济学并未对土地产权做专门的论述，但马克思基于对财产权利、资本主义生产关系、地租理论的研究，以所有权和所有制的关系为核心，在《资本论》的不同章节中分别论述了土地占有权、使用权、处分权、收益权等权利。在这一产权体系中，土地终极所有权是一个核心概念，构成了土地私有制的基础，所谓土地终极所有权属于完全排他的、仅仅受个人意志支配的权利，其前提是“一些人垄断一定量的土地，把它作为排斥其他一切人的、只服从自己个人意志的领域”（马克思）。所谓“终极支配”，是指所有权主体拥有土地终极处分权，“不要忘记，在通常以九十九年为期的租约期满以后，土地以及土地上的一切建筑物，以及在租佃期内通常增加一两倍以上的地租，都会从建筑投机家或他的合法继承人那里，再回到原来那个土地所有者的最后继承人手里”（马克思）。另外，马克思为了剖析土地所有者与农业资本家、雇佣工人之间的经济关系，详细分析论证了土地所有权与土地占有权、土地使用权和土地收益权等不同权能分离的实际及其特征，特别是其关于地租理论的系统研究，反映了土地产权配置基础上的土地收益分配关系，对土地产权制度建设有重要的启示意义。但是，马克思关于土地产权研究的局限在于，他对不同土地产权分类的目的仍然是说明生产关系的实质，其以社会阶级为整体研究产权关系的视角，难以概括现代社会多元利益主体的经济行为特征与行为关系；他对土地产权所做的粗略分类，也难以描述当今现实经济生活中丰富多样的土地产权形态（如集体土地所有权、承包权与经营权之间的关系）。

西方产权理论也没有对土地产权进行专门研究，但其关于产权研究的结论同样适用于土地产权问题。首先，从西方产权学派的视角，土地私有产权的产生是自然历史演进的产物，由于土地资源赋存有限，对稀缺资源的竞争性使用逐步形成了土地私有产权的特征，作为典型的竞争性物品，土地产权具有私有产权的独占性、排他性、垄断性特征。其次，土地资源具有公共财产的性质，这不但是由于它作为自然资源，是一国公民所共同拥有的财富；更因为土地财富的累积即土地增值的产生，主要是社会公共资源投入的共同结果。最后，与普通商品不同的是，土地资源在作为私有物品使用的过程中会产生外部性，因而必须受到公共权力的规制，因此其私有产权是受限制的。在土地产权兼有公权与私权性质的前提下，如何界定不同权利主体与权利关系并达到“公平”与“效率”兼顾的效果，显然很难在“所有权”占绝对支配地位的预设条件下、运用社会阶级分析的方法找到可行的解决途径。在现代西方产权理论看来，产权是从公权到私权的权利分布谱系，各种不同的财产权利是可以相互分离、独立使用并处于平等地位，无疑为土地产权配置提供了更为有效的分析工具，更符合在现代经济体系中土地产权的属性，即土地资源作为一种生产要素，是具有公共财产性质的私人物品，是受多重利益主体支配的客体。

2.3.4.2 法学视角的讨论

现代两大法系虽然遵循不同的路径演进，产生了一些根本差异，如大陆法系强调人与物的关系、一物一权原则[①]、所有权支配原则，遵循成文法传统；英美法系强调人与人的关系、权利对等观念，遵循判例法传统；但其中一些财产权利观念仍然是相通甚至是可以相互借鉴的，并且两大法系的发展均与土地财产权利观念的演进密不可分，主要体现在以下几点：

两大法系都认可产权私有观念，形成了私权保护原则。大陆法系的主要起源是奴隶社会时期（劳动力、土地等生产资料都归奴隶主绝对所有）的古罗马法，其产生乃是源于简单商品经济的需要，是建立在私有制充分发展的基础上，大陆法系的个人本位、权利归属、强调主体对财产的绝对排他控制的观念和一物一权原则，正是对私有产权保护观念的反映，也是为了商品经济交易的需要（产权界定越清晰，越能降低交易成本）。英美法系的源头则是古日耳曼法，与罗马法相似，英美法系的产权概念也起源于土地法，早期仅指土地地产上的财产性权利，其后产权概念的适用范围逐渐延伸至整个财产法体系，在外延上指向财产的各种权能。不同的是，古日耳曼法产生的社会经济基础是前资本主义时期的农业合作社会（劳动力主体与生产资料所有者之间的合作），由于其时私有制尚没有充分发展，从而形成了团体本位的思想，在同一物上课设各种权利，相互之间是平等的而非派生的关系，其典型形式就是不动产上设有多重所有关系，在同一土地上存在上级所有权（领主和地主的所有权）和下级所有权（耕作者的租佃权），这一思想的核心也是对附着于物上的各项（私有）产权的肯定与尊重。英美法系的现代土地产权制度由两个层次构成：一是土地所有权，属于国家（国王）或政府；二是土地权益，或称不动产权，是指对土地占有、使用和收益等一系列权利。在这种制度安排下，直接附着于土地的不是所有权，而是土地权益。土地权益才是真正的财产权，属于私有产权，而所有权则在很大程度上代表着国家（国王）或政府的统治权（梅夏英）。

两大法系都认可权能分离的观念。大陆法系在偏好定义全面、分类系统、逻辑体系的基础上，将财产权利严格划分为对人权和对世权两大部分，形成了其财产法律制度的基本框架，物权债权二元结构，并认为物权包括自物权和他物权，建立了财产权进行详细分类的权利体系，其优点是讲求逻辑严密、秩序分明，缺

---

① “随着社会经济发展，一物一权原则也发生了重大变化”，本书同意一物一权原则仍然适应目前的社会经济条件的观点，它体现了“物权支配性的本质特征”，具有“排他性效力”。参见王利明．一物一权原则探讨［J］．法律科学（西北政法大学学报），2009（01）：64－72；尹田．论一物一权原则及其与“双重所有权”理论的冲突［J］．中国法学，2002（03）：73－85。

点也很明显，即面临债权设置与无体物权设置的内在矛盾，严谨的权利分类体系缺乏弹性，难以适应现代社会丰富多样的产权形态的实际。英美法系形成的基础就是权能分离概念，它并不承认一种绝对的权利前提，而是承认一系列相对有效的权利，对于这些相对有效的具体权利，个案审判时适用比较的方法来确定其中谁是更好产权，由此给予保护（冉昊）。英美法系虽然缺乏严格的产权定义，但它对事实和经验的尊重、不拘泥于字面意义而着眼于实践的灵活性与适应性，无疑对大陆法系如何在多元利益主体参与、多种权利主张并存的社会经济环境中解决法律条文的抽象性与现实产权形态的多样性之间的冲突，具有重要的启示借鉴意义。

本章小结

着重比较了不同学派，特别是马克思主义经济学和西方现代经济学关于地租地价、土地税收和土地产权的不同观点，试图厘清不同分析层面和话语语境下二者观点的异同，以期为土地制度改革提供一个具有内在一致性的理论指导框架。

新古典经济学与马克思经济学都认为地价是地租收益的资本化，应用边界分析方法分析计算的地租与应用“地租剩余”方法计算的地租在数量上也具有同一性。不同的是，马克思主义经济学强调“地租”产生过程中的生产关系性质；新古典经济学则认为土地、资本、劳动力三生产要素在生产过程中具有同样的“资本财”特征，在利润分配中具有“平等”的地位，并尝试引入了供求理论和均衡价格理论来研究土地价格的形成机制。抛开关于生产关系与阶级分析的论争，两种地租理论并非是完全不相容的，吸取两种地租理论的精华（马克思的地租分类和西方新古典主义经济学的地租定量分析方法），才有助于深刻理解地租的本质。

乔治的单一地价税理论对中国具有重要的借鉴意义，其把地租化作国家税收的思想，实现了土地的“虚拟国有化”，是一个渐进的可操作的改良方案，尤其对中国土地产权制度改革具有重要指导意义。约翰·穆勒的税收思想，包括采取平等牺牲论基础上的比例税率、对最低生活费免税、对非劳动所得（主要是地租）课以重税，对不同情景下的土地征税方式进行区分等，具有更加灵活、弹性的特点，也对土地税收制度建设具有重要的借鉴意义。

对于产权的界定，在法律意义上，英美法系的产权构造与大陆法系的产权构造有所不同；在经济学意义上，西方新制度经济学产权理论和马克思经济学的产权理论也有着典型差异。概括来说，大陆法系中的“产权”看重的是权利的归属，强调所有者对物的绝对支配权。英美法系没有对“物”做出明确界定，没有完整的所有权定义，而更多关注的是财产的利用，其产权范围包括一组平等的权能的集合。西方现代产权理论的产权构造更相似于英美法系的产权构造，马克思产权理论中的产权构造类似于大陆法系的产权构造。

中国实行土地公有制，是从所有权的角度出发所进行的制度安排。沿袭马克思主义产权理论，所有权具有广义的含义，包括财产主体全部权能的集合，并被赋予终极支配权的地位。本研究认为，片面强调土地所有权制度，忽略现实中复杂的产权安排事实，不利于对复杂经济体系中的土地使用与收益分配进行管理，这正是当前中国土地增值收益分享所面临困境的根源。

本章参考文献

1. Barrel, Y. Economic Analysisof property right [M]. Cambridge University Press, 1989.

2. 埃莉诺·奥斯特罗姆著．公共事务的治理之道［M］．余逊达，陈旭东译．上海三联书店，2000.

3. 保罗·萨缪尔森，威廉·诺德豪斯著经济学［M］．高鸿业译．中国发展出版社，1992.

4. 毕宝德．土地经济学［M］．第五版．中国人民大学出版社，2006.

5. 曹钢．产权理论历史发展、两种研究定位及对《产权分析的两种范式》之质疑［J］．中国社会科学院研究生学院学报，2002（2）：29－40.

6. 道格拉斯·C. 诺斯著．经济史中的结构和变迁［M］．厉以平译．商务印书馆，1992.

7. 大卫·李嘉图著．政治经济学及赋税原理［M］．郭大力，王亚南译．北京联合出版社，2013.

8. 费方域．企业的产权分析［M］．三联书店和上海人民出版社，1998.

9. 盛洪．现代制度经济学［M］．北京大学出版社，2003.

10. 何爱平．马克思经济学与西方经济学地租理论的比较研究［J］．南京理工大学学报（社会科学版），2013（12）：14－21.

11. 贺卫，王流尘．西方经济学说史中地租理论的演变［J］．当代经济科学，2000（3）：65－71.

12. 黄少安．产权理论与制度经济学［M］．湘潭大学出版社，2008.

13. 亨利·乔治著．进步与贫困［M］．吴良健，王翼龙译．商务印书馆，1995.

14. 康芒斯著．制度经济学（上）［M］．于树生译．商务印书馆，1962.

15. 科斯，阿尔钦，诺斯等著．财产权利与制度变迁［M］．刘守英译．上海三联书店和上海人民出版社，2004.

16. 雷利·巴洛维著．土地资源经济学——不动产经济学［M］．谷树忠译．中国农业大学出版，1989.

17. 李金昌．资源经济新论［M］．重庆大学出版社，1993.

18. 刘伟，李凤圣．产权通论［M］．北京出版社，1998.

19. 卢现祥，朱巧玲．新制度经济学［M］．北京大学出版社，2007.

20. 罗必良．新制度经济学［M］．山西经济出版社，2005.

21. 吕天奇．马克思与西方学者产权理论的观点综述与分析［J］．西南民族大学学报（人文社科版），2004（3）：121－126.

22. 马洪波，乔志敏．西方地租理论发展简析［J］．国土经济，1998（3）：21－23.

23. 马歇尔著．经济学原理［M］．朱志泰译．商务印书馆，1965.

24. 梅夏英．财产权构造的基础分析区［M］．人民法院出版社，2002.

25. 冉昊．论英美财产法中的产权概念及其制度功能［J］．法律科学（西北政法学院学报），2006（5）：33－40.

26. 让·巴蒂斯特·萨伊著．政治经济学概论［M］．曼智杰等译．华夏出版社，2014.

27. 盛洪．现代制度经济学（上）［M］．北京大学出版社，2003.

28. 汤在新．略述英国古典政治经济学地租理论的发展［J］．武汉大学学报（人文科学版），1962（1）：19－29.

29. 王亚华．水权解释［M］．上海三联书店，2005.

30. 王利明．物权法研究［M］．中国人民大学出版社，2002.

31. 威廉·配第著．赋税论［M］．马妍译．中国社会科学出版社，2010.

32. 肖国兴．论中国自然资源产权制度的经济理性［J］．环境保护，1997（9）：33－35.

33. 亚当·斯密著．国富论［M］．唐日松等译．华夏出版社，2005.

34. 于明磊．产权概念的经济学分析和现实法律思考——新型财产权利的法律定位［J］．制度经济学研究，2003（11）：82－97.

35. 理查德·伊利，爱德华·莫尔豪斯著．土地经济学原理［M］．滕维藻译．商务印书馆，1982.

36. 约翰·穆勒著．政治经济学原理［M］．赵荣潜等译．商务印书馆，1991.

37. 约拉姆·巴泽尔著．产权的经济分析［M］．费方域，段毅才译，．上海三联书店和上海人民出版社，1997.

38. 张廉．马克思与诺思产权制度理论之比较［J］．宁夏党校学报，2004（1）：42－46.

39. 张维迎．所有权、治理结构及委托——代理关系［J］．经济研究，1996（9）：5－15.

40. 张五常．佃农理论［M］．商务印书馆，2002.

41. 赵海怡，李斌．“产权”概念的法学辨析——兼论大陆法系与英美法系财产制度的比较［J］．制度经济学研究，2003（11）：65－81.

42. 中共中央马克思恩格斯列宁斯大林著作编译局编译．马克思恩格斯全集［M］．人民出版社，1985.

第3章　土地增值收益管理制度

本章着重探讨土地增值的形成机制与土地增值收益分配基本原则，并从土地产权配置、土地税费制度、土地行政管制手段三个方面介绍了世界各国土地增值收益管理政策工具的实践应用经验，对中国现行土地增值收益分配制度和模式进行了概述性分析。

3.1 土地增值的形成

3.1.1 土地增值机制

根据土地增值与土地生产和投资的关系，可以将土地增值分为投资转移增值和非投资转移增值。根据其是否来自土地使用者的贡献，则土地增值可划分为人工增值和自然增值，前者指土地使用者或经营者直接投资而形成的土地增值；后者指受经济社会发展、土地供需、政策等影响而形成的土地增值。

3.1.1.1 投资转移增值

投资转移增值，指的是个别投资主体向土地投入劳动、资金等生产要素，这些具体有效的投资活动对土地产生直接影响，这种影响以经济效益的形式直接转移到土地上而形成的土地增值称为投资转移增值。一般来说，投资转移增值中明确来源于投资主体的部分归投资主体所有。根据生产性要素的不同，又将投资转移增值分为内部直接投资增值和外部辐射性投资增值。

（1）内部直接投资增值，指土地使用者或经营者对土地进行连续追加投资，从而使得特定土地的生产力提高并产生土地增值。例如，土地开发机构对土地进行“五通一平”“七通一平”等建设，这些直接性的基础设施建设投入使得该土地能够适合特定的建设需要而引起土地增值。此类增值在租约期内转化为级差地租Ⅱ，归土地使用者（经营者和/或投资者）所有，通常是作为生产成本中的资本投入部分，并无流失现象；在租约期外则转化为级差地租Ⅰ。直接投资增值是构成土地价值的物质基础。后文在对土地增值进行测算时，主要考虑租约期内的土地增值情况，认为内部直接投资增值应归土地使用者所有。

（2）外部辐射性投资增值，指土地使用者或经营者以外的投资主体对相邻地区进行投资，其进行的投资活动并非以提高该土地使用者或经营者的土地价值为投资目的，但却产生了溢出效益而形成土地增值。外部投资的主体可能是政府部门或其他土地使用者，来自公共部门的基础设施或公共服务设施投资以及其他土地使用者对土地利用环境的改善，共同创造了使宗地价值得到实现和提升的邻里环境和地理区位条件，形成了区域集聚效应，从而降低了宗地开发使用的成本（如交通成本、劳动力获得成本），提高了宗地开发使用的效益（如扩大了市场）。由于区域地理条件带来的物质、资本和知识的集聚，使得等量资本在面积相等的不同地块上具有不同的生产率，由此产生的超额利润就是外部辐射投资为宗地带来的溢出效应增值，它在性质上相当于土地丰度（肥力）和位置的差异所形成的级差地租Ⅰ。

3.1.1.2 非投资转移增值

非投资转移增值，指的是并非由于个别投资主体的投资活动引起的土地增值，一般包括土地用途调整、土地政策、土地稀缺性等因素引起的土地增值。非投资转移增值又可分为效益性增值、供求性增值、普遍性社会增值。

（1）效益性增值，指由于土地用途改变、利用率提高等引起的土地增值。由于土地利用的多样性和广泛性，土地所有者或土地使用者在一定条件下根据自身需求而改变土地用途，并且总是偏好于由低收益用途向高收益用途转变，从而形成土地用途转变增值。如农地被征收并且转为城市建设用地，这是土地用途转变增值的最典型例子；又如旧城改造拆迁是建设用地从低收益用途转变为高收益用途的普遍例子。除了用途转变增值，还有一种土地效益性增值是基于土地利用率的提高，如提高地块的容积率。

（2）供求性增值。随着社会经济发展、城市化和工业化进程加快、城市人口增长，对土地的需求也日益增长，但土地供给是相对有限的，这种因土地资源的供不应求所产生的土地增值称为供求性增值；本质上它是由于土地的稀缺性而引起的，因此也称为稀缺性增值，一般分为发展型和投机型两种。地理区位条件的变化也成为供求性增值的原因，这是由于地理区位条件的改善，土地可利用方式增加，从而导致潜在的土地需求增长，土地价格相应提升。特殊的土地市场，如政府垄断土地（一级）市场所造成的征地价格与供地价格之差而导致的土地增值，在性质上仍然属于供求性土地增值。

（3）普遍性社会增值，除上述土地增值外，社会经济发展中还有很多因素会引起非投资转移的土地增值，包括制度、政策、利率、科学技术等因素，如在政治稳定、社会安定情况下投资者的投资预期总是比较高，因此也会导致土地增值。社会经济总体进步和政策变化导致的土地普遍性增值，可视为土地绝对地租的增值，由于这一类土地增值的社会福利性覆盖面较大并且更加难以区分，一般情况下并不做特别研究。

3.1.2 城镇化发展过程中的土地增值

3.1.2.1 农地非农化与土地增值

农地非农化是近三十年来中国城镇化外延扩张发展的主要表现形式。一方面，农地非农化过程是土地资源按照市场经济规律表现出的土地利用结构动态变化过程的组成部分，是土地这种稀缺性资源各个社会生产部门间竞租的结果。在土地产权制度配置效果不佳的约束条件下，土地利用比较收益的变化决定土地利用的变化，“看不见的手”把边际收益较低的土地利用向边际收益较高的土地利用转化，并且这种转化只要使交易收益大于成本，农地就必然不断转化为非农用地。另一方面，中国政府是建设用地一级市场的合法的垄断供应主体，在整个农地非农化过程中，政府在城市发展方向确定、土地用途管制和土地市场供应方面发挥着核心控制作用，因此，中国土地非农化过程中所形成的土地供需市场不是完全自由的市场，而是一个受政府管控的土地市场。

可以以一个假设的区域描述农地非农化过程中的土地增值形成机理。假设在均质农业区域内存在一个单中心城市，城市是该均质农业区域的唯一销售市场。土地为农民所有，政府、开发商和农民都是理性单位。农地进行农业生产的边际收益不变，由于不受土地肥力的影响，因此，如杜能的农业区位论所述，农业生产经营的类型和收益取决于农地与城市中心市场之间的距离。当城市规模不变，与城市中心距离最远的边缘区域的农地经营收益决定了该均质区域土地地租的最低值，即绝对地租。

当城市规模开始扩张，距离中心城市最近的城市边缘区土地开始从农业用途向非农业用途转化，在这一过程中，土地的价值也将随之增长，其原因有：

（1）地理区位条件的变化。土地用途从农用途转化为非农用途，其中一个重要的驱动力来源是区位条件的变化，即中心城市的辐射能力增强（如交通通信条件改善，市场规模扩大），这一部分由于地理区位条件改变带来的增值为级差地租Ⅰ增值。

（2）地理区位条件的变化导致了土地供求关系的变化，土地预期收益增长促进了地租的增值，促进土地从低效益用途向高效益用途的转换。从本质上说，土地用地转换是在市场供需条件变化下，级差地租Ⅰ提高所驱动的市场行为结果，因此，土地供需性增值、土地用途转换增值也属于地理区位条件变化所产生的级差地租Ⅰ增值。在没有土地管制的前提下，土地利用方式将倾向于效益最高的用途，并在“看不见的手”的作用下达到新的土地市场供需平衡；而土地用途转换带来的增值，在本质上仍属于级差地租Ⅰ增值；然而，在政府对土地市场和土地用途进行管控的条件下，土地使用者不能自由开发使用土地，在这种情形下，受管控的土地市场供应将抬升土地价格，形成所谓的“土地价格扭曲”并构成土地增值的一部分；土地由于管控用途的差异，即使在相似的地理区位条件下，土地出让（供给）价格也将大相径庭，即土地用途转换可能带来不同的土地增值空间。无论在何种政府管理体制下，完全自由的土地市场并不存在，因此，有必要将土地供求性增值和土地用途转换增值从区位性增值（外部辐射增值）中区分开来，以对土地增值的来源和条件进行更准确的描述讨论。

（3）土地开发成本。土地非农化过程中，为实现土地用途转换而进行的基础建设投入成本也转化为土地增值的一部分，即直接投资转移增值。

3.1.2.2 土地再开发利用与土地增值

受土地新增供给限制的影响，经过初期外延扩张为主的城镇化发展阶段之后，城市发展进入以内涵提升为主的再城市化过程。在这一阶段，城市化发展的动力来自经济结构的转变，城市化向高级阶段的发展产生了新的土地利用需求，这些需求以土地用途置换或土地空间向三维立体发展来实现。在土地再开发利用过程中，土地增值的主要表现为效益性增值，其实质仍是不同地理区位的土地在供需条件制约之下，经过土地的竞争性利用从而实现土地级差地租Ⅰ的过程。

3.2 土地增值收益分配基本思想

3.2.1 土地增值收益与土地租税费的关系

3.2.1.1 土地增值与地租

依据马克思政治经济学理论，无论是绝对地租、级差地租还是垄断地租，都来源于利用土地投入进行生产的过程中所产生的超额利润，即直接生产者所创造的超过社会平均利润的那部分剩余价值。地租的资本化表现为土地价格，土地价格具有二元性，由“资源价格”和“资本价格”构成；土地“资源价格”是绝对地租和级差地租Ⅰ的资本化，土地“资本价格”则是级差地租Ⅱ的资本化。土地价格的上涨，即土地增值，也就是绝对地租增值和级差地租增值。可见土地增值与地租在本质上具有同一性，地租是土地增值的表现形式。

然而，关于土地增值和地租的研究，二者探讨的角度和研究的重点并不一样。马克思政治经济学理论研究地租的目的，是探讨土地（资本）所有者、资本家和劳动者在劳动生产分配中的地位，它从生产过程出发，其研究的视野局限于土地生产者和土地所有者的生产关系，并认为地租来源于生产本身所创造的超额利润。而关于土地增值的研究，其目的乃是从土地市场价格上涨这一现象出发，明确土地价格上涨的根源和土地增值的性质，从而为土地增值收益的分配提供依据，其中涉及的利益分配主体不仅包括了土地生产者、土地所有者，还包括了政府（作为社会公众的代理人）及其他利益相关人（如土地开发商等），土地增值的来源主要不是源于对土地本身的投入，而是源于外部性因素的作用（包括外部性辐射、供求关系、社会经济整体进步等）。对比关于地租的讨论，土地增值的研究范围更广泛，内涵也更深入。

3.2.1.2 土地增值与土地租、税、费

土地税收是国家为了满足一定的公共需要，凭借其政治权力，以税收形式占有一部分的土地价值，从而取得财政收入的一种形式。土地费是国家以行使社会职能为前提，向土地使用者收取的费用或消耗的补偿。

地租、地税和土地费都是围绕土地增值收益而收取，三者的联系与不同在于：首先，在分配层次上，地租是整个社会中土地所有者和土地使用者之间的初次利益分配，属于社会总分配的第一层次；地税是国家以强制力征收的利益再分配，属于社会总分配的第二层次；土地费因其在本质上是对土地投资与土地使用管理的补偿，故不属于分配和再分配的范畴（曾艳、黄征学）。其次，在法律层面上，地租属于土地管理法律调整的范畴，地税属于税收征管法律调整的范畴（李平修、毕建文）。最后，在功能和作用上，地租的主要功能在于维护土地所有权人的经济权益及调节土地资源配置；地税是为纯公共产品筹资的财政手段，兼有调节经济的功能；土地费是为了实现政府在土地管理中所提供的公共产品或服务的成本补偿。此外，只有地租具有垄断性。

3.2.2 土地增值分配思想的论争

一般来说，对于人工增值即使用者对土地的直接投资造成的增值，学术界基本认同“谁投资、谁收益”的原则。由于其形成来源的复杂性与多样性，自然增值的分配问题是土地增值收益分配机制的研究重点，学术界的观点聚焦在“公”“私”间的争论，不同的分配思想，反映了对土地增值收益来源理解与利益分配价值取向的差异。

3.2.2.1 “涨价归私”论

“涨价归私”论是在土地私有制条件下逐步形成的关于土地产权转移的价值补偿规范，土地财产权是土地收益形成的基础是这一立论的基本前提，其基本价值取向是私有财产权益应受保护，私有产权神圣不可侵犯。

马克思关于地租理论的表述，其目的虽然是说明剩余价值创造者和资本拥有者之间的剥削与被剥削关系，然而也直接涉及土地增值收益的归属问题。他提到“绝对地租形成的另外一个重要条件是土地所有权的垄断”，“资本主义级差地租是经营较优土地的农业资本家获得的，并最终归土地所有者占有的超额利润”，这一理论推论说明了土地所有权在土地增值收益分配中的支配性地位。然而，同时他又说，“不管地租的起源怎样，只要它存在，它就是土地经营者和土地所有者之间激烈争执的对象”（马克思），这一论断则说明在实际的经济生产中，围

绕土地增值收益分配在土地所有者和土地使用者之间形成了激烈竞争，但总体来说，仍然属于以土地私权为基础的土地增值收益分配原则。

在中国土地所有制背景下，以蔡继明、刘正山、周天勇、郑振源为代表的持“涨价归私”论学者基于保护农民合理产权利益的角度，根据市场经济原理和产权理论，认为农村集体土地所有权和国家所有权应是平等的产权，土地产权应从制度上真正归还给农民；与土地有关的发展权应通过市场交易在不同主体间转移（包括用于公益事业的建设用地）；由于政府对城市基础设施的投资而引起的土地增值也应归农民集体所有，对于所得土地增值中过高的部分则由政府通过税收方式来调节（蔡继明、刘正山、周天勇、郑振源）。

3.2.2.2 “涨价归公” 论

“涨价归公”论的观点认为土地的自然增值来源于社会，是由周围环境的改善而带来的辐射性增值，因此应回归社会为社会公众所共享。

英国著名经济学家约翰·斯图加特·穆勒最早提出“涨价归公”观点，主张把地价增值部分通过赋税形式交由国家来进行调节；“涨价归公”论最主要的代表人物是美国著名经济学家亨利·乔治，其认为土地价值的增加是人口集聚和生产需求的结果，而非个人的劳动或投资引起，土地增值收益应归全社区所有；孙中山先生提出的“平均地权”思想的核心观点也主张地价增值部分归公。

中国现行的土地征收政策体现了土地增值收益的“涨价归公”分配原则（马贤磊、曲福田）。但纯粹的“涨价归公”论被认为忽略农民的合理权益而难以得到支持。中国最早研究“涨价归公”的学者周诚在后续研究中，将其观念从“坚持涨价归公，坚决反对涨价归农”转变为“合理补偿，剩余归公，全国支援”，成为中国“公私兼顾”论的首创者（周诚、周诚）。

3.2.2.3 “公私兼顾” 论

公私兼顾”论可视为“涨价归公”论和“涨价归私”论的折中，是利益妥协结果。在中国，周诚可视为这一观点的代表，他认为农民作为社会成员应分享土地增值；由于土地的自然增值受整个社会的经济发展影响，不同主体投资所产生的外部性效益难以分割，因此在土地增值归公的同时也应对投资主体给予合理的补偿或利益分享（周诚）。“公私兼顾”论得到了中国大部分学者的认同，并对这一观点做了进一步的阐述。如杜马南楠运用马克思地租理论，针对农村土地流转过程中的利益分配问题进行分析，认为级差地租Ⅰ和绝对地租主要归土地所有者—集体经济组织所有，级差地租Ⅱ归土地承包者和经营者所有（杜马南楠）。周天勇认为在集体土地房屋拆迁问题中，应以市场化的征地拆迁补偿为目标，以协调国家、集体、村民各方面在土地增值中的利益为目的，强调农民、集体应参与分享土地增值收益。陆远权等运用马克思地租理论，针对城市土地，尝试建立一种新的城市土地利益分配机制：国家凭土地所有权获取绝对地租，城市政府经营土地获取级差地租，土地使用者开发土地获取平均利润。虽然“公私兼顾”论强调农民应参与土地增值，但其政策主张主要表现为农民应得到合理的补偿，以及土地使用者以外的投资主体按贡献程度分享土地增值，因此已有关于“公私兼顾”论的研究基本上可视为对“涨价归公”论的一种补充和完善。

由于中国特殊的土地所有制与城镇化发展背景，土地增值分配研究关注的重点是土地征收补偿问题，但土地增值分配的研究范围较土地征收要宽泛得多，涵盖了各种利用形态的土地；土地增值分配的“公私兼顾”论也具有更广泛的适用性。这是由于，“涨价归私”论和“涨价归公”论虽然都具有充分的理论依据，但在实践中则难以得到完全实施，以土地赋税作为一个调和工具，各国事实上实施的都是“公私兼顾”的制度，只是各有偏重而已。

土地征收补偿问题是土地增值分配矛盾冲突集中的重点领域，事实上，关于土地征收补偿标准的研究可视为从另一个视角对土地增值分配准则的探讨。根据中国学者对国内外土地征收补偿标准的历史演变的研究总结，土地征收标准经历了从“完全补偿”到“不完全补偿”再到“公平补偿”的发展过程。完全补偿原则以既得权说为理论基础，强调对土地所有权的绝对尊重和土地权利人的充分保护，土地征收补偿不仅包括“被征土地自身的价值，而且还包括土地上的附属物及其孳息的全额”。不完全补偿原则的理论依据包括公用征收说、社会职务说和公平负担说，认为土地所有权因负有社会义务而不具有绝对性，可以基于公共利益进行征收，补偿标准的权衡基础是公共利益，私人利益仅具有参考价值，土地权利人获得的是不完全补偿，一般低于土地的市场价格。公平补偿原则可视为对不完全补偿原则的矫正，以防止对公共利益的过度保护，取得公共利益和私人利益的双赢，其理论依据是特别牺牲说，认为特定义务人对国家所作的特别牺牲理应由全民分担给予补偿，补偿标准是“公平的市价”，特殊情况可超过“公平的市价”——如被征收土地具有生活来源意义的情形下（张千帆、陈和午、王富博）。土地补偿标准从对私权的绝对保护，发展到注重公共利益的保护，及至公私利益的平衡，与土地增值收益分配原则的变化具有相似性，其本质都是如何在私有产权和公共利益之间进行平衡的问题。

综上所述，土地增值收益之所以成为一个研究难题，是由于土地增值分配存在两方面的困境：一是上述不同土地增值分配思想分歧所反映的土地自然增值归公与土地产权权益保护之间的冲突；二是土地增值分割困难，土地增值的形成既有内部原因也有外部原因，影响因素复杂多样，它们往往持续地共同作用于土地，但土地增值表现为一个整体，不同因素引起的不同形式的土地增值难以进行分解，因而“谁投资、谁受益”的原则难以成为土地增值在不同权利主张人之间的分割依据。

3.3 土地增值收益管理的政策工具

所谓外部性是指经济活动中的私人成本与社会成本或私人收益与社会收益不一致的现象。土地自然增值在本质上是外部经济。公共环境改善、社会经济进步、土地供需变化使土地价格上涨，无疑是外部经济效应所致（施小明）。土地用途转换带来的土地增值是特定社会经济环境、区位条件和政府用途管制综合作用的结果，并非土地经营者直接投资带来的利益，因而同被视为外部性经济作用的结果。关于外部性问题的解决方案，新古典经济学、现代西方产权经济学已提出较成熟的理论方法，即产权界定、行政管制和税（费）征收的解决途径。目前大多数发达国家都依据这些方法建立了较完善的城市土地增值回收制度，以下分别予以介绍。

3.3.1 产权界定

产权界定的实质在于通过订立双方一致认可的契约使相关方共同承担“外部效应内部化”的责任。从产权途径来解决土地增值收益分配问题的政策工具既包括土地初始产权的制度安排，也包括土地国有化（或公有化）、土地储备与批租制度、土地发展权制度等对土地增值收益进行再分配的制度设计。

私有土地产权是在对稀缺资源的竞争性使用过程中逐渐形成的产权制度安排。私有土地产权制度显著提高了土地利用效率，但私有产权的绝对保护理念被认为与土地增值收益分配的公平性相悖。“政府之手”的矫正性产权制度工具包括土地国有化（或公有化）、土地储备与批租制度、土地发展权制度等。

3.3.1.1 土地国有化

土地国有化（公有化）的一种政策主张是将土地产权收归国有或公有，从而实现“土地增值收益归公”的目标。受穆勒的土地增值收益归公思想的影响，阿尔弗雷德·华莱士提出了“土地国有化”主张，他在其著作《土地国有化》中设计了土地国有化制度的框架，即政府在补偿业主后征收其所有土地，再通过收取租金将这些土地批租给土地使用者，其收取的“租金”额度建立在土地“内在价值”的评估基础上，即相当于土地增值收益；土地使用者只能自己占有和使用土地，不能出售、遗赠和出租（田莉）。霍华德在其“田园城市”理论中，设计了土地归全体居民集体所有的制度，使用土地必须缴付租金，城市的收入全部来自租金，在土地上进行建设、聚居而获得的增值仍归集体所有。

土地国有化的第二种政策主张认为并不需要将土地产权充公，而是通过税收制度实现实际意义上的土地国有化目的，其中以乔治·亨利的“单一税”政策为典型代表。孙中山先生受中国古代的“井田制”及穆勒、乔治·亨利等人的

“土地增值归公”思想的影响，也提出过“土地国有化”的主张，但他设计的土地国有化制度并不是将土地“尽归国有”，也并不赞同无偿征用私有土地，即所谓“土地国有之法，不必尽收国有也，若修道路，若辟市场，其所必经之田园庐墓，或所必需之地亩，即按照业户税契时之价格，国家给价而征收之”；而是要“核定地价，照价收税；或由国家照价收买，归国家所有”，具体的实施办法是“当改良社会经济组织，核定天下地价。其现有之地价，仍属原主所有，其革命后社会改良进步之增价，则归于国家，为国民所共享”（转引自《孙中山选集》）。

从世界普遍范围内的土地国有化制度研究和实践来看，有的尚停留于制度设计和理论探讨层面；有的则在实践中遭遇了失败（如俄国）；或者在实施过程中有名无实，成为“治权”的象征（如英国的土地名义上为王室所有，中国封建社会时期“溥天之下，莫非王土”的观念）。中国在计划经济年代所实施的土地公有化制度已在实践中被证明并非是一种有效率的制度，因此在改革开放后实行了“土地所有权”和“土地使用权”相分离的土地市场化制度改革，但也产生了“公有”所有制和“私有”使用制之间的模糊土地收益权地带问题。

事实上，目前世界各地实施的土地国有化政策属于土地征收的范畴，并严格规定应限制于“公共用途”领域。国家或地区动用公权力征收私人所有的土地财产需建立在“公共用途”或“公共利益”的前提上，如日本的《土地收用法》第3条共列举了35项49种可以行政征用土地的具有公共利益性的事业。中国台湾地区的“土地法”第208条，列举了9种可依法征收私有土地的公共事业。美国宪法第五修正案规定“未经适当的程序和公正的赔偿，私有财产不得充作公用”：首先，政府征用私有财产必须给予公平赔偿；其次，动用强制征地权必须是为了“公共用途”。中国现行《土地管理法》（2004修订版）规定，“国家为了公共利益的需要，可以依法对土地实行征收或者征用并给予补偿”；2011年颁行的《国有土地上的房屋征收补偿条例》列举了6项可依法进行房屋征收的公共利益。对于土地国有化过程中的土地收购价格，“欧美部分国家、韩国、日本和中国香港特区和台湾地区的遵循的原则和方法基本一致，即土地收购价格依据土地原用途的市场价格来确定”（胡士戬等）。

3.3.1.2 土地储备制度

土地储备制度最早兴起于1896年的荷兰。20世纪初期以来，瑞典、瑞士、挪威、丹麦、比利时、德国、法国、奥地利、英国、美国、加拿大、澳大利亚、韩国、新加坡等国家都实行了土地储备制度。所谓土地储备制度，是指政府部门或公共机构依照有关程序预先取得土地，进行开发整理并予以储存，并在适当时机将储存的土地投放到市场，以实现城市有序发展，保障公共目标的实现以及合理调控土地市场等（张文新）。

各国实行土地储备制度的直接原因并非是公平分配土地增值收益，而是来自缓解城市人口急剧增加带来的住宅供给压力、土地价格上涨等因素，土地储备制度不但能有效抑制土地投机、平抑地价，还在引导城市发展、促进合适住宅的供给、改善居住环境等方面发挥了重要作用。

国外土地储备制度实施的初衷并非为了实现“土地增值收益归公”，这体现在不管是以出租方式还是出售方式供应储备土地，一般都不采用招标、拍卖方式，而是在严格的成本测算后采取协议方式出让。依据出让对象的不同，出让价格的确定也有所差别，可能微利、可能持平、也可能由政府进行补贴。然而通过对土地投机的抑制和土地价格的调节，土地储备制度的实施也间接影响到了土地增值收益的分配。根据私人土地所有者从土地获益的政策差异，国外土地储备制度可分为两类：一类以瑞典和荷兰的土地储备制度为代表，以公共福利为政策目标，私人土地所有者应服从于公共利益需要；另一类以法国为代表，政策同时强调对私人产权权益的保护，私人土地所有者可以从土地中获得土地增值收益（杨遴杰）。

20世纪初，瑞典政府建立土地银行，正式开始实施土地储备制度。其特点主要是通过土地银行将具有升值潜力的土地收归国有，有效解决城市发展中遇到的诸如住房短缺、市政与交通设施改造、绿地与学校等公益性用地、新区开发与旧城更新等问题。瑞典土地银行以实现公共福利政策为目的，实施土地投资收购、加工和整理、开发使用，私人土地所有者一般服从于政府对土地公共利用的需要。被收购的土地永久成为公共所有土地，不能再出让给私人所有，因此储备土地经过土地整理后，多采用出租方式分期分批地推向市场。瑞典土地法律规定，住宅用地、工业用地和商业用地的租赁期分别为60年、50年、26年。租赁到期时，政府有权收回或重新出租土地。土地出让价格与政府在该土地上投入的实际费用无关，而是取决于土地使用性质，即商业用地出让价格高于政府投入该土地的实际费用，福利性住宅用地和公益设施用地的出让价格则低于市场价。在20世纪初期，瑞典曾确立政府对土地先行取得的规定，除了城市道路、公园、广场、交通设施等公共用地外，原则上采用市场收买的方式而不是征购。1953年以后，也开始允许在市镇村规划区域内对规划建设的居住用地实施征购。至1964年，斯德哥尔摩市已将70%的土地变为公有地。1968年，瑞典实行土地优先购买权以有效地控制土地动态，并定期公布因优先购买所得的利益。瑞典土地征用补偿内容包括：①土地（包括建筑物）的补偿，按土地市场价格给予补偿；②剩余地的分割或损害补偿，对由于征地而造成的土地市场价格降低而给予补偿；③租赁权损失补偿，因契约未到期及因土地征用而导致的损害；④搬迁和经营损失补偿；⑤其他间接补偿（如代理律师费用、维护权利费等）。1972年《土地管理法》规定，按照土地登记的宗地单元进行申请、公示和确权，除商业、住宅、工业用地外，其他农林、河流水系等权属变化并不影响宗地空间单元变更，不允许每一宗地拆分交易行为。政府获得土地增值部分收益。在20世纪初期，瑞典为了实施城市规划，曾确立政府对土地先行取得的规定，原则上采用市场收买的方式而不是征购，仅对城市道路、公园、广场、交通设施等公共用地才能征购（陈伟）。

法国的土地储备制度起源于政府为解决战后住房短缺、抑制投机的需要。从1958年到1974年，法国实施了六个土地储备项目，其运作方式是通过区域划定，特别是优先发展区的划定来推行土地储备制度，即任何规划中的发展都需要选取一个特定的区域，如果将这些特定区域设计成优先发展区，国家和地方向该区投资用于基础设施建设，则该区域的土地价格应该被公众优先购买权和购买行为控制。以巴黎地区所划定的未来发展区为例，在1977年约有13．1万公顷被划入，包括5个新市镇的所有土地，优先购买权的行使比例达到所有发生权属转移土地的1/6。他们的成功因素有：设立了土地技术服务机构等专职机构负责实施；有足够资金保障的优先购买权的实施；制定防止规避优先购买权的措施，避免私下买卖等（王家庭等）。

不同于国外土地储备制度产生于卖方市场，中国土地储备制度产生在准买方市场的环境下；国外土地储备制度是与土地征用权和土地优先购买权相结合的，其行为目的是缓解城市扩张的用地压力或福利性地为居民提供合适的住宅和优良的居住环境（周晓艳等），而中国土地储备是与强制土地征收权相结合，并受到政府经济人和公共管理者双重身份的行为目标约束，土地储备制度成为控制土地价格和发掘土地价值增值的重要政策工具。

3.3.1.3 土地批租制度

土地批租制度往往与土地储备制和土地公有制结合在一起，是指政府通过征购等手段预先取得相当面积的土地后对其进行前期开发，然后以一定的使用年期将土地批租给个人和企业，进行与计划目的相一致的开发，达到既引导城市合理发展，也使土地增值由政府回收的效果。斯德哥尔摩、新加坡和堪培拉是采用公共批租制度较成功的典范（胡士戬等）。中国香港特区的土地批租制度极具特色，以下介绍中国香港特区的土地批租制度。

英国租借香港地区初期，香港地区的土地曾实施英国皇室所有制。其后由于社会观念变化及社会舆论的作用，香港土地又从土地皇室所有转为政府所有制，并实行政府所有制下的土地批租制度，严格限制土地所有权的转让，政府通过土地契约将不同期限的土地使用权批租给受让人。在土地所有权不变的情况下，使用权可以灵活处理。1997年香港回归祖国后，土地批租制得到延续。按照《香港特别行政区基本法》第七条规定，香港特区内的土地属于国家所有，由特区政府负责管理、使用、开发、出租给个人、法人或团体使用或开发，其收入全归香港特别行政区政府支配。

土地批租主要采用公开拍卖、招标、私下协议和临时租约四种形式。土地受让人须交纳的费用由两部分组成：地价与年租。1997 年香港特区政府改革了土地租金制度，实行批租制和年租制的混合体制。首次拍卖时，地价中包括征地费、土地前期开发费和出让期限内各个年度“租金差值”的贴现值总和。土地出让期内，还需按年征收年租金（由房地产租金市值评估值乘以固定租率确定），表示批出土地并非卖断，所有权仍属政府。如果土地进行再开发，则开发者需缴纳契约修订补价。批租制、年租制与修订补价等政策相结合，不但令香港特区政府能更有效地控制土地价格，也保障了土地增值收益能更及时、全面地回归政府所有（卢新海）。

香港特区土地批租制度为政府提供了极其重要的公共收入以投入基础设施建设、公租房建设，奠定了香港特区优良的投资环境。有评价认为土地批租制是“香港在 100 多年的殖民地时期持续繁荣发展的根本，其间香港没有收取任何种类的直接所得税。当引入这些直接税时（1947 年实施的《税务条例》），税率也保持在极低水平，税制结构极为简单。现在，工薪阶层（以及大部分小企业主）中大约有 60% 不需要缴纳任何直接所得税。负有直接薪俸税义务的人群中，只有不到 2% 适用最高税率，而这一最高税率控制在总收入 15% 的水平上”（理查德·卡尔伦，王艺旋）。几十年前，直接来源于土地的收入（包括土地销售收入和契约修订补价，不包括与房地产行业有关的印花税和所得税）超过政府全部收入的 30%，但之后有所下降。从 1996 年到 2000 年，租地收入占政府总收入的 17%，是继个人和企业所得税之后的第二大财政收入来源（卢新海）。目前，香港特区土地收入也基本维持在同一水平。香港特区土地批租制度的经验：第一，政府长期拥有对所有土地的核心产权。第二，政府使用一个诚实公正的长期租约系统来处理土地（政府一般不应该把自己控制之下的土地绝对地处理给私有者）。第三，政府需要详细规定每个租约中建筑和使用权力的具体内容，以保证在几十年后的重新开发能够得以批准，并保证政府能从用途改变中获得收入。第四，政府还需要直接（有效地）解决不可避免的对低成本公租房和受补贴自用住房的需求。第五，政府必须建立全方位的制度措施来解决土地收入制度所产生的许多民事和刑事犯罪行为，及相关道德风险（理查德·卡尔伦、王艺璇）。

香港特区土地批租制度也带来了一系列问题。首先，严格控制的土地供应制度推高了地价，形成了特区的高强度用地开发模式，牺牲了人们正常的生活空间，不但削弱了香港的工业基础，同时也使得购房成为香港市民的沉重负担。其次，严格的土地出让制度和宽松的土地使用权流转环境，令大房地产商取得了地产一级市场垄断者的地位，土地使用权从政府垄断转为大房地产商垄断，少数人从中得到暴利，是香港长期以来楼价居高不下的重要原因，也是形成香港泡沫经济的重要因素（周珂）。

3.3.1.4 土地发展权制度

土地发展权是由20世纪50年代从西方国家对于土地使用的管制发展而来的一个概念。英国1947年的《城乡规划法》如此定义“发展”：“除另有规定之外，本法中的‘发展’系指在土地上、中或下所进行的建筑、工程、采矿或其他作业，或是任何改变建筑或其他土地用途的行为”。在1990年修订的英国《城乡规划法》中，对这一定义的表述并无变化。“二战”之后美国实施的土地分区制度难以适应城市化的发展，为此，美国借鉴英国的做法设立了土地发展权制度。在英美法系中，土地发展权是一种可以从土地所有权中分离并转让给他人的变更土地用途的财产权。

（1）英国的土地发展权制度。

在英国，英王或国家在法律上是土地的名义所有人，公民拥有土地保有权。1942年英国的阿斯特瓦报告指出应该将土地发展权（也有译为土地开发权的）收归国有，政府对土地权利人给予相应的补偿（用土地价值增加的部分来补偿出现土地贬值的所有者），以平衡土地增值收益的分配。1947年，英国出台了《城乡规划法》，正式开始了英国的土地发展权制度建设。

1947年的《城乡规划法》将土地发展权收归国有，规定任何土地开发都必须得到国家规划机关的开发许可，并由开发者向政府缴纳100%的开发税后才能进行开发，同时开发要在一定时间内完成。土地开发者取得土地发展权后由于国家对土地使用有变，需要更改土地发展权而造成土地预期收益损失的，政府对土地开发者予以补偿，而如果是由于开发者拒绝开发或自身原因而导致的土地预期收益损失的，国家不予补偿。英国的土地发展权国有化制度以规划许可分割了土地产权，土地持有人不再拥有全部的土地支配权，未来的土地开发利用带来的增值也必须先向国家购买有偿取得土地发展权之后才能取得。但是100%征收土地开发税严重打击了土地开发的积极性，使得英国的地产行业一度陷入危机，而土地发展税率也在英国政党的更替中变动，1947年到1953年征收100%的土地开发税，1976年到1985年征收60%—80%的土地开发税，而1985年后则以所得税取代开发税，但是土地发展权收归国有，控制土地开发利用，将土地增值收益归公或部分归公的基本思想还是没有改变（刘明明）。

（2）美国的土地发展权制度。

美国实行严格的土地分区管制制度，但分区管制制度在实施中也导致了收益分配不公的问题。一部分地区如农业用地、自然环境脆弱区等地失去了开发的机会，土地所有权人无法享受到土地开发带来的收益，造成各分区间不公平的地租分配，土地开发的地租增值更多来源于寻租行为。分区管制在实行过程中导致了

"意外收益—收益损失"的困境（即土地开发区内的土地所有者可以获取"额外"的土地增值收益，而受限土地开发区的土地所有者面临着土地限制开发带来的损失），因此很难控制受限开发区土地所有人对土地的开发行为，令美国的农地（特别是耕地）以及文化建筑保护区难以得到有效的保护。为了弥补分区管制的缺陷，20世纪60年代，美国仿照英国建立了土地发展权制度。与英国不同，美国出于对私有产权的保护将土地发展权归为私有。

美国有比较完善的土地发展权交易制度，土地发展权可以由所有人转让给其他人使用，这种交易称为发展权转让（TDR），也可以由政府或NGO向土地所有人购买而消灭，这种交易称为发展权征购（PDR）。在TDR中，土地发展权接受区根据自己的需要向土地发展权发送区购买土地发展权，这样，在现有分区规划的限制下，从发送区购买到土地发展权的接受区可以增加自己区域的开发力度，获得开发收到的利益，而发送区发送土地发展权之后就失去了相应的开发自己区域的权利，只能按照土地规划用途进行利用，但是在交易中获得相应的补偿。美国的土地发展权转移制度，实际上是一种土地开发低密度地区向开发密度高的地区输送土地开发容量的尝试，它以市场交易的形式保障了土地所有权人的土地发展权益。在PDR中，政府或NGO为保护农地（特别是优质耕地）或自然脆弱区，按照市场价格向土地所有者购买土地发展权。土地发展权转让之后的土地就算改变了土地的所有者，新的土地所有者仍需遵循已签署土地发展权转让（征购）协议的土地使用限制条件（刘国臻）。

土地发展权的交易机制使得土地发展权既可以由所有人转让给他人使用，也可由政府或其他非政府组织购买而消灭，通过交易，可以将土地增值收益部分进行转移。Jon M. Conrad等对马萨诸塞州哈德利地区的研究分析发现农地升值预期、土地市场价格变化、土地所有者年龄、农地用途等因素影响了土地发展权的供应价格。Barry C. Field等认为接收区的开发密度限制和开发商突破限制所获收益预期决定了土地发展权的需求价格。Paul Thorsne认为，由于实施过程中存在权利界定得不清晰，影响了美国土地发展权转让制度的实施效果。

（3）法国的土地发展权制度。

法国1975年颁布的《改革土地政策的法律》虽然没有明确提出土地发展权的概念，但是该法的建筑"法定密度限制"制度和土地干预区制度实际上构成了法国的土地发展权制度。法国对开发土地的建设权设定了容积率上限，即为法定密度限制，在法定容积率限制范围内，开发者有自主开发权，但超过法定容积率的部分，土地开发权归为国有，但是开发者可以通过向政府购买超过法定容积率的开发权，而政府通过卖或不卖和调整超限度开发费两种方式保护耕地，以维护国家利益。而土地干预制度承认土地发展权归属于土地所有人，但是政府对于那些出售的、容易遭到破坏的区域有优先购买权，以此规范土地开发。在1975年法国实行法定上限密度限制之初，巴黎的法定开发密度上限为1.5，而其他地区是1.0。在密度上限为1.5的地区意味着在1000平方米的土地上只能建设不大于1500平方米的建筑，如若超过，则建筑所有权人就必须缴纳“超过负担费”，即如果建筑面积达到1800平方米，按照规定应是建在1200平方米的土地上，那么土地开发者就要向政府缴纳相当于200平方米的土地价格以购买超过标准的建筑权。法国的法定密度限制的主要目的是稳定地价，以平衡土地所有者之间的利益，同时增加政府财政收入，而土地干预区制度通过购买土地限制土地开发以达到长期保护土地的目的。然而这项新措施在控制地价上涨上并没有多大效果，超过法定上限密度的建筑也没有想象中的多，反而因为规定的上限密度水平过低而被认为限制了私人所有权。1982年法国对其进行相关修改，上调了法定容积率上限，规定巴黎在1.5—3.0，其他地区在1.0—2.0自由决定（沙文韬）。

法国的法定密度限制制度是一种以政府干预介入土地开发容量分散化配置的尝试。相较于英国将土地发展权收归国有，法国给予了土地所有权人更多自由支配土地资源的空间。

3.3.2 税收调节

与通过产权界定将外部性内部化的制度设计不同，庇古提出用国家征税的办法解决负外部性问题（“庇古税”），以抵消私人成本与社会成本间的差异。土地税收则是针对外部效应带来的土地收益征税，以抵消私人收益和社会收益之间的差别。土地税收是一个古老的税种。在理论上，早在19世纪穆勒就提出了土地税收的思想，亨利·乔治设计了土地单一税制。土地税收是迄今回收土地增值收益最重要和有效的手段之一。本书研究所指土地税收的范畴包括贯穿土地交易、开发和使用全过程中的税收，与“财产税”的概念相近。广义的财产税包括不动产税和动产税，由于动产税征收困难，因此，对房地产开发、经营、持有、使用和转让等活动进行课税，构成了当今世界各国财产税收制度的一项重要内容，主要有一般财产税、土地税、房屋税、不动产税、净值税、遗产税和赠与税、机动车辆税等。房地产税、财产税、不动产税、土地税收是具有一定的交叉性、基本可以相互替代的概念。土地税种的设置主要针对保有、转移和取得这三个方面。流转环节的土地增值税在理论上比较流行，但是在实践上鲜有成功范例。国外土地税收政策最显著的特征是重点关注保有环节的征税，是目前土地税收中应用最广泛的税种。

保有税是目前土地税收中应用最广泛的税种。在保有税方面，日本现行的房地产保有税主要有地价税、特别土地保有税、固定资产税、都市企划税等税种。保有税在日本的房地产税收中一直占主导地位。英国的房地产保有税相对来说比较简单，它是将土地、房屋和建筑物合并在一起征收单一的财产税，即房屋税。房屋税属于地方税，是地方财政收入的重要来源。韩国征收的保有税是将土地、房屋分离，分别课税，其税种主要有：综合土地税、房屋财产税。法国的保有税种主要有：建筑地税、未建筑地税、房屋税等，其所有税种均属于地方税种。美国对保有的房地产课税，是与其他财产一起合并征收一般财产税，实际上财产税主要是对不动产——土地和建筑物征收。

在取得税方面，日本现行的取得税主要有：不动产取得税、登录许可税、印花税、继承税和赠与税。英国的取得税主要有遗产税和印花税。美国主要有遗产税、赠与税。美国联邦政府征收总遗产税和赠与税，各州政府也征收遗产税、继承税和赠与税，但以继承税为主。

在所得税方面，世界各国税制大体上可分三类：第一类是征收所得税，即把来源于土地或房地产的收益（包括土地增值收益）归并到一般所得中，课征综合所得税。大多数国家采取这种办法，如美国、日本、加拿大、法国等国家。第二类是征收所得税和资本利得税。即将所得与资本严格区分，并分别征收。英国是这种税制的代表。第三类是征收所得税和土地增值税。将房地产的一般收益并入一般所得，征收综合所得税，而对土地（或房地产）增值收益另外单独征收土地增值税，只有意大利、韩国、中国开征土地增值税（邓宏乾）。

除了上述税种外，特殊情形下的开发征费也是土地增值收益回收的一个重要补充途径。例如，美国的税费制度灵活而具有多样性（张俊），受益者付费制度利用基础设施使用创造的土地增值来支付基础设施的建设成本，既维护了公平，也保证了效率。受益者付费制度遵循的是“谁受益、谁付费”的原则，简单来说，就是项目建设成本由工程受益区域内各不动产按照一定的方式进行分担。分担的比例可以通过临街长度或受益不动产的价值或增值额来计算，它是美国政府回收土地增值的一种重要形式。另外，发展征费也称为影响征费也是美国目前最常见的地费形式，其征收的目的是用来支付部分或全部基础设施的建设成本，这些基础设施可能是宗地外的，但是对于这些土地开发而言是必要的。总的来说，完备的税收制度与受益者付费制度是美国有效回收土地增值的重要保障。中国上海铁路南站将部分建设资金筹措与周边土地增值收益相捆绑的做法就是一次类似的“受益者付费”尝试。在英国，土地价值税作为税目基本不存在，但是对土地增值收益进行回收的方式是存在的，这些方式几经变换，现在主要采用的是规划得益的方式。中国台湾地区则综合借鉴了其他国家的优良做法，具体分配形式上多样化，如开发影响费和工程受益费借鉴了美国和英国的受益者付费以及发展征费等制度（张俊等）。

土地税费已成为调节土地增值收益的重要手段，但目前在实际应用中仍存在许多问题。地方物业年税是目前应用最为广泛的税种，通常它是在周期性评估物业价值的基础上收取的，为地方政府提供了稳定的收入来源。但很多学者，包括世界银行的一些经济学家在内，认为土地税收并不令人满意，主要是因为：①几乎所有居民都必须纳税，在政治上不受欢迎；②土地税收，包括物业税、土地增值税的评估相当繁杂，发展中国家可能不具备它要求的专业技能。③征税成本也相当高昂，需要建立全面的地籍资料并定期更新。如果税率较低，可能导致税收收入还不足以涵盖这些成本。而在发达国家，土地税收政策在施行过程中也相当复杂和具有争议性。如英国工党政府为防止土地自然增值的收益归土地业主所有，在1948年引入100%的土地开发税（土地转让时收取），此次税费的收取使得房地产市场几乎陷入停滞。之后的近30年内，土地开发税经历了被废除、重新开征（税率调整为40%）到最后因评估和征税成本过高而再被废除的坎坷过程。美国的开发影响费也争议颇多，反对者认为它导致了房价的升高和穷人住房购买力的下降，对穷人的影响要远远超过富人。

由于财产税（房地产税）和土地增值税是土地各项税种中最重要、应用比较广泛的税种，以下着重对这两个税种进行讨论。

3.3.2.1 美国的一般财产税制度

（1）美国一般财产税制度的发展。

美国财产税（指一般财产税，general propertytaxation，主要针对房地产物业征收。由于一般财产税是财产税的主体，本节如未特殊说明，财产税均指一般财产税）。

美国财产税制度源自殖民地时期。美国联邦政府和州政府曾短时期地征收过财产税，但财产税始终是地方政府收入的最重要来源。19世纪，地方政府在美国政府公共服务提供和财政收入中均占据着主导地位。由于三四十年代州政府投资的失败，自19世纪中后期各州开始立法禁止州政府投资私营公司，地方政府开始承担越来越多的政府服务，其承担债务和财政收入的比例均超过了州政府。1838年，联邦、州、地方政府债务承担的比例为1.5%∶86%∶12.5%，到1902年这一结构已完全逆转，变为35.9%∶7.0%∶57.1%；地方政府财政收入占全国财政收入的比重达到53%，其中有68%来源于财产税。直到1932年美国经济危机爆发，地方财政的主导地位基本没有变化，地方财政收入占全国财政收入的比重仍高达52%，其中67%来源于财产税。1934年后，以罗斯福“新政”为开端，美国联邦和州之间的纵向分权体制从相互独立的“二元联邦主义”转向“合作联邦主义”，联邦政府的政策意图不断渗入州和地方层面，到20世纪六七十年代，这个趋势达到顶峰。从1965年到1991年，州和联邦对地方的财政拨款增加了12.16倍，地方自有财源收入增长了9.50倍，财产税收入增长了约6.41倍。财产税占地方财政收入的比例也从1932年的67%下降到1950年的43.7%，2006年为24.7%。

在美国三级政府架构中，联邦和州都享有制宪权，地方自治权由州宪法或州立法法案加以规定，这就与地方自治权作为一种固有权力的美国社会价值观产生了冲突。在联邦主义与地方自治两种力量的政治博弈中，财产税成为维护地方自治权的重要砝码。20世纪80年代以来，新自由主义兴起，去中心化的“小政府”管理和地方分权的观念广为传播，新联邦主义得以确立，联邦预算开支被大幅削减。20世纪90年代克林顿政府当政时期，“新联邦主义”进一步发展，权力下放的趋势得到加强。但总的来看，自“罗斯福”新政以来，集权趋势是联邦和州、地方政府关系的主流。在联邦和州的强力介入下，财产税在地方财政中的比例虽然有所下降，但绝对数额一直在增加，直到目前仍然是地方税收收入的主要来源。在大萧条的1932年，财产税收入占地方税收收入的97%，1965年占86.9%，2006年仍占到71.7%。地方政府内部的财政收入构成有所不同，特别区准政府机构有66%的税收来自财产税，镇政府达到90%，学区政府收入中更有96%来自财产税。

（2）美国财产税制度存在的问题。

有的学者认为财产税具有稳定性高、流动性低、征管和监督方便的特征，因而非常适宜作为地方税种（谷成）。更多的学者则基于Tiebout模型，认为财产税作为一种受益税，能较好地保持税收与公共服务提供边界的一致性（石子印）。而Seligman曾称之为文明世界最糟糕的税收之一，认为财产税制度的维持完全是因为“无知或惯性”，一些文献甚至探讨了取消财产税代之以土地增值税或所得税等其他税种的可能性。从美国财产税制度的发展和实施来看，主要存在两个问题：

第一，财产税征收的理论缺陷。按付税能力课税是现代税收制度的基本要求。在农业经济时代，房地产和有形个人财产构成了财富的绝大部分，财产所有权与收入和付税能力紧密相关。但在复杂的现代经济体系中，财产种类十分繁多，有的具有高度的流动性和隐秘性，地方管理机构缺乏法律授权、技术和资源对这些复杂的产权体系评估和征税，很多州着手免除了无形财产税或降低了其征税比率，因此目前房地产税构成了财产税的主体；工薪职业人群的出现导致了财产所有权与收入水平并不必然对等的问题，高收入人群可能财产很少，部分低收入人群如老年人又可能拥有财产，这些都使得财产所有权（主要是不动产所有权）相对更不适合作为按能力付税的手段。最后，房地产税基于土地和房屋的共同市场价值进行征税，然而土地和房屋建筑的价值具有迥然不同的性质，（城市）土地价值取决于土地开发投入，区位和外部环境等因素，通常具有增值性，而房屋建筑与一般固定资产一样，其价值随使用年限而折旧，将性质完全不同的土地和房屋视为一体采用同样税率征税显然是不合适的。这些理论上的缺陷，降低了财产税作为一种现代税种的科学性和合理性。

第二，财产税制度也存在诸多管理困境。财产税评估是财产税管理的最薄弱之处，虽然经济学原理和现代计算机技术的应用促进了财产评估系统方法的进步，然而这些方法的应用仍然存在很多困难，如由于缺乏足够的市场成交案例或者私人财产的保密性等原因，现实环境往往无法充分提供评估模型所需要的高质量数据。关于财产评估员的选择也存在不同观点，技术派认为评估员应该是经过严格专业训练的评估专家，远离政治影响，能够熟悉和应用最新技术；地方派认为公式或计算机产生的结果并不总是“正确”的，地方选举的评估员更熟悉地方市场，能对政治考虑做出灵活回应，其评估结果更加符合地方实际，两种观点长期争议不止，迄今未有满意的解决办法。针对财产税制度实施中的问题，各州和地方也出台了断路器政策，自住物业豁免，农地优惠税收，老年业主延期缴税等种种减免优惠措施，但这些条款使得财产税管理更复杂，并带来了更多的处于临界点的纳税人的减税要求，为了获得税收优惠条件而贿赂地方官员的现象并不鲜见。

（3）美国财产税制度的启示：对于地方治理的意义。

财产税尚是一种有争议的税收制度。关于财产税归宿的问题存在三种不同的观点。传统论认为财产税会以提高房价的方式转嫁给消费者，具有累退性；“受益论”源于蒂勃特的“以脚投票”理论，认为财产税是对使用者的收费，行政区域间的竞争和具有完全流动性的消费者们“用脚投票”的共同作用，可以保证地方公共服务的有效提供；“新论”将财产税视为对资本的征税，具有累进特征和财富再分配作用，会对资本配置以及地方公共服务水平提供的决定产生扭曲效果。

在美国财产税制度的发展历史中，联邦政府几乎没有财产税权，州政府则早在20世纪初就基本放弃了财产税征用。虽然现行的税收征管技术完全可以使地方政府像州政府一样转向所得税和消费税，一直以来，地方政府也面临着持续不断的财产税抗议行动或改革呼求，但令人费解的是财产税始终是地方政府主要的财政税收来源。面临种种困境，政府在财产税评估方法，地方和州的管理权限划分等方面进行了多项改革，实施了各种税收限制、减免等优惠措施（黄凤羽），迄今财产税仍为美国地方政府提供了四分之三的财政税收收入。财产税长期成为地方主力税的原因并非源于Seligman所认为的“无知或惯性”，也不仅仅是由于稳定性和收益税的特征，关键的原因还在于它对地方自治的至关重要的意义。Glenn W. Fisher曾说，美国地方政府财产税的存在具有其政治根源，那就是财产税和美国破碎重叠的地方政府之间的象征关系。尽管存在各种问题，但是就历史发展经验来看，财产税被证明仍然是地方主力税种的最优选择。

3.3.2.2 土地增值税

土地增值税的课征范围一般分为两种：一种是对土地和地上建筑物及其他附属物课征，如中国、意大利；另一种是仅对土地课征，不包括地上建筑物及其他附属物，如韩国。1889年德国强占中国胶州湾开征土地增值税是学术界公认的土地增值税的起源。1904年德国本土正式开征土地增值税，1910年英国开征土地增值税，1911年德联邦开征土地增值税，1923年日本开征土地增值税。之后这些国家，由于各种原因，停征或取消了土地增值税，但是取消土地增值税并不意味着不对土地增值部分进行课税，而是与其他税种合并征收。

就目前来看，由于各个国家和地区的经济制度、税收制度的不同，对土地增值进行课税的形式也不相同，主要可以分为以下几种形式：①以所得税的形式对土地增值课税，将土地增值部分视为一般所得，与其他所得税合并开征。代表国家有日本、美国、瑞典等。②通过对资本利得税来征收。代表的国家和地区有新加坡和中国香港地区。③直接征收土地增值税。目前只有意大利（1963年开征）、韩国（1963年开征）、中国（1994年开征）及中国台湾地区（1977年开征）等少数国家和地区开征（邓宏乾）。

（1）意大利的土地增值税制度。

意大利是土地增值税开征实践中最为成功的国家。1930年，意大利政府开始实施中央受益捐和地方受益捐税制度。对于中央政府直接进行公共工程或由中央政府补助公共工程所导致不动产增值，中央政府征收税率25%的中央受益捐；对于地方政府修改都市规划使土地用途变化、兴建基础设施和公共工程带来的房地产价格上升，地方政府征收地方受益捐，税率为增值额的33%。“二战”后，为抑制“战后”住宅大量兴建带来的地价上涨过快，1963年意大利政府创设了建设用地增值税。1972年意大利进行税制改革，将建设用地增值税、中央和地方受益捐取消，开征不动产增值税，课税对象为所有的不动产。对不动产的转让、赠与或继承征收“不动产转移增值税”；对出租房地产的资本利得征收“不动产租赁增值税”；即使房地产未发生转移，但占有期超过10年，也需每隔10年对不动产重新评估，对增值额部分征收不动产定期增值税。以上税种采用的计税基础的计算公式为：应税不动产增值额 = 出售价（或现值） - 基准日市价（或前次课税时日之市价） × 物价指数 - 改良支出 - 工程受益费（谢百三等）。

具体征税标准和税率如表3-1所示：

表 3-1　意大利不动产征税标准和税率

征税标准税率	税率
上涨部分超过基准价格 20% 部分	3%—5%
上涨部分超过基准价格 20%—50% 部分	5%—10%
上涨部分超过基准价格 50%—100% 部分	10%—15%
上涨部分超过基准价格 100%—150% 部分	15%—20%
上涨部分超过基准价格 150%—200% 部分	20%—25%
上涨部分超过基准价格 200% 以上部分	25%—30%

资料来源：谢百三，王小映．土地增值课税形式的国际研究及其启示［J］．税务研究，1998，04：59-61。

意大利不动产增值税覆盖面广，适用于所有的房地产；并且税率较为公平，适用于个人和法人，相关配套制度也较为完善，因而在实践中获得了成功。

（2）韩国的土地增值税制度。

韩国在 20 世纪六七十年代经济快速发展，出现了地价快速上涨、土地投机、土地私有权集中化等一系列问题。韩国政府为解决土地问题，相继制定了一系列土地政策，其中的一个重要方面就是对土地增值采取的税收政策。韩国与土地增值有关的税种主要有：转让所得税、特别增值税、估计取得税、土地超额利得税（土地增值税）、土地开发负担金等（张蔚文）。

土地转让所得税。1967 年，韩国为了抑制不动产投机，开始开征土地转让所得税，规定将汉城、釜山、大邱、仁川、光州和相邻的市、邑及以高速路为中心 4 公里以内的地带列为课税对象地域，并规定对象地域的税额为土地转让差价的 50%。该税种在 1974 年 12 月被并入转让所得税。1976 年进一步规定缩小转让所得税的非课税范围，包括对一户一宅的高级住宅也要征税。1978 年继续强化所得转让税制，未登记买卖土地按 100%，持有未满 2 年出卖土地按 70% 的税率征收所得税。此后，转让所得税的课税对象、范围及税率随着住宅市场的变化而调整，即住宅市场萧条时，减少课税对象，降低税率；反之，则增加转让所得税的课税对象，并提高税率。转让所得税的税基是从转让价款中扣除必要费用、转让所得特别控制额、转让所得控制额、所得控制额后的余额。土地转让所得税的出台是为了抑制土地投机，前期由于较低的评估价格、非法交易逃税、较高的免税额和税务人员的腐败行为等原因，使得转让所得税未能很好地发挥作用。在 1987 年后采取降低免税额、价格评估尽可能反映市价等措施，该税种收入大大增加。但由于这种转让所得税制不能公平地回收开发收益，导致土地的长期保有，反而在一定程度上抑制了土地供给（乔志敏）。

特别增值税。对法人所有的土地因转让而发生转让所得时所课征的一种税。税基是因课税对象资产的转让而发生的转让差价。

估计取得税。其课税对象是经过审批后开发的土地价格的增加额，即地目变更前的课税时价标准额和地目变更后的课税时价标准额的差额。

土地超额利得税。1989 年开始实施，是对土地所有者由于地价上升而获得的土地超额利得所课征的一种税。土地超额利得部分是指在课税期间发生的，从开发收益中减去正常地价上升额、金融机关的定期预约金利息及投资于土地的资本性支出费用后的余额。其中，开发收益指的是课税结束日地价减去开始日地价的差额。正常地价上升额指的是，据建设交通部调查、评价并公布的全国平均地价上升率确定的地价上升额。土地超额利得税的课税期为 3 年，即从课税期开始年度的 1 月 1 日起到结束年度的 12 月 31 日为止就土地超额利得课征利得税。土地超额利得税的税率为 50%。土地超额利得税只适用于闲置地。闲置地以外的其他地价上涨的土地则在转让时课征转让所得税。但是土地超额利得税却遭到了严重的抵制，主要是因为该税种是对未实现利益的课税，纳税人实际上没有取得据以纳税的收入。其次闲置地或非营业用地难以界定，公示地价的计算存在问题。制定该税意在迫使闲置地所有人出售或有效利用土地，却反而导致土地所有者建一些临时建筑物以逃避土地超额利得税。

土地开发负担金。1990 年开始实行，是指经国家、地方自治团体审批后实施的宅地开发、工业密集区建设等土地开发项目，按开发项目完成后的地价减去原地价、开发期正常地价的上升额及开发费用后的差额的 50% 计征，在开发事业完成后的 3 个月之内缴纳。但是关于土地开发负担金最终由谁负担这个问题存在许多争议。有的认为应由开发者负担，也有的认为土地开发负担金可转嫁到建筑物价上，或转嫁到租金及使用者的费用中（乔志敏）。

总的来看，对土地增值课税是一项政策性很强的政府行为，对土地增值的合理课税，可以调节土地级差，合理分配土地经济收益，控制土地垄断与抑制房地产市场投机之风，实现土地增值回收。对土地增值课税的具体形式，应根据国家经济发展条件、房地产业发展状况、国家税制等多种因素而慎重决定，并不断完善。在发达国家和地区，房地产多作为一般财产对待，对房地产有偿转移中显化的土地增值收益不做分离实施单独课税，而是把房地产视为一般财产形式，把土地增值收益视为一般所得，连同其他所得一起综合征收所得税；而在发展中国家和地区，房地产一般视为一种特殊的财产形式，从一般财产中分离出来，对其转让收益实行有别于一般所得税的方法征收，并且有些国家和地区把房产和地产也分离开来，分别设置相关税种。考虑到中国处于城镇化快速发展时期，土地价值巨幅增长，土地交易行为活跃，在合理设计税率和不影响土地市场活力的前提下，采取同时征收财产税（房地产税）、土地增值税和资本利得税是有必要的。

3.3.3 行政管制

土地利用规划与用途管制是应用最为广泛的对土地增值进行管理的行政管制

手段。土地规划的实质是以用途管制、使用强度管制等为主要手段，由政府对土地资源配置进行宏观调控。在土地规划与管制实施过程中，会产生规划得益或受损情况，这就需要配套使用土地再调整、发展权转移、公共设施配套、区划评估补偿等措施对问题进行矫正（张俊等）。

第一，土地再调整。它是对多个分散的土地进行整合后统一布置公共基础设施，再返还原有地块的一部分土地给业主。一般应用于人口和地价增长较快但政府缺乏足够资金用于公共设施和基础设施建设的地区，澳大利亚、韩国、日本、中国的台湾地区以及德国的部分城市采用该措施，这个做法的好处是使政府获取了一部分用于公共基础设施建设的土地，从而更快地回收土地增值。土地再调整尤其适用于旧城区大片高密度低收入住宅区的改造，特别是在政府缺乏相应资金进行公共设施投资的时候。但这种方法对相应的技术条件、社会基础及政策支持要求都较高。

第二，区划特别评估征地补偿。政府条例及规划许可条件的改变可能引起某些地块增值而另外一些地块贬值。在这种情况下，利用地块增值的收益来补偿受负面影响的地块，会使由于政府行为引起的土地价值的重新分配更加合理。区划特别评估征地补偿是由美国的土地所有者发起的，其最大益处是将由区划条例引起的外部效应内部化。从而最大限度地减少政府补偿。不足之处是对各个地块价值变化的评估可能会比较昂贵和敏感。但总的来说，这种手段在美国是一项较为综合和合理的增值收益管理政策。

第三，公共设施配套。政府规定开发商实施开发项目的同时需要提供一定的公共配套设施，以减轻政府在这方面的财政负担。自 20 世纪 60 年代初期，美国开始将要求提供开发所需的配套公共设施（包括开敞空间、学校、基础设施等）作为开发商获得开发许可的条件之一，以减轻地方政府在提供公共设施配套方面的巨大财政负担。地方政府逐步将针对特定地块的公共配套设施要求扩展到所有开发项目。如果开发商不在开发地块内提供公共设施，则必须交纳一定的配套费用。公共设施配套被证明是行之有效的土地增值收益管理手段之一。但在实施中也遇到一些问题，如来自开发商的反对。由于相关的法令很少指明哪些设施可以成为配套设施，很多开发商开始借助法律来对抗开发条件中的配套设施要求，因而引发很多诉讼。有些开发商被要求提供的配套设施超过开发地块自身的要求，理论上他们应获得一定的返还金额，但这种评估可能比较复杂。此外，英国的规划得益制度也是这方面的实践，是指政府在授予规划许可时要求开发商以实物、现金或权益的方式来提供基础设施。公共设施配套已成为中国目前常用的回收公共投资成本的工具之一，包括规定开发商建设住宅小区时要配套一定公共设施；政府为鼓励和引导开发商投资建设城市更新项目周边公共配套设施而给予一定补贴等（田莉）。

第四，发展权移转。城市土地使用控制使得各宗地的利用类型和强度不一样导致土地价值产生巨大差异。为公平考虑，被允许高密度发展的土地的所有者可以向被限定低密度发展的土地的所有者购买发展权，发展权的价值按土地变更使用后的自然增长价值计算。这样就确保了土地因开发而自然增值的部分归公。也有的是通过向高强度发展地区的土地征收"涨价"收益来补偿被限制发展地区的土地"降价"部分。

3.4 中国现行土地增值收益管理制度与模式

3.4.1 土地产权制度

中华人民共和国成立后的土地产权制度是随着政治和经济体制的改革而发展的。中国农村和城市的土地产权制度具有不同的演变轨迹和制度安排。从法律角度看，现行的土地产权制度简单明了，即农村土地集体所有和城市土地国家所有，但由于农村集体和国家均为非法律人格的产权主体，无法承担市场经济体制下土地资源流转的需要，由此，所有权和使用权的"二权分离"体制成为解决这一矛盾的制度创新，从城市土地国家所有权中分离出城市建设用地土地使用权，从农村集体所有土地中分离出农地承包经营权和宅基地使用权；对于农村土地向城市土地的转化，一方面引入了市场流转机制，另一方面又对市场流转实施严格控制。可以说，中国的土地产权制度是由城市土地产权制度、农村土地产权制度以及农地向非农建设用地转化（农地非农化）的产权制度三个基本部分所组成。

3.4.1.1 农村土地产权制度

现行农村土地产权制度的特点概括如下（表 3－2）：

第一，土地所有权归农民集体所有。自 1978 年，中国农村开始经济体制改革，推行家庭承包责任制，将土地承包给农户家庭经营，但土地的集体所有制没有发生根本性变化。1982 年公布的宪法又明确重申了这一制度，其中第 10 条第 2 款规定："农村和城市郊区的土地，除由法律规定属于国家所有的以外，属于集体所有；宅基地和自留地、自留山，也属于集体所有"。1986 年公布的《土地管理法》使这一制度更加明确。现行《土地管理法》（2004 修订）第 10 条规定："农民集体所有的土地依法属于村农民集体所有的，由村集体经济组织或者村民委员会经营、管理；已经分别属于村内两个以上农村集体经济组织的农民集体所有的，由村内各该农村集体经济组织或者村民小组经营、管理；已经属于乡（镇）农民集体所有的，由乡（镇）农村集体经济组织经营、管理"。《物权法》（2007）第 60 条将《土地管理法》第 10 条中的表述"经营、管理"进一步明确为"代表集体行使所有权"。

第二，农户对农村土地的土地使用权是以农地承包经营权和宅基地使用权的形式实现的，农户对土地承包经营权拥有受限制的处分权，并拥有经营或流转土地的相关收益。宅基地使用权的控制比较严格，不可以进行买卖、转让或抵押。农地承包经营权则可以进行合理流转，如转让、转包、出租和入股等，但不可以买卖、抵押，并且流转方式和范围是受到严格限制的，承包地所有权性质及土地用途均不能改变，因此，农户虽然拥有土地经营或流转的相关收益，但在土地用途转变受到严格管制的前提下，农户获得的土地增值收益是非常有限的。从土地承包权期限的变化可以看出农民农地承包经营权具有逐步强化的趋势。1984 年发布的《中共中央关于一九八四农村工作的通知》规定，土地承包期一般应在 15 年以上。现行《土地管理法》第 14 条和《农村土地承包经营法》第 20 条规定土地承包经营权 30 年不变。2008 年 10 月中国共产党第十七届中央委员会第三次全体会议通过的《中共中央关于推进农村改革发展若干重大问题的决定》指出，现有土地承包关系要保持稳定并长久不变。2014 年 10 月，中央全面深化改革领导小组第五次会议审议了《关于引导农村土地承包经营权有序流转发展农业适度规模经营的意见》和《积极发展农民股份合作赋予集体资产股份权能改革试点方案》两份文件，提出“坚持农村土地集体所有的前提下，促使承包权和经营权分离，形成所有权、承包权、经营权三权分置、经营权流转的格局”，预示着农地使用权的市场化改革又向前迈进了一步。

表 3－2　我国农村土地产权制度安排

	农用地	农村建设用地	
		宅基地	其他建设用地
所有权	农民集体所有，非法律人格主体，受限制的所有权（不完全的收益权和处分权）		
	《宪法》第 8、10 条；《土地承包法》第 2、5 条；《土地管理法》第 8 条；《物权法》第 60 条		
使用权	农户拥有土地承包经营权，土地承包年限从 15 年延长到 30 年，再延长至“长久不变”	每户农户拥有一处宅基地，享有占有和使用权	兴办乡镇企业、乡（镇）村公共设施和公益事业建设可依法使用本集体经济组织农民集体所有的土地
	《土地承包法》第 5 条；《土地管理法》第 9、43 条；《民法通则》第 27 条；《物权法》第 125、152 条		
收益权	承包方拥有农地承包经营和流转收益	按现行法律规定，宅基地不会产生市场收益流	农民集体和农民共同拥有，在内部分配
处分权	土地承包经营权可以依法采取转让、出租、入股、抵押或者其他方式流转，土地承包经营权流转的主体是承包方	宅基地使用权不得转让、出租和抵押；村民出卖、出租住房后，不再批准宅基申请	符合土地利用总体规划并依法取得建设用地的企业，在破产、兼并等情形下，土地使用权可依法发生转移
	《土地管理法》第 62 条；《物权法》第 128、184 条；《土地承包法》第 34、35、49 条		

资料来源：根据相关法律法规整理。

第三，农村集体和农户拥有受限制的农村建设用地产权。中国现行《土地管理法》、《物权法》严格限制农用地转为建设用地；规定“任何单位和个人进行建设，需要使用土地的，必须依法申请使用国有土地”；而“农民集体所有的土地的使用权不得擅自出让、转让或者出租用于非农业建设”。但在前述严格规定之下，法律规定又提供了一些“例外”条件，即在集体土地所有保持不变的前提下，农村集体和农户获得了一定程度的农村建设用地处置权，如“兴办乡镇企业、乡（镇）村公共设施和公益事业建设”可依法使用本集体经济组织农民集体所有的土地，符合土地利用总体规划并依法取得建设用地的企业，在破产、兼并等情形下，土地使用权可依法发生转移。但总体而言，农村建设用地产权是受到严格控制的产权。

3.4.1.2 城市土地产权制度

1982 年 12 月 4 日，《中华人民共和国宪法》（1982 年版）正式通过，其第 10 条第 1 款增加了“城市的土地属于国家所有”的规定。但宪法并没有对土地使用权作出任何的说明，直到 1995 年，《确定土地所有权和使用权若干规定》才明确规定：“土地使用者经国家依法划拨、出让或解放初期接收、沿用，或通过依法转让、继承、接受地上建筑物等方式使用国有土地的，可确定其国有土地使用权。土地公有制之前，通过购买房屋或土地及租赁土地方式使用私有的土地，土地转为国有后迄今仍继续使用的，可确定现使用者国有土地使用权”。

在这种土地产权制度安排下，中国城市土地所有权归国家，土地所有权为公有产权，全民或国家也是一个抽象主体，根据《土地管理法》第 2 条第 2 款规定，“全民所有，即国家所有土地的所有权由国务院代表国家行使”，但法律并没有明确国家代表是单指中央政府还是包括地方政府，尽管中央政府和地方政府都有权决定土地的处置方式。国家所有土地主要供给城市建设用地，任何单位和个人可以通过依法申请以出让等有偿方式获得国有土地使用权，法律规定可以通过划拨使用的除外，即土地使用权归依法取得土地的部门、单位、团体、组织或个人。

1990 年 5 月，国务院发布《中华人民共和国城镇国有土地使用权出让和转让暂行条例》，按照所有权与使用权分离的原则，正式开始实行城镇国有土地使用权有偿出让、转让制度。

2002 年 5 月，国土资源部签发 11 号文件《招标拍卖挂牌出让国有土地使用权规定》，确定商业、旅游、娱乐和商品住宅等各类经营性用地，必须以招标、拍卖或者挂牌方式进行公开交易。

在城市土地国家所有制下，土地所有权是一种充分的土地产权，即拥有完整的土地收益权和土地处分权权能。

3.4.1.3 城市建设用地供给制度

《宪法》第10条第1款规定，“城市的土地属于国家所有”，《土地管理法》第43条规定，“任何单位和个人进行建设，需要使用土地的，必须依法申请使用国有土地”，这就决定了农村集体土地不能直接供给城市建设用地，国家（由地方政府作为代理人）成为城市建设用地的唯一垄断供应者。同时，《宪法》第10条第3款、《土地管理法》第2条第4款均规定，“国家为了公共利益的需要，可以依照法律规定对土地实行征收或者征用并给予补偿”，但由于法律并未界定何为“公共利益”或以列举的形式指明“公共利益”，凡有关城市建设的项目由于涉及广泛的利益主体、并有利于促进经济发展，因而可以界定为“公共利益项目”，这一点从理论上来说是似乎符合逻辑的，这就为城市政府以“泛化的公共利益”为前提征收农村集体所有土地提供了法律依据。

《宪法》第10条第4款规定，“任何组织或者个人不得侵占、买卖或者以其他形式非法转让土地”。换言之，农民集体土地只能通过转换为国家所有土地方可供给城市建设用地，而政府是唯一拥有实现这种所有权性质转换的权能（即土地征收权）的机构。此外，虽然中国《宪法》并没有明确否定土地从国有性质到集体所有性质的转换，《土地管理法》等其他下位法中也没做出相关规定。因此，我们可以认为土地所有权性质的转换具有单向性和不可逆性。这一规定使得中国农民集体土地的所有权实质是一种由法律约束的不完全土地所有权，国家实际上拥有国有土地和集体所有土地的终极所有权。

《土地管理法》明确规定中央政府及各级政府都拥有一定的城市建设用地审批权，同时，《房地产管理法》（2007年修正）第12条也规定，“土地使用权出让，由市、县人民政府有计划、有步骤地进行”，也就是说，城市土地供给权掌握在政府手里，另外，征地是政府出于城市规划需要而单方决定的行为，因此，中国城市土地供给机制实质是一个基于多层委托代理关系之上的政府垄断供给机制，城市土地所有权实际上由各级地方政府行使。

换言之，通过一系列的制度安排，使得农村土地集体所有权保持不变而供给建设用地的审批受到严格限制；国有化模式下的农转非则成为城市建设用地供给的主要“源泉”，其土地产权制度安排的主要特征是，土地所有权的变化是单向不可逆的，即只能从集体所有转化为国家所有，并且这一转化过程中，国家（地方政府）拥有绝对的决策权，农民被排除在土地征收过程中产生的土地增值收益分享之外，地方政府作为城市国有土地的产权代理人掌握了剩余控制权。

表 3-3　国有化模式下农用地转非农建设用地的产权制度安排

所有权	土地所有权从农民集体所有转为国家所有
	《宪法》第 10 条；《土地管理法》第 2 条
使用权和处分权	严格限制农用地转为建设用地；任何单位和个人进行建设，需要使用土地的，必须依法申请使用国有土地；农民集体所有的土地的使用权不得擅自出让、转让或者出租用于非农业建设
	《土地管理法》第 4、8、43、81 条；《民法通则》第 27 条；《物权法》第 125、152 条
收益权	"征地"发生的土地增值性收益在地方政府、开发商、村集体和农民中分配，法律没有规定土地增值分配方式，只规定了承包地被征收的，土地承包经营权人有权获得相应补偿，补偿原则是相当于土地原用途的价值
	《宪法》第 10 条；《土地管理法》第 2、47 条

资料来源：根据相关法律法规整理。

3.4.2 土地租税费制度

中国现行的土地租税（费）体系是以 1994 年分税制改革为起点，经过不断补充和修改逐渐发展起来的。需要明确的是，《土地管理法》中的"土地有偿使用费"与"新增建设用地有偿使用费"，虽然被冠以"费"的名号，但它们并不属于我们所说的土地收费范畴，其实质为地租。下面将分别对地租、地税和地费的实施政策和现状做详细论述。

3.4.2.1 地租（土地出让金）

1988 年，第七届全国人民代表大会第一次会议审议通过《宪法》修正案，规定土地使用权可以在一定年限内出让、转让。1990 年国务院颁布《城镇国有土地使用权出让和转让暂行条例》、《外商投资开发经营成片土地暂行管理办法》和相应的有关文件，将土地使用制度改革纳入依法管理轨道，规范土地使用权出让行为，规定土地可以依法使用、转让、出租、抵押或者用于其他经济活动；并下发《国务院关于加强国有土地使用权有偿出让收入管理的通知》规定，凡进行国有土地使用权有偿出让的地区，其出让收入必须上缴财政。由此，中国土地有偿使用制度正式建立。

中国国有土地供给的方式包括划拨、出让、租赁、作价出资、授权经营、转让和出租等形式。2002 年，国土资源部签发 11 号文件《招标拍卖挂牌出让国有土地使用权》规定，商业、旅游、娱乐和商品住宅等各类经营性用地，必须以招标、拍卖或者挂牌方式进行公开交易，奠定了以土地出让金为主体的地方土地财政发展基础。

根据《中华人民共和国城镇国有土地使用权出让和转让暂行条例》（1990）规定，土地出让金是指县级以上人民政府代表国家以土地所有者身份将一定年限的土地使用权让渡给土地使用者，土地使用者按规定的标准一次性缴纳的土地价款。土地出让金的性质是一定年限的地租折现总和，即一定年限的土地使用权的购买价格。

国有土地有偿使用制度实施早期，土地出让收入实行中央与地方分成，1990年，土地使用权有偿出让收入40%上缴中央财政，60%留归地方财政；1992年调整为5%上缴中央财政，95%留地方财政。自1994年起，土地出让金不再上缴中央财政，成为地方政府预算外收入的主要来源。2006年年底，国务院下发的《关于规范国有土地使用权出让收支管理的通知》规定，从2007年1月1日起，土地出让收支全额纳入地方基金预算管理，收入全部缴入地方国库。

根据《土地管理法实施条例》第29条规定，中国国有土地有偿使用的方式包括国有土地使用权出让、国有土地租赁和国有土地使用权作价出资或者入股三种形式。因此，除了土地使用权出让金外，中国土地使用费的形式还包括国有土地使用租赁金及国有土地使用权作价入股金，对此不作详述。

3.4.2.2 地税

自1994年税制改革以来，税法经过多次调整和修订，中国现行税制中一共有19个税种，固定资产投资方向调节税已于2000年起暂停征收，烟叶税、船舶吨税在经济生活中的影响已经很小，也就是说，在中国现行税制中，影响经济生活的主要税种只有16个。其中，与土地相关的税种（直接相关税或间接相关税）包括了营业税、城市维护建设税、城镇土地使用税、耕地占用税、土地增值税、房产税、印花税、契税、企业所得税及个人所得税等10个，换言之，在中国税法体系中，有一半以上税种的设置都与土地相关。此外，为了加快发展地方教育事业，充分调动企事业单位及其他社会力量的积极性，1986年7月在全国范围内开始广泛征收教育费附加基金。虽然教育费附加是一种以营业税为基础的附加费，但是其具有税收的强制性、固定性和无偿性的特点，因此将其列入土地税体系。所以，中国土地税制的内容应该包括了10个税种和1个教育费附加基金（见表3-4）。其中生产环节税包括资源税、建筑业营业税、城镇土地使用税、耕地占用税；流转环节税包括营业税中的销售不动产税、契税、土地增值税；保有环节税主要有房产税；分配环节税包括了企业所得税和个人所得税。其中，印花税、营业税以及作为营业税附加税的城市建设维护税和教育费附加基金既在生产环节也在流转环节征收。在土地税体系中，土地使用税、耕地占用税、土地增值税、房产税、契税、营业税（建筑业和房地产业）、城市建设维护税归地方所有；企业所得税和个人所得税由中央政府和地方政府按60%和40%的比例分成。

表3-4　中国土地税收体系

税种	内涵	税目	计税依据	税率	计算方法	相关法律法规
营业税	对中国境内因销售不动产而实现营业额的单位和个人征收的一种税	建筑业	营业额	3%	营业额×税率	《中华人民共和国营业税暂行条例》(国务院令〔2008〕第540号)
		销售不动产		5%		
城市维护建设税	为加强城市的维护建设,以实缴的营业税税额为计税依据征收的一种税	-	营业税税额	纳税人所在地为市区:7% 纳税人所在地为县城、镇:5% 纳税人所在不在市、县城或镇:1%	营业税税额×税率	《中华人民共和国城市维护建设税暂行条例》(国务院令〔1985〕第19号)
教育费附加	为了发展地方教育事业而筹集资金,以实缴营业税税额为计税依据征收的附加费	-	营业税税额	3%	营业税税额×征收比例	《征收教育费附加的暂行规定》(国务院令〔2005〕第448号)
城镇土地使用税	以国有土地为征税对象,对城镇范围内拥有土地使用权的单位和个人征收的税	-	实际占用的土地面积(平方米)	大城市1.5元—30元 中等城市1.2元—24元 小城市0.9元—18元 县城、建制镇、工矿区0.6元—12元	实际占用应税土地面积(平方米)×单位税额	《中华人民共和国城镇土地使用税暂行条例》(国务院令〔2006〕第483号)
耕地占用税	对占用耕地建房或从事其他非农建设的单位和个人,就其实际占用耕地面积征收的一种税	-	实际占用耕地面积(平方米)	人均耕地≤1亩地区:10元—50元 1亩＜人均耕地≤2亩地区:8元—40元 2亩＜人均耕地≤3亩地区:6元—30元 人均耕地＞3亩地区:5元—25元	实际占用耕地面积(平方米)×适用定额税率	《中华人民共和国耕地占用税暂行条例》(国务院令〔2007〕第511号)
土地增值税	针对有偿转让国有土地使用权及地上建筑物和其他附着物产权并取得增值性收益而开征的一种税	-	转让房地产增值额	四级超额累进税率 增值率 / 税率 / 速算扣除系数 (-∞,50%) / 30% / 0 (50%,100%) / 40% / 5 (100%,200%) / 50% / 15 (200%,+∞) / 60% / 35	增值额=收入额-扣除项目金额 增值率=增值额/扣除项目金额×100% 应纳税额=增值额×适用税率-扣除项目金额×速算扣除系数	《中华人民共和国土地增值税暂行条例》(国务院令〔1993〕第138号)
房产税	依据房产价值或房屋租金收入向房产所有人或经营人征收的一种税。	-	房产价值或房租收入	从价计征:1.2%	应纳房产原值(1-扣除比例)×1.2%	《中华人民共和国房产税暂行条例》(国发〔1986〕第90号)
				从租计征:12%;个人出租居民住房按4%征收	租金收入×12%	

续表

<table>
<tr><td rowspan="3">印花税</td><td rowspan="3">对经济活动和经济交往中书立、使用、领受具有法律效力的凭证的单位和个人征收的一种税</td><td>财产租赁合同</td><td>租赁金额</td><td colspan="3">0.1%</td><td>租赁金额×0.1%</td><td rowspan="3">《中华人民共和国印花税暂行条例》(国务院令〔1988〕第11号)</td></tr>
<tr><td>产权转移书据</td><td>所载金额</td><td colspan="3">0.05%</td><td>所载金额×0.05%</td></tr>
<tr><td>权利、许可证照</td><td>凭证件数</td><td colspan="3">每件5元</td><td>凭证件数×5元</td></tr>
<tr><td>契税</td><td>对中国境内转移土地、房屋权属的行为,向产权承受人征收的一种财产税</td><td>-</td><td>不动产价格</td><td colspan="3">幅度税率:3%—5%</td><td>计税依据×税率</td><td>《中华人民共和国契税暂行条例》(国务院令〔1997〕第224号)</td></tr>
<tr><td>企业所得税</td><td>主要针对建筑和房地产企业生产和经营所得而征收的一种税</td><td>-</td><td>企业净所得额</td><td colspan="3">基本税率①为25%
低税率②为20%</td><td>直接法:应纳税所得额×适用税率-减免税额-抵免税额
间接法:会计利润总额+纳税调整项目金额</td><td>《中华人民共和国企业所得税法》(主席令〔2007〕第63号)</td></tr>
<tr><td rowspan="9">个人所得税</td><td rowspan="9">对个人取得的与土地相关的各项应税所得征收的一种税</td><td rowspan="7">个体工商户的生产、经营所得</td><td rowspan="7">生产、经营净所得额</td><td colspan="3">适用5%—35%的超额累进税率</td><td rowspan="7">应税所得额=收入总额×应税所得率(7%—20%)
应纳所得税=应税所得额×适用税率</td><td></td></tr>
<tr><td>全年应纳所得税额X(含税)</td><td>税率</td><td>速算扣除数</td><td rowspan="8">《中华人民共和国个人所得税法》(主席令〔2011〕第48号)、《中华人民共和国个人所得税法实施条例》(国务院令〔2011〕第600号)</td></tr>
<tr><td>X≤15000元</td><td>5%</td><td>0</td></tr>
<tr><td>15000元<X≤30000元部分</td><td>10%</td><td>750</td></tr>
<tr><td>30000元<X≤60000元部分</td><td>20%</td><td>3750</td></tr>
<tr><td>60000元<X≤100000元部分</td><td>30%</td><td>9750</td></tr>
<tr><td>X>100000元部分</td><td>35%</td><td>14750</td></tr>
<tr><td>财产租赁所得</td><td>财产租赁净所得额</td><td colspan="3" rowspan="2">20%</td><td rowspan="2">应税所得额×适用税率</td></tr>
<tr><td>财产转让所得</td><td>财产转让净所得额</td></tr>
</table>

资料来源:根据相关法规整理。

① 基本税率,适用于居民企业和在中国境内设有机构、场所且所得与机构、场所有关联的非居民企业。

② 低税率,适用于在中国境内未设立机构、场所,或者虽设立机构、场所但取得的所得与其机构、场所没有实际联系的非居民企业;但实际征税时适用10%的税率。

根据 1993 年 11 月国务院通过的《中华人民共和国土地增值税暂行条例》，土地增值税的计税方法是以转让房地产取得的收入，减除法定扣除项目金额后的增值额作为计税依据，并按照四级超率累进税率进行征收，税率如表 3－5。

表 3－5　中国土地增值税率表

级数	计税依据	适用税率	速算扣除率
1	增值额未超过扣除项目金额 50% 的部分	30%	0
2	增值额超过扣除项目金额 50%、未超过扣除项目金额 100% 的部分	40%	5%
3	增值额超过扣除项目金额 100%、未超过扣除项目金额 200% 的部分	50%	15%
4	增值额超过扣除项目金额 200% 的部分	60%	35%

注：纳税人建设普通住宅出售的，增值额未超过扣除金额 20% 的，免征土地增值税；

计算公式：应纳税额 = 增值额 × 适用税率 － 扣除项目金额 × 速算扣除系数。

资料来源：财法字〔1995〕第 6 号《中华人民共和国土地增值税暂行条例实施细则》第 11 条。

土地增值税一出台就遇到了很大阻力，实施效果并不是很理想。土地增值税出台之时，发生了中国税收工作历史上少见的税法执行与生效时滞现象——1993 年 12 月《土地增值税暂行条例》颁布之后，其《实施细则》时隔 1 年至 1995 年 1 月才得以出台。在 1994 年当年，全国只有 6 个省、自治区实际征收了土地增值税，该税收入的入库总金额仅为 499 万元。1995 年，全国的土地增值税收入总额增加到 2700 多万元，但新增开征的地域仅有江西和广西两省区，到 1997 年，土地增值税才在全国范围内普遍推开，收入总额达到 2.5 亿元（中国税务年鉴，1998 年）。20 世纪 90 年代后期，中国经济进入“通货紧缩”期，房地产业呈现低迷状态，停征土地增值税的呼声一度十分强烈。由于土地增值税的清算方法复杂，征管难度大，成为备受争议的一个税种。2013 年 11 月 24 日央视发表《每周质量报告》报道，称 2005—2012 年间房地产开发企业应交未交的土地增值税总额超过 3.8 万亿元，其中 45 家上市房企存在巨额应交未交的土地增值税。报道引发了新一轮的讨论，多位专家表示应“取消土地增值税”。①

3.4.2.3 地费

除中央统一规定的项目（见表 3－6）外，土地收费大部分由各级地方政府自行规定，加之地方乱收费现象的存在，很难弄清中国有关的土地收费到底有多少项。从搜集到的不完整材料来看，仅各省级政府官方认定的土地收费项目就有很多（见表 3－7），表中各项收费仅仅为各省级政府官方网站公布内容，由于地、县级政府为实际的操作者，可以预想实际的地方土地收费项目只会更多。此

① 胡怡建：房地产税改面临三大转变，2013 年 12 月 13 日，经济参考报。

外，即使是同一收费项，在收费标准、收费名称及收费种类等方面也会因地方而差距很大。例如，对于土地闲置费，湖北省规定按“2 元/平方米—5 元/平方米”的标准收取，安徽省则按“5 元/平方米—10 元/平方米”的标准收取，河南省按“耕地前三年平均用户产值的 2—3.5 倍”的标准收取；对此，国家《城市房地产管理法》第 26 条有明确规定，“超过出让合同约定的动工开发日期满两年未动工开发的，可以征收相当于土地使用权出让金百分之二十以下的土地闲置费；满一年未动工开发的，可以无偿收回土地使用权”。

在诸多土地收费中，征地补偿费是由地方政府通过土地征地补偿制度支付给农民集体作为获得集体土地所有权的代价，其他收费都归地方政府或相关管理部门所有。

表 3－6　中央统一规定的土地收费项目

收费项目	批准文件
新增建设用地有偿使用费	《土地管理法》第 55 条第 2 款，《新增建设用地土地有偿使用费收缴使用管理办法》（财综字〔1999〕117 号），《关于调整中央分成的新增建设用地土地有偿使用费分配方式的通知》（财建〔2007〕84 号）
征地管理费	国家物价局、财政部《关于发布土地管理系统部分收费项目与标准的通知》（价费字〔1992〕597 号）
建设用地批准证书工本费	国家物价局、财政部价费字〔1993〕139 号
土地登记费	《关于土地登记收费及其管理办法》（国土（籍）字〔1990〕93 号）
耕地开垦费	《土地管理法》第 31 条第 2 款
土地闲置费	《土地管理法》第 37 条第 1 款、第 2 款；《城市房地产管理法》第 26 条
土地复垦费	《土地管理法》第 42 条第 1 款
新菜地开发建设基金	《土地管理法》第 47 条第 5 款
征地补偿费（土地补偿费、安置补助费、地上附着物和青苗补偿费）	《土地管理法》第 47 条

资料来源：根据相关法律法规整理。

表 3－7　各省政府官方网站公布的收费项目

省份	收费项目
北京市	防洪费、国有建设用地使用权划拨费、外商投资企业土地使用费
天津市	城镇个人土地使用费（实质为租）、交易手续费、代理代办服务费、进场席位费、展示厅租赁费、宗地价格评估收费、图纸资料费
上海市	外商投资企业土地使用费、土地收益金
四川省	图件编绘资料复制费、地质成果资料工本费

续表

省份	收费项目
福建省	土地使用权初始登记费、土地使用权变更登记费、城市房屋拆迁管理费、利用房地产档案收费、城市基础设施配套费、房屋产权登记收费、城市房屋安全鉴定收费
内蒙古	乡镇村企业及居民个人使用集体土地管理费、铁路用地管理费
黑龙江	土地证书年度确认登记费
河北省	土地出让业务费
宁夏	耕地造地费、测量收费、不可预见费
山西省	土地使用管理费、地价评估费、地质成果资料费
安徽省	地方水利建设基金
新疆	土地复垦押金、城镇国有土地补偿费、临时使用土地补偿费、三资企业场地使用费、土地管理费（土地征迁管理费、非农业建设证拨未利用土地管理费、临时用地管理费）、借阅使用地质资料费（档案调卷服务费、档案磨损保护补偿费、档案复印费、咨询服务费、出具证明材料服务费）、土地勘测生产费、技术咨询服务费、资料费

资料来源：根据相关政府官网信息整理。

3.4.3 农地非农化过程中的土地增值收益分配模式

土地用途增值是快速城市化进程中土地增值的主要形式。在中国现行的土地产权和土地使用管制制度安排下，国有化的农地非农化是城市建设用地供给的主要来源，农村集体所有土地经国家征收转变为城市国有土地，再通过招、拍、挂形式出让给土地使用者，一方面完成了土地产权的转换，另一方面也实现了土地用途转变与土地增值的过程。在土地征收出让过程中，地方政府以其国有土地产权代理人的身份，作为市场主体直接参与土地市场交易，以获取土地出让金的形式（本质为地租收益）参加了土地增值收益的初次分配，并通过垄断土地供给在土地增值收益分配中居于绝对支配地位；在土地前期整备和房地产开发过程中，政府又作为土地管理者，以土地税（费）征收的形式参与了土地增值收益的二次分配。对于土地开发商来说，由于土地一级市场上“土地价格”双轨制和市场寻租现象的存在，以及土地再开发过程中土地税收制度的不完备，开发商在获得正常的人工增值之外，还通过“灰色交易”方式攫取土地租金从而分享了部分土地自然增值收益。根据现行的土地征收补偿制度，作为原土地产权所有人的农村集体和农户个体，在上述过程中获得的征地补偿费相当于农地原用途一定年限的土地租金收益，换言之，农民基本被排除了对土地自然增值收益的分享（图3－2）。

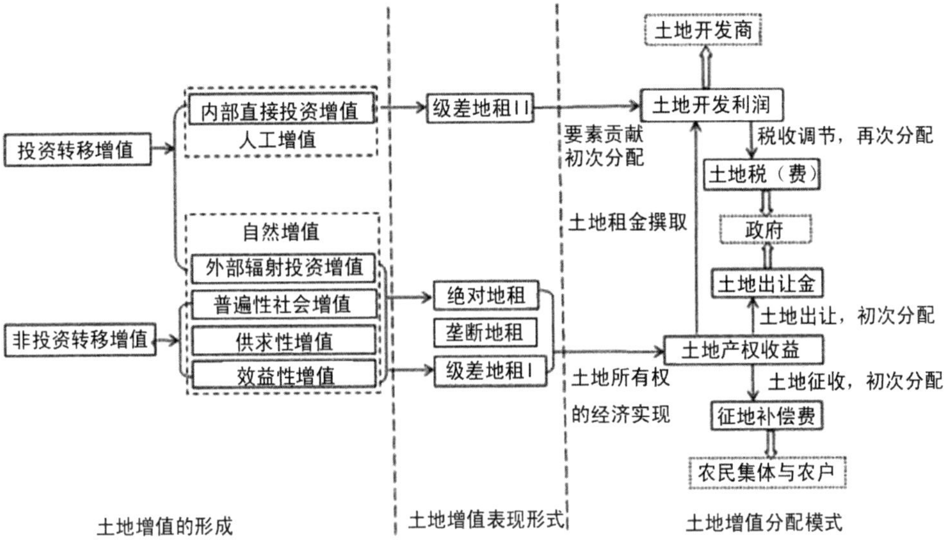

图 3－2　中国农地非农化过程中的现行土地增值收益分配模式

本章小结

从产权界定、行政管制和税（费）征收三个方面对土地增值收益管理的政策工具进行了详细的介绍和分析评价。其中产权工具包括土地国有化、土地储备、批租制度、土地发展权制度等。总的来看，土地国有化政策的实施主要停留在研究层面，各国实践的案例很少；国外实施土地储备制度的主旨并非为了调节土地增值收益分配，而在中国，土地储备制度已成为政府控制土地价格和发掘土地价值增值的重要政策工具。从香港特区经验来看，土地批租制度的优点是可为政府提供极其重要的公共收入，完善基础设施建设，但也可能导致房地产价格飙升、土地投机等种种问题。土地发展权的归属是决定土地增值收益分配机制的核心。在美国，土地发展权属于私有，土地发展权可以由所有人转让给其他人使用；英国的土地发展权制度建设的基本思想是收归国有，但土地开发税率经过多次调整，目前事实上实行土地开发权公私分享的制度；法国、中国台湾地区的土地发展权制度均具有公权和私权兼具的特征。

各国的土地税收是一个极其复杂的体系，本章着重探讨了（一般）财产税和土地增值税的问题。财产税属于保有税的范畴，国外经验表明其优点是具有稳定性和受益税的特征，作为地方政府的主力税种，是地方治理的重要依托。土地增值税的课征对象是土地自然增值额，但开征土地增值税的国家和地区有所不同，中国仅对土地（或房地产）有偿转让时发生的自然增值额课征。意大利对土地（或房地产）的有偿转让、无偿转让（继承、赠与等）、租赁以及房地产保有的自然增值额均课征。中国台湾地区对土地或房地产有偿转移、土地或房地产赠与、土地或房地产设定典权的以及土地所有权人保有土地期间的自然增值额课征。韩国仅对闲置土地和法人的非经营用地的自然增值额课征。

土地利用规划与用途管制是应用最为广泛的对土地增值进行管理的行政管制手段。土地规划的实质是以用途管制、使用强度管制等为主要手段，由政府对土地资源配置进行宏观调控。在土地规划与管制实施过程中，会产生规划得益或受损情况，为了对问题进行矫正，需要配套使用土地再调整、发展权转移、公共设施配套（或交纳一定的配套费用）、区划评估补偿等措施（利用由于规划导致的增值地块的收益来补偿受负面影响的地块）。

中国现行土地增值收益分配的主要制度安排是：实行城乡不同的土地所有制，国家所有权居于绝对主导地位，农村土地集体所有权主体为抽象的农民集体，农民个体的土地所有权缺失。集体土地经营权的流转方式和范围受到严格限制。土地租税（费）体系较为复杂，地方政府的地租收入主要形式是土地出让金，土地税制的内容包括了10个税种和1个教育费附加基金，土地费则包括了中央统一规定的土地收费项目及各级地方政府自行规定的地费。农村集体土地和城市国有土地处于不对等的地位，土地发展权事实上被收归国有，形成了中国独有的农地非农化过程中的土地增值收益分配模式。。

本章参考文献

1. Ann Strong. Land Banking – European Reality [M]. American Prospect. Johns Hopkins University Press, 1979.

2. António Tavares. Can the Market Be Used to Preserve Land? The Case for Transfer of Development Rights [C]. European Regional Science Association 2003 Congress, 2003.

3. Barry C. Field and Jon M. Conrad. Economic Issues in Programs of Transferable Development Rights [J]. Land Economics, 1975, 51 (4): 331 – 340.

4. David E. Mills. Is Zoning a Negative – Sum Game? [J]. Land Economics, 1989, 65 (1): 1 – 12.

5. Dick Netzer. Land Value Taxation: Can It and Will It Work Today? [M]. Lincoln Institute of Land Policy, 1998.

6. E. C. Poseur. Jar. Public Land Banking and the Price of Land [J]. Land Economics, 1976: 37.

7. Glenn W. Fisher. The Worst Tax?: A History of the Property Tax in America [M]. University Press Of Kansas, 1996.

8. Jack Carr, Lawrence B. Smith. Public Land Banking and the Price of Land [J]. Land Economics. Nov., 1975: 317 – 330.

9. Jon M. Conrad and David LeBlanc. The Supply of Development Rights: Results from a Survey

in Hadley, Massachusetts [J]. Land Economics, 1979, 55 (2): 269-276.

10. Paul Thorsnes and Gerald P. W. Simons. Letting the market preserve land: the case for a market-driven transfer of development rights program [J]. Contemporary Economics Policy, 1999, 17 (2): 255-266.

11. Ralph Henger and Kilian Bizer. Tradable Planning Permits for Land-use Control in Germany [C]. Goettingen: Land Use Economics and Planning Discussion Paper 2008, No. 08-01.

12. Wallace E. Oates. Property Taxation and Local Government Finance [M]. National Tax Association, 2005.

13. 蔡继明. 必须给被征地农民以合理补偿 [J]. 中国审计, 2004 (8): 18.

14. 陈和午. 土地征用补偿制度的国际比较及借鉴 [J]. 世界农业, 2004 (8): 13-15.

15. 陈伟. 瑞典土地银行经验对上海土地储备管理的启示 [J]. 国外城市规划, 2005 (6): 49-52.

16. 邓宏乾. 中国城市主体财源问题研究——房地产税与城市土地地租 [M]. 北京: 商务印书馆, 2008.

17. 杜马南楠. 马克思地租理论与农村土地流转中的利益分配 [J]. 经营者管理, 2009 (21): 96.

18. 杜雪君, 吴次芳, 黄忠华. 台湾土地税制及其对大陆的借鉴 [J]. 台湾研究, 2008 (5): 42-47.

19. 谷成. 财产课税与地方财政——一个以税收归宿为视角的解释 [J]. 经济社会体制比较, 2005 (5): 73-78.

20. 国家税务总局. 中国税务年鉴 [M]. 北京: 中国税务出版社, 1998.

21. 黄凤羽. 美国财产税政策及其优惠机制 [J]. 涉外税务, 2007 (7): 58-61.

22. 胡士戡, 石来德, 胡际峰. 城市土地增值收益管理研究综述与经验借鉴 [J]. 经济论坛, 2009 (4): 47-49.

23. 胡怡建. 房地产税改面临三大转变 [N]. 经济参考报, 2013-12-13.

24. 理查德·卡尔伦, 王艺璇. 土地收入与中国梦（上） [J]. 中国经济报告, 2014 (7): 33-36.

25. 刘国臻. 论美国的土地发展权制度及其对我国的启示 [J]. 法学评论, 2007 (3): 141-146. 26. 刘明明. 英美土地开发权制度比较研究及借鉴 [J]. 河北法学. 2009 (2): 169-174.

27. 李平修, 毕建文. 土地使用税与地租如何区别 [J]. 山东国土资源, 2006, 22 (8): 59.

28. 卢新海. 中国城市土地储备制度研究 [M]. 北京: 科学出版社, 2008.

29. 陆远权, 钟兰祥, 贾玉婷. 马克思地租理论视角下的城市土地利益分配机制研究 [J]. 生产力研究, 2008 (17): 17-18, 32.

30. 刘正山. 涨价收益应该归谁——与周诚先生再商榷 [J]. 中国土地, 2005 (8): 36-37.

31. 中共中央马克思恩格斯列宁斯大林著作编译局编译. 马克思恩格斯选集（第一卷） [M]. 北京: 人民出版社, 1995.

32. 马贤磊，曲福田．经济转型期土地征收增值收益形成机理及其分配［J］．中国土地科学，2006（5）：2－6.

33. 乔志敏．韩国的土地增值税体系［J］．外国经济与管理，1998（4）：40－43.

34. 沙文韬．中国土地开发权制度研究［D］．华东政法大学，2008.

35. 施小明．土地外部经济与土地增值［J］．国土资源科技管理，2004（3）：30－32.

36. 石子印．Tiebout 模型与美国财产税限制的悖论及解释［J］．山东经济，2008（3）：111－115.

37. 孙中山著．孙中山选集［M］．北京：人民出版社，2011.

38. 田莉．土地有偿使用改革与中国的城市发展——来自香港特别行政区公共土地批租制度的启示［J］．中国土地科学，2004（6）：40－45.

39. 田莉．从国际经验看城市土地增值收益管理［J］. 国外城市规划，2004（6）：8－13.

40. 王富博．土地征收的私权保护——兼论我国土地立法的完善［J］．政法论坛（中国政法大学学报），2005（1）：108－115.

41. 王桦宇．台湾土地增值税的启示与借鉴［N］．东方早报，2014－01－28009.

42. 王小映，贺明玉，高永．我国农地转用中的土地收益分配实证研究——基于昆山、桐城、新都三地的抽样调查分析［J］. 管理世界，2006（5）：62－68.

43. 谢百三，王小映．土地增值课税形式的国际研究及其启示［J］．税务研究，1998（4）：59－61.

44 杨遴杰，林坚，李昕，高永．国外土地储备制度及借鉴［J］. 中国土地，2002（5）：36－39. 45. 尤克介．台湾地区土地税收述评［J］．税务研究，1997（10）：57－60.

46. 周诚．农地征用中的公正补偿［J］．中国土地，2004（2）：29－30.

47. 周诚．关于我国农地转非自然增值分配理论的新思考［J］．农业经济问题，2006（12）：4－7.

48. 中国社科院近代史所编．孙中山全集（第 2 卷）［M］．北京：中华书局，1981.

49. 中国新闻网．媒体曝房企欠缴 3.8 万亿土地增值税引发业界争议［OL］．中国新闻网，2013－11－25.

50. 张俊．美国土地价值捕获制度及其借鉴［J］．河北农业科学，2008（2）：167－170.

51. 张俊，于海燕．国内外城市土地增值收益分配制度的比较与借鉴［J］．价格月刊，2008（3）：66－68.

52. 周珂．论土地使用权出让制度与可持续发展战略［J］．中国人民大学学报，1999（1）：87－91，130.

53. 张千帆．“公正补偿”与征收权的宪法限制［J］．法学研究，2005（2）：25－37.

54. 周天勇．维护农民土地权益的几个问题［N］．中国经济时报，2004－02－10.

55. 周天勇．维护农民土地权益的几个问题［J］．理论视野，2006（4）：16－17.

56. 张蔚文．韩国土地税制［J］．中国土地，2001（7）：44－48.

57. 张文新．论城市土地储备的理论基础［J］．城市发展研究，2004（2）：56－60.

58. 周晓艳，康春，田心尉．土地储备制度与土地市场均衡［J］．中国土地科学，2003（6）：23－26.

59. 曾艳，黄征学. 关于完善中国土地租税费体系的探讨［J］. 农业经济问题，2000（6）：39－43.

60. 郑振源. 征用农地应秉持“涨价归农”原则［J］. 中国地产市场，2006（8）：72－75.

第 4 章　基于特征价格理论的土地增值影响因素及影响效应分析

由于在复杂经济体中存在各种无法交易的外部经济效应，土地增值的创造者往往难以获取相应的土地增值收益，一方面助长了不劳而获的投机行为，另一方面导致了土地增值收益的流失。从宏观层面研究土地增值的动力机制，探讨制度、政策、社会经济发展、土地供需等因素对土地增值的影响，有助于理解土地增值产生的来源并建立土地增值分配的基本原则，但它们侧重对土地增值的原因进行罗列及分类，研究方法主要是定性分析，对主要增值因素影响的分析欠深入。土地的价值既取决于消费需求偏好，也取决于土地的经济属性、社会属性和自然属性，在需求偏好基本一致的前提下，土地特征属性决定土地价值。本章的研究目的是从微观层面上研究投资、区位、交通条件等因素对土地价值（价格）的影响，并基于经济学原理、借助数学模型来进行定量分析，弥补定性探讨的不足，为土地开发规划、房地产价格调控、土地增值管理提供更为切实可行的政策依据。

4.1 特征价格理论及其应用

4.1.1 土地价格模型比较

根据考察变量因素的不同，描述土地价格机制的经济模型可分为三类（吕萍、周滔）：第一，土地收益价格模型，它以土地投资回报率为主要解释变量，将土地的未来预期收益以一定的还原利率还原为现时收益，从而测度土地的资本化收益，成为评估土地或房产价格的一种常用方法；第二，土地价格空间分异模型，以土地价格的空间分布规律为核心研究问题，反映地理空间要素对土地价格的影响，距离是其主要解释变量，城市引力模型、城市土地竞租模型是其中比较典型的代表；第三，土地因素价格模型，利用大量样本数据和统计分析手段建立地价回归模型，是一种应用非常广泛的考察土地价格影响因素及影响程度的方法。

随着城市发展新问题的呈现，传统的土地竞租模型也衍变产生了新的形式，出现了多种经过修正的城市土地竞租模型，其主要改进在于通过拓展研究假设前提，从而反映变化的城市发展条件下土地租金的空间分异特征（陈顺清、刘红、张鹏、杜新波、孙习稳）。如丁成日将城市土地价值区分为农地价值、开发成本、通勤成本和可预见的未来增值等四个组成部分，并运用城市土地租金补偿模型讨论了土地价值与宗地到 CBD 距离的关系，以及农地到市地的用途转换、城市边界扩张等因素等对土地租金产生的影响。但迄今，城市土地竞租模型仍属于数理经济模型的范畴，尚缺乏相关的实证研究。

多重交易法和土地特征价格法克服了数理经济模型的缺陷，以实证分析为基础，采用经济计量模型研究土地价格或土地增值问题。其中多重交易法应用条件严格，为了评估某项设施建设对土地价值的影响，它必须选择设施建设前后都存在不动产交易的宗地样本，并确保物业的其他条件如建筑结构与装修、周边环境等没有发生变化（田莉）。多重交易法难以区分多个土地增值因素的影响，比较适合研究单一因素影响下的土地增值问题；此外，由于其严苛的前提条件在现实中难以完全满足，也影响到评估结果的准确度。

特征价格法（或称效用估价法，享乐分析法）是研究异质产品差异特征对产品价格影响的一种有效方法，尤其适用于对非市场物品价值进行评估（贾生华、温海珍）；在房地产领域，则被广泛应用于公共设施和社会经政策等外部条件的变化，如土地规制、城市增长管理政策、居住环境、轨道交通建设、交易条件、交易时间等因素对房地产价格的影响（周刚华、邬丽萍、聂冲、温海珍、樊晓锋、田莉、刘洪斌）。综合不同研究的各种考察角度，彭新育、吴甫成将不动产特征区分为结构特征、邻近特征和环境特征，温海珍则归纳了建筑特征，邻里特征和区位特征等三类住宅特征变量。总的来说，住宅物业价格是特征价格模型研究的重点应用领域，研究一般未能说明样本建筑的改良状况或程度，由于资料收集条件所限，全面考察不动产增值影响因素成为研究的难点问题。

比较而言，特征价格模型应用于测算土地属性变化对土地增值的贡献具有明显的优势。这是由于，特征价格模型是一种“因素类”模型，与非“因素类”模型相比，它的长处在于能够细分不同的土地特征构成并度量其对土地价格的影响；其次，特征价格模型是一种经济计量模型，与非计量模型相比，它以相关经济理论为基础，有助于揭示变量间的因果关系，并通过实证分析对变量间关系进行定量研究。其不利条件是，应用特征价格模型需要收集大量样本的交易和属性数据，资料收集难度较大；此外，特征价格模型中的消费者偏好一致等假设条件难以在现实中得到完全满足，一定程度上影响了参数估计的准确度。

4.1.2 特征价格理论

Lancaster K. J. 的新消费者理论和 Rosen S. 的供需均衡理论为特征价格模型的构建奠定了理论基础。与主流微观经济学在考察效用时从消费者行为出发的做法不同，新消费者理论从价值客体出发，分析商品对消费者有效用意义的各种特征，这些特征结合成的特征包是异质性商品的本质属性。消费者购买商品就是为了获取商品特征所提供的效用或价值，整个商品的效用水平取决于它所包含的各种特征的数量和质量。这相当于每个商品特征对应一个隐含市场，每个商品特征的价格是由相应隐含市场对商品特征的供求关系所决定的，如果将商品市场理解为由多个隐含市场共同构成，那么就可以将商品的价格分解为多个特征价格。因此，每一个商品特征隐含了一个可从商品价格中分解出来的特征价格，商品的所有特征价格有机组合成一个价格结构，来表征商品的相对价值。

隐含价格和特征价格是两个既相互联系又相互区别的概念。隐含价格是指商品中某一特征的市场价格，随着相关市场供求关系的改变而变化，服从边际报酬递减规律；特征价格是商品中某一特征在某一时期和某一市场范围内的市场均衡价格，是稳定不变的隐含价格。商品特征的隐含市场与一般商品市场并无本质上的差别，当市场处于发展变化阶段或者受到互补品替代品市场的影响，市场价格就会偏离均衡状态。特征价格模型本身不具备自回归的功能，市场一旦偏离均衡状态，模型的识别就会失效，因此市场均衡稳定是模型建立的前提条件。在 Lancaster 的研究之后，Rosen 针对商品特征提出了供需均衡模型，从而使特征价格理论本身成为了计量经济学的研究对象。供需均衡模型的理论论证了在市场完全竞争的假设条件下异质商品的长期均衡和短期均衡，奠定了特征分析方法的理论基础。在此基础上我们可以运用计量学中的多元回归技术和大量的样本数据来量化商品特征价格与商品特征属性之间的定量关系。异质商品的供求均衡分析可以简单概括如下：

假定消费者收入为 M，消费一包含 n 个特征的商品，以及复合商品 Y（价格为 1）。在市场均衡的前提下，特征价格函数为 $P(Z_i) = P(Z_1, Z_2, \cdots\cdots, Z_n)$，则第 i 个特征的隐含价格为 $P_i = \partial P / \partial Z_i$，并且这些价格不受个别消费者的影响。消费者偏好的效用函数可表示为 $U = U(Z, Y)$。消费者愿意为商品支付的费用是其所包含特征的函数，消费对商品的出价函数 $\beta(Z, M)$ 暗含在效用函数中：$U = U(Z, M - \beta)$。商品出价函数的偏导数表示在效用水平不变、特征 Z_i 增加时，消费者在商品上改变的费用，这种支出变化将通过增加或减少复合品 Y 的消费来得到，即有 $\partial \beta / \partial Z_i = u_i / u_Y$，式中：$u_i = \partial U / \partial Z_i$，$u_Y = \partial U / \partial Y$。

考虑消费者选择的最优化，即效用最大化，则有 $\max U(Z, Y)$ 服从条件 $M \geqslant P(Z) + Y$。构建拉格朗日函数，容易得到 $u_i / u_Y = P_i$，其中：$P_i = \partial P / \partial Z_i$。对单个消费者而言，最优选择时有 $\partial \beta / \partial Z_i = u_i / u_Y$，所以 $\partial \beta / \partial Z_i = P_i$。即每个特征对应的出价函数的斜率和特征的隐含价格相等时，消费者对商品特征的选择得到最优结果，此时消费者出价曲线和特征价格曲线相切，以土地买卖为例，图 4－1 展示了土地买方对土地特征的最优选择。

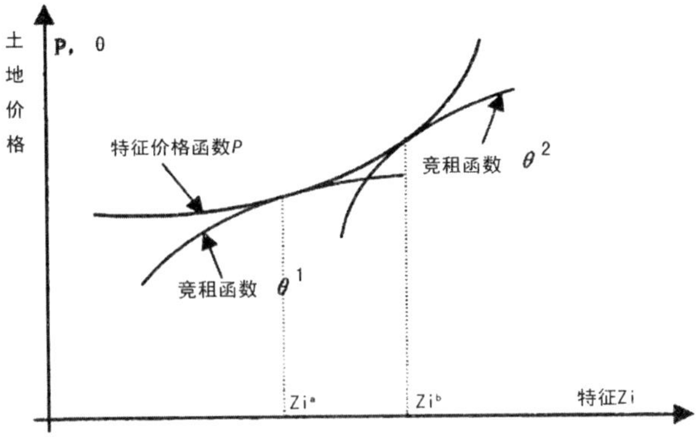

图 4－1　土地特征竞价曲线图

资料来源：温海珍．城市住宅的特征价格——理论分析与实证研究［D］．博士学位论文，浙江大学，2004。

在市场经济条件下，土地也是异质商品，对土地买卖双方采用利润最大化原则，可以得到类似结果。即在市场均衡状态下，买卖双方的叫价函数（关于商品特征、利润的函数）和土地特征价格函数相切时，土地价格与土地特征属性的定量关系如图 4－1 所示。特征价格模型所关注的是商品属性的效用价值，其应用的假设前提条件是：市场均衡，市场具有同质性，信息完全，消费者具有共同的效用函数。

4.1.3 特征价格模型的应用概况

学界认为 Haas 是第一个使用特征价格模型的人，他把特征模型应用于农地价格的制定，把解释变量设定为离城市中心的距离和城市的大小。此后的研究表明，特征分析是计量经济学的发展源泉之一，如 Waugh 用一系列可观察属性（即特征）来代表产品（蔬菜）的品质，使用特征价格方程分析品质对价格的影响，并估计每种属性的隐含价格。20 世纪四五十年代，特征价格模型的研究出现了停滞的情况，其原因主要有两方面：一是该时期宏观经济研究成为经济学研究主流，特征价格这类微观研究被忽略了；二是计算机的数据储存技术和数据处理技术都尚未发展起来，而特征价格模型对数据量的要求十分高，这给模型的设定和检验都带来了极大困难。直到 20 世纪六七十年代，Griliehes、Lancaster、Ridker、Rosen 等学者所写的论著介绍了特征价格分析以及相关技术处理异质性商品问题。Criliehes 细化和发展了 Court 的研究成果，1976 年 Ridker 把特征价格理论应用到住宅市场分析，计算了环境质量的改善对住宅价格的影响，从此，特征价格模型成为在房地产价格研究领域中最常用的模型之一（贾生华、温海珍）。最重要的是，Lancaster 从消费者选择的角度出发奠定了特征价格理论的基础，Rosen 从市场均衡出发，以住宅市场为例，从隐含市场、特征价格方程、需求结构等方面进行了规范分析，为特征价格模型的构建提供了前提条件。

目前，特征价格模型在国外已得到充分的发展和广泛的应用。在技术上，半参数、非参数回归技术等估计方法已经发展成熟；而且，已经有学者探讨了样本选择偏差、函数形式的选择等问题；还有研究者利用 GIS 来研究空间变量的量化和表示，并采用空间分析技术（如地理加权回归）改进模型的函数形式，提高模型的拟合度和隐含价格的解释能力。在应用方面，特征价格模型在价格指数的编制、传统城市经济模型的改进、特征的隐含价格和市场需求的推断、非市场物品价值的评估、公共政策效果评估等工作中都发挥了巨大作用。分辨影响因素和推断隐含价格的模型功能，是模型被广泛应用的原因，城市湿地、森林公园、交通设施等公共物品因不具备市场交易条件而没有价格，但却具有很高的社会价值，传统的方法无法评估此类不动产的价值，运用特征价格模型可以推断这些公共产品的外部经济效应产生的经济价值。

关于特征价格模型在土地增值研究方面的应用，田莉运用线性回归模型分析了广州市二号线对沿线房地产价值的影响，结果表明广州地铁二号线对沿线物业具有显著的增值效应。聂冲收集了深圳市罗湖区和福田区的房地产交易数据，分析深圳地铁一期对房地产的增值效应，采用对数形式估计模型的参数，结果表明地铁对房地产的增值效应为距离地铁站点 700 米范围内的区域。钟海玥等根据被调查小区的情况选取了到 CBD 距离、公交线路数、公交站点距离、建筑面积、房厅数目、楼层、朝向、楼盘类型、物业费、绿化满意程度、物业满意程度、教育配套、生活配套、到南湖距离、购房类型一共 15 个特征变量，分别采用线性形式、半对数形式和对数形式的特征价格模型，研究南湖景观对周边住宅的增值效应，结果发现住宅到南湖的距离每减少 100 米就实现 5.56% 的增值。邱慧等针对中国的房地产市场进行访谈调查，进而选取了到 CBD 距离、公交线路数、建筑面积、所在楼层、是否现房、是否高层、物业管理费、绿化满意度、是否临街、到神农城距离、生活配套情况、教育配套情况为特征变量，采用对数形式的特征价格模型估计公共景观神农城对周边住宅的增值作用，该研究利用偏回归系数计算增值量，实现了特征价格模型的预测功能和结构分析的功能。

4.1.4 特征价格模型对土地增值的解释意义

由于特征价格模型能够从土地特征属性出发剖析土地价格的构成，则根据模型的回归参数就能够测算出土地增值因素（土地特征属性）的变化对土地增值量的影响程度。运用特征价格模型进行研究，必须以同质的、均衡的、信息完备的市场作为假设前提，以及假定消费者具有共同的效用函数，即特征价格模型不能解释消费者行为对价格的影响。

特征价格模型对土地增值研究具有三方面的应用功能，包括土地增值预测、土地增值结构分析和土地增值收益分配的政策评价。土地增值预测是指根据样本资料建立的特征价格模型通过检验后，代入特征价格变量未来时期的估计值，利用回归方程计算出土地绝对价值的增量；土地增值结构分析用于评估土地价值变量与土地特征变量的相互依赖程度和相互关系性质，如可计算某一自变量变动一个绝对单位（或一个百分点）所引起的因变量绝对量（或百分比）的变化，这种弹性分析有助于我们了解不同因素对土地增值的影响程度；土地增值收益分配政策评价就是指研究模型中作为目标的内生变量与作为政策的外生变量之间的关系，由此评定土地增值收益分配政策的公平效率。

4.2 研究设计

4.2.1 研究区域的选择

研究区域所在的中山市城市环境良好，近年来经济发展稳健，人口数量稳定，乡镇经济发达，区域发展均衡；受全国房地产市场发展的影响，中山市房地产价格也经历了较大幅度的上涨，但总体来说市场比较理性。数据采集自 2010 年 6 月到 2012 年 6 月时段，即 2009 年金融危机后的房地产市场平稳调整阶段。以中山市中心城区及郊区地带为研究区域，并以商品性住宅用地出让地块作为研究对象，能反映土地市场的基本情况。在上述特定地域和时段范围内，市场理性平稳，消费群体偏好不存在显著差异，因此可以认为现实情况基本符合特征价格模型所要求的假设前提条件。

4.2.2 特征变量的选取

根据区位选择理论、不动产估价理论等相关理论，不同因素（特征变量）对地价的作用原理有所差异，理解这些影响方式的差别，是选取合适的变量和模型形式的基础。

4.2.2.1 城市中心对居住用地价格的影响

区位的特征地价决定于城市土地中心体系和城市土地利用分异。根据竞租理论，用地的付租能力和用地效益决定了城市从中心到郊区依次分布商业用地、居住用地、工业用地，因为这几种土地类型的付租能力是依次递减的。市中心交通发达、人流密集、基础设施完善、公共服务齐全，这些优越的区位条件能给商业经营带来丰厚的利润、给高端居住者提供便利的生活条件，地价往往是整个城市范围最高的。

由于城市公共设施按照人口密度和实际需要分布在城市各个等级的中心地

区，这种土地付租能力和用地效益制约下的土地利用模式不仅体现在整个城市空间结构格局中，也表现在城市内各级区域之中。辐射和服务全市的公共设施布局在市中心使得市中心的地价处于整个区域的最高位，并且随着与市中心的距离增加而呈现出逐级递减的趋势。但公共设施依据其功能和服务范围不同，从高级到低级分布在各个圈层中占据大小不等市场地域形成区域次中心，次中心周边的地价也会随着与次中心的距离增加而下降。如果用地价曲线来表示地价与城市中心距离的关系图，能够描绘出锯齿状或波浪形曲线。

4.2.2.2 商业中心对居住用地价格的影响

商圈是以商业设施为中心、消费者在空间上的分布范围；生活圈是以居住地为中心的、居民在不同时间尺度下外出活动的生活联系空间。生活圈和商圈的整合是居住者和商业经营者的共同要求，这为居住者出行提供了便利，同时也为经营者带来了更多的商机。纳什的市场区位理论、赖利的零售业引力模型、赫夫的概率引力模型等利润最大化的用地布局理论从市场需求出发间接阐述了这一问题的原理，靠近商业中心的居民比远离商业中心的居民拥有更多的便利性服务，如果用通勤成本来衡量的话，由此节约的通勤成本转化为消费者用于购买优质土地服务的地租。同样地，靠近商业中心的商业用地享受更多的商业资源，因而其地价更加高昂。由于次一级的商圈或生活圈包含于高级的商圈或生活圈之中，因此用地价曲线来表示地价与商业中心距离的关系图，也是呈现出锯齿状或波浪形曲线关系。中国长期以来根据居住人口规模配置社区商业网络，随着新业态的进入和普及，商圈服务范围已经不再与行政区域重叠，而是根据实际情况与不同层次的生活圈相对应。假设商圈与生活圈在地域范围上是重叠的，那么商业中心对居住用地价格、商业用地价格的影响和作用与行政中心相应的作用是相近的。

4.2.2.3 交通因素对居住用地价格的影响

交通区位条件是决定居住便利性和保证商业营运的最关键因素。交通的通达性和枢纽程度越高，区域人口密度和经济密度就越高，不但吸引和聚集大量的常住人口和企事业单位，而且可以为区域带来大量的流动人口，既保证了各种商品的商圈门槛要求，又满足居民对商品供应的要求。人口密度大的城市，如香港、上海、北京，离地铁站步行6分钟以内的地区是新建住宅的密集区域，其地价远远高于其他地区。由于交通条件直接关系到购物、就医、上班等日常生活，如果通勤时间过长，一般工薪阶层都会失去长期居住或者从事相关活动的愿望。

4.2.2.4 景观环境因素对居住用地价格的影响

居住地或商业用地周边的环境质量和生态条件影响着居住的舒适性和消费的情绪。无污染的环境确保了居住和消费的环境生态安全，排除了灾害的侵犯；优美舒适的环境使居民和消费者享受到良好的景观服务，有不少研究表明如果住宅建造在湖边、半山等地方，消费者愿意为此支付高昂的价格。

随着生活水平的提高，人们对环境质量的要求越来越高，高端住宅的价格差异很大程度上反映了其环境质量上的差别。例如，有研究者把水景观类型分为海滨、海景、局部海景、无海景，海滨住宅的价格比无海景住宅的价格高出147%，全海景住宅的价格比局部海景的住宅价格高出22%（王德、黄万枢）。

4.2.2.5 人文环境因素对居住用地价格的影响

人文环境因素包括治安状况、文化教育氛围、社区群体的背景以及相互之间的关系等因子。在上海、北京、广州等地，大学周边都是居住者选择居住地的重点区域，文化氛围浓厚、社区群体受教育程度高等人文环境状况会直接提高整个社区的居住品质，社区的治安状况与人的素质状况呈正相关。而对于有小孩子的家庭，重点中学、小学、幼儿园等周边成为了家长择居的另一目标。可见，社区的公共服务设施的布置是以服务社区为目的的，公共服务设施的完善程度既体现了社区品质也反映了该社区的品位。

4.2.2.6 宗地自身状况对居住用地价格的影响

宗地自身状况是指宗地本身固有的各种自然特性和社会经济特性，如地形、地势、地质、面积、用途等。地形地势越好，开发的难度就越小，开发成本随着开发难度下降，开发商的获利空间就相应增大，作为资本化收益的土地价格也会相应增大。用地规模、容积率、建筑密度等指标的取值越大，集约经济效应和规模经济效应的作用越强烈，单位面积土地开发的边际成本随之而下降，即使出现规模不经济的时候边际成本会上升，只要开发规模不超过开发商的可承担范围，开发利润与开发规模依然是正相关的，开发商在确保开发经营获利的前提下根据宗地条件制定竞价策略，因此土地价格一般与宗地条件的优越度呈正相关。但有时候这种正相关关系并不是确定的，如不同情况下，容积率对地价的影响也不相同。在大城市，由于土地资源的稀缺程度强，土地市场制度比较完善，容积率和地价正相关关系明显；但在小城市由于土地资源的稀缺性相对较小，土地市场制度也不完善，所以，二者间的关系并不明显（党杨）。

4.2.2.7 特征变量及其度量指标的确定

根据相关研究经验与研究区域特征和数据可获得性等条件，本书以土地出让价格（单位面积土地价格）作为因变量，并选取分别代表宗地区位特征、邻里特征和地块特征的10个自变量因素，探讨其对住宅用地价格形成和土地增值量的影响。指标测度内容及方法见表4－1。

表 4－1　中山市商品性住宅用地特征价格变量及内涵

变量类型	变量名称	代表符号	指标含义	取值方法	预期对地价的影响
区位特征	城市中心距	Z_1	宗地到人大的直线距离	实际观察值	负—正—负
	公交站数	Z_2	宗地生活圈范围内公交站点数	实际观察值	正相关
	公交线路数	Z_3	在宗地生活圈范围内设停靠站的公交车线路数	实际观察值	正相关
邻里特征	中小学数量	Z_4	宗地生活圈范围内中小学数量	实际观察值	正相关
	环境舒适度	Z_5	宗地附近空气、水体、山体、绿化、环境卫生质量	综合评分值	正相关
	生活便利性	Z_6	宗地生活圈范围内超市、邮局、银行、医院的数量	综合评分值	正相关
地块特征	用地面积	Z_7	宗地占地面积	实际观察值	正相关
	容积率	Z_8	宗地允许开发的建筑面积与宗地面积之比	实际观察值	正相关
	建筑密度	Z_9	建筑物基地面积与占地面积之比	实际观察值	正相关
	建筑高度	Z_{10}	建筑物檐口或屋面面层至室外地面高度	实际观察值	正相关

注：1. 中山市重要的商业中心和三个高等院校基本上都围绕行政中心分布。因此以到行政中心（人大办公楼）的距离指标替代常用的到 CBD 距离指标。2. 相关研究表明，人们日常生活中可忍耐的步行时间为 15 分钟，因此将以居住地为圆心、1000 米为半径的范围界定为日常生活圈范围，度量相关区位和邻里特征指标。

4. 2. 3 特征价格模型的函数形式的选择

特征价格模型的函数形式可归纳为线性形式、对数形式、对数线性形式与半对数形式四种基本形式（温海珍、周刚华）。特征价格模型的函数形式的选取，取决于研究目的、假设前提、变量之间的关系和变量的度量方式。导致模型形式难以确定的原因在于，不同的土地特征属性对土地价格影响的程度和方式不同。一般来说，曲线函数较线性函数能更准确地描述变量间关系，然而在实证研究中受数据限制的影响，往往难以给出准确的曲线函数描述形式，而如果曲线函数形式设置不当，则可能导致更大的误差。因此，一般关于不动产特征价格的文献多选择以线性或对数曲线关系形式对地价与特征变量之间的关系进行拟合研究。

本研究尝试采用组合模型的方式解决不同特征变量与因变量的关系形式不统一的问题，即首先对每个自变量与因变量的不同关系形式进行检验，根据实际检验结果判断针对特定特征变量所

$$P = \sum f_i(z_i) + \sum \beta_j z_j \tag{4-1}$$

式中，P 为单位面积土地出让价格，Z_i 指与因变量存在非线性关系的自变量，

f_i 的涵义是 Z_i 与因变量之间的非线性函数关系；Z_i 代表与因变量之间存在线性关系的自变量，B_i 是 Z_i 的线性回归系数。

4.3 中山市商业住宅土地特征价格模型的构建与拟合

4.3.1 样本概况

2010 年 6 月到 2012 年 6 月，中山市共出让经营性用地共 250 宗。研究所关注的中心城区和郊区范围内出让地块数量为 103 宗，其中商业用地地块样本较少（仅 11 个，无法满足回归模型的样本数量要求），商品住宅用地地块 72 宗。剔除存在数据缺失和数据错误等问题的样本之后，共选择了 45 宗商品住宅宗地（均完成了前期土地平整）作为研究样本。由于条件所限，样本数量不多，但已能满足回归模型估计所需的样本容量基本要求。

表 4－2 展示了研究样本的具体分布情况。

表 4－2　样本分布表

区域	石岐	东区	南区	西区	火炬区	东升镇	南朗镇	沙溪镇	港口镇	合计
样本数量（个）	3	3	0	6	6	15	3	6	3	45

数据来源：根据实地调查资料整理。

4.3.2 数据收集与处理

土地交易记载资料详细记载了出让宗地的基本情况，包括宗地出让价格、出让方式、地理位置、用地类型、容积率、建筑密度、建筑高度、土地平整程度等，为模型估计提供了基础的数据来源，包括因变量和宗地开发条件特征变量等。

到城市中心的距离通过运用 GIS 工具进行量算获得，测量采用直线距离标准。

生活便利度和环境舒适度属于综合测评指标。调查宗地生活圈范围内的生活服务设施配置，并按不同等级标准对各类设施分别计分，经加权平均后得到生活便利度的综合评分。不同类型设施的权重采用层次分析法获得，调研过程中共向当地居民共发放了 88 份问卷（其中可使用 69 份）咨询关于各项设施重要性的意见，根据二级指标重要性判断矩阵计算分项指标权重值（表 4－3）。

表4－3　宗地生活圈的生活便利度指标度量

二级指标	记分标准	权重
银行网点服务	对于四大银行，每一个营业网点计1分；如拥有其他银行网点（无论数量多少），均计1分；另行开设的自动柜员机（没有营业厅），每个记0.5分。	0.2436
邮政网点服务	每一个邮局服务点计1分，没有则计0分。	0.1460
超市服务	每一个超市计1分。	0.5297
医疗保健服务	每一个综合性大医院计2分，一般社区医院门诊或专科医院门诊计1分。	0.0807

制定宗地环境舒适度调查问卷，对每宗地分别调查10个以上居民和5个以上当地地产行业评估资深从业人员，获取其对宗地“环境舒适程度”各评价项目的评价结果；对每个问题的答案进行赋分（选项A、B、C、D、E分别赋值为100、80、60、40、20分），经简单算术平均计算各评价项目得分值；最后经加权平均（权重见表4－4）计算环境舒适度综合评分值。

表4－4　宗地生活圈环境舒适度调查项目与评分标准

<table>
<tr><td colspan="11">评判项目及权重</td></tr>
<tr><td colspan="3">自然景观（30%）</td><td rowspan="2">水系质量（10%）</td><td colspan="3">声环境质量（10%）</td><td rowspan="2">交通通畅程度（10%）</td><td rowspan="2">环境卫生状况（10%）</td><td rowspan="2">公共活动场所（10%）</td><td rowspan="2">街道与建筑景观（10%）</td></tr>
<tr><td>河湖景观</td><td>山林景观</td><td>公园景观</td><td>工业噪声</td><td>交通噪声</td><td>施工等噪声</td></tr>
<tr><td colspan="11">评判等级</td></tr>
<tr><td colspan="2">A. 优秀</td><td colspan="2">B. 良好</td><td colspan="2">C. 一般</td><td colspan="2">D. 较差</td><td colspan="3">E. 很差</td></tr>
</table>

公交站点数、公交线路数、中小学数量等指标均经过城市规划文本和图件资料确认、并进行实地调研查证的方式获得。

经上述数据收集处理过程，剔除数据错误或不全样本之后，统计45个商品住宅宗地样本数据的基本情况如表4－5。

表 4-5　住宅用地特征变量指标统计值

	最小值	最大值	均值	标准差	中位数
P	1200	6644	2998.64	1402.00	2826
Z_1	1.8	19.7	9.04	4.07	9
Z_2	2	15	6.24	3.22	6
Z_3	2	23	8.44	4.67	8
Z_4	0	5	1.69	1.40	1
Z_5	31.9	86.2	55.576	14.30	54.8
Z_6	0.15	16	4.01	3.25	3.12
Z_7	414.1	136000	21433.52	26580.54	12300
Z_8	1.5	3.5	2.42	0.52	2.5
Z_9	25	50	32.93	7.18	30
Z_{10}	12	100	51.00	27.25	50

4.3.3 模型形式检验与参数估计

构建组合模型的困难之一在于模型形式的识别，之二在于参数估计方法。关于组合模型的参数估计方法，可应用非线性最小二乘法和迭代法，但它必须以大样本为统计基础，不适用于本研究情况；另一个替代办法是考察模型的曲线部分是否为内蕴线性形式，如果是，则可以通过变量替换将组合模型转换为线性模型。模型形式识别与拟合的基本步骤是：（1）通过线性相关分析初步判断变量间的关系形式；（2）进行变量间的曲线回归关系拟合，对明确存在内蕴线性函数形式的变量进行替换，将曲线关系式转化为线性关系形式；（3）进行线性回归分析，采用最小二乘法进行参数估计。

4.3.3.1 线性相关分析与曲线关系拟合

分别对各自变量和因变量进行线性相关分析和常见曲线关系拟合（表 4-6），得到以下结论：

（1）线性相关分析结果表明，仅有公交线路数、环境舒适度和建筑密度 3 个自变量与因变量的线性相关关系通过了显著性检验（尾概率 $\alpha<0.05$）。对于其他自变量与因变量间的关系形式选择，有待根据各种关系形式的拟合结果进行进一步判断，从而选择拟合优度最好的模拟结果。

（2）分别对各自变量与因变量进行十种常见曲线关系的拟合，发现“城市中心距”指标的拟合结果最好。“城市中心距”与地价的逆变换曲线、二次曲线、三次曲线以及 S 曲线关系的检验结果都达到了尾概率小于 0.01 水平，其中三次曲线形式的拟合优度最好，方差为 0.415，尾概率为 0。

（3）“公交线路数”“环境舒适度”和“建筑密度”三个自变量指标与因变

量的部分曲线形式关系也通过了相关性检验。但“公交线路数”“建筑密度”与地价的线性关系拟合优度较佳，高于大部分其他非线性关系的拟合优度，由于缺乏相关经验研究的支持，我们认为坚持“线性假设前提”仍然是合理的。对于“环境舒适度”变量指标，其线性与曲线关系拟合优度均达到较高水平，从地价与环境舒适度的散点分布图（图 4－2）来看，各种曲线关系的形状和位置都很相似，且与直线十分靠近，因此我们认为保持“环境舒适度”与地价的“线性关系假设”条件也是可行的。

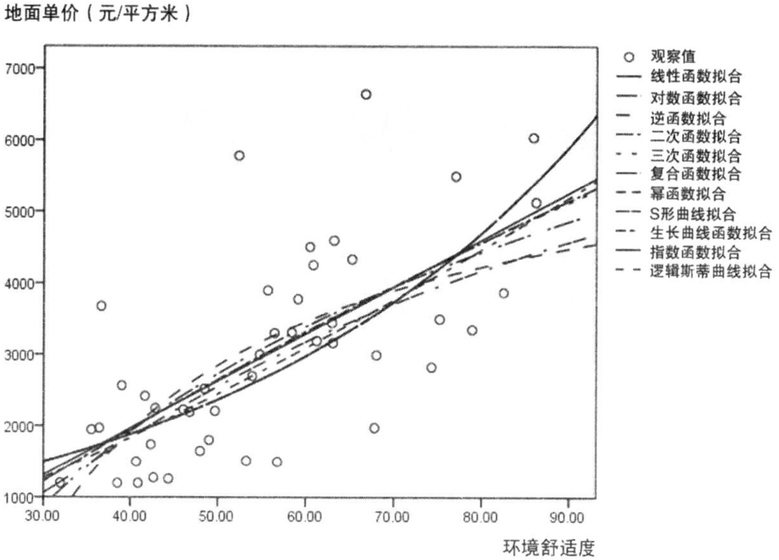

图 4－2　环境舒适度与地价关系散点图与曲线关系模拟

（4）对于与因变量既不存在常见的非线性回归关系，而经检验线性关系也不显著的变量，如中小学数量、建筑高度等指标，仍采用线性关系形式进行模拟。

从前人理论和经验研究成果来看，“城市中心”是决定城市土地利用和土地价格分异的主导因素，已有成熟的理论研究（如廖什的市场区位理论、赖利的零售业引力模型、赫夫的概率引力模型）证明土地价格与其距城市中心的距离存在波浪形的曲线关系。其他相关经验研究表明地价与交通条件、景观环境和生活设施等特征变量存在正相关关系，但其关系究竟是线性或非线性形式则并不确定，这与前述的初步模拟分析结果是一致的。

表 4 –6 各自变量指标与因变量的直线和曲线关系拟合结果

变量	统计参数	直线	对数曲线	逆变换曲线	二次曲线	三次曲线	复合曲线	乘幂曲线	S曲线	生长曲线	指数曲线
Z_1	R2	0.008	0.063	0.149	0.243	0.415	0.001	0.038	0.108	0.001	0.001
	Sig.	0.548	0.095	0.009	0.003	0	0.827	0.199	0.027	0.827	0.827
Z_2	R2	0.078	0.068	0.054	0.082	0.133	0.063	0.055	0.045	0.063	0.063
	Sig.	0.063	0.083	0.123	0.165	0.116	0.095	0.12	0.163	0.095	0.095
Z_3	R2	0.236	0.204	0.123	0.236	0.237	0.19	0.165	0.094	0.19	0.19
	Sig.	0.001	0.002	0.018	0.003	0.011	0.003	0.006	0.04	0.003	0.003
Z_4	R2	0	.	.	0.018	0.018	0.001	.	.	0.001	0.001
	Sig.	0.932	.	.	0.688	0.856	0.842	.	.	0.842	0.842
Z_5	R2	0.45	0.445	0.42	0.451	0.451	0.472	0.479	0.465	0.472	0.472
	Sig.	0	0	0	0	0	0	0	0	0	0
Z_6	R2	0.059	0.009	0	0.143	0.169	0.024	0	0.004	0.024	0.024
	Sig.	0.106	0.528	0.964	0.039	0.053	0.305	0.936	0.669	0.305	0.305
Z_7	R2	0.016	0.006	0.008	0.022	0.119	0.013	0	0.003	0.013	0.013
	Sig.	0.413	0.625	0.564	0.623	0.155	0.459	0.894	0.74	0.459	0.459
Z_8	R2	0.025	0.024	0.022	0.025	0.025	0.018	0.018	0.018	0.018	0.018
	Sig.	0.296	0.305	0.326	0.583	0.582	0.383	0.378	0.384	0.383	0.383
Z_9	R2	0.107	0.094	0.08	0.133	0.132	0.107	0.089	0.07	0.107	0.107
	Sig.	0.028	0.04	0.06	0.05	0.052	0.028	0.047	0.079	0.028	0.028
Z_{10}	R2	0.018	0.004	0	0.051	0.071	0.018	0.002	0.003	0.018	0.018
	Sig.	0.379	0.669	0.973	0.332	0.386	0.377	0.801	0.734	0.377	0.377

4.3.3.2 模型参数估计

基于上述分析结果，设定城市中心距指标与地价间存在三次曲线关系，其他自变量与地价的关系则为线性关系，以组合模型的形式对中山市商品性住宅用地特征价格模型进行拟合。城市中心距与地价之间的三次曲线关系可表示为：

$$p_1 = \lambda_0 + \lambda_1 Z_1 + \lambda_2 Z_1^2 + \lambda_3 Z_1^3 + \varepsilon \tag{4-2}$$

式（4 –2）式是一种内蕴的线性函数关系。令，可将式（4 –2）式曲线方程转化为如下直线方程：

$$P_1 = \lambda_0 + \lambda_1 Z_{1-1} + \lambda_2 Z_{1-2} + \lambda_3 Z_{1-3} + \varepsilon \tag{4-3}$$

并与其他变量指标一起，采用逐步剔除法获得中山市住宅用地特征地价回归模型的输出结果如表 4 –7 和表 4 –8。

表4-7　方差分析与拟合度检验

	方差分析表					拟合度检验				
	平方和	自由度	均方和	F	Sig.	R	判定系数	调整的判定系数	估计标准误	Durbin - Watson
回归	77030000	7	11000000	43.164	0.000	0.944	0.891	0.87	504.924	2.078
残差	9433084	37	254948							
总计	86470000	44								

表4-8　模型参数估计

	未标准化系数		标准化系数		
	回归系数	标准误	Beta	t	Sig.
常数项	1107.186	1020.437		1.085	0.285
Z_{1-1}	-1323.039	247.147	-3.841	-5.353	0.000
Z_{1-2}	127.892	25.574	7.315	5.001	0.000
Z_{1-3}	-3.556	0.796	-3.610	-4.466	0.000
Z_3	72.988	25.866	0.243	2.822	0.008
Z_5	62.735	6.025	0.640	10.413	0.000
Z_6	133.003	35.399	0.308	3.757	0.001
Z_6	28.555	12.060	0.146	2.368	0.023

拟合度检验表明Durbin-Watson统计量与2非常接近，可以判断模型基本不存在自相关问题。多重共线性分析表明这三个指标的容忍度小于0.1，说明模型基本不存在多重共线性问题（表4-9）。从标准化残差直方图和标准残差正态P-P图可以看到，残差具有正态分布趋势，说明异方差问题不明显，回归模型是合适的。

表4-9　多重共线性分析

变量	共线性统计量	
	容忍度	方差膨胀率
Z_{1-1}	0.006	174.577
Z_{1-2}	0.001	725.698
Z_{1-3}	0.005	221.564
Z_3	0.397	2.517
Z_5	0.781	1.28
Z_6	0.438	2.282
Z_9	0.773	1.293

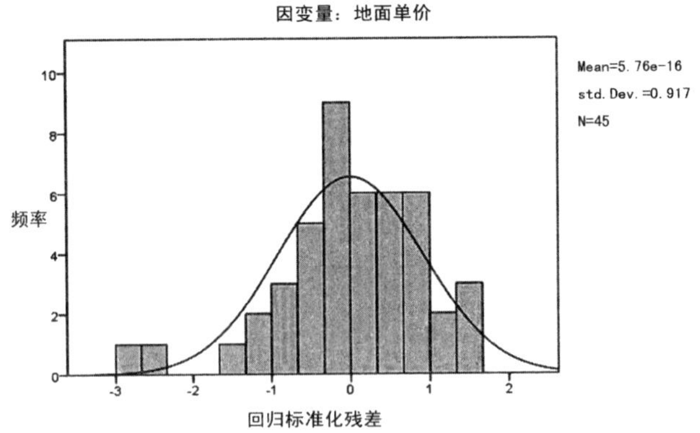

图 4-3　标准化残差直方图

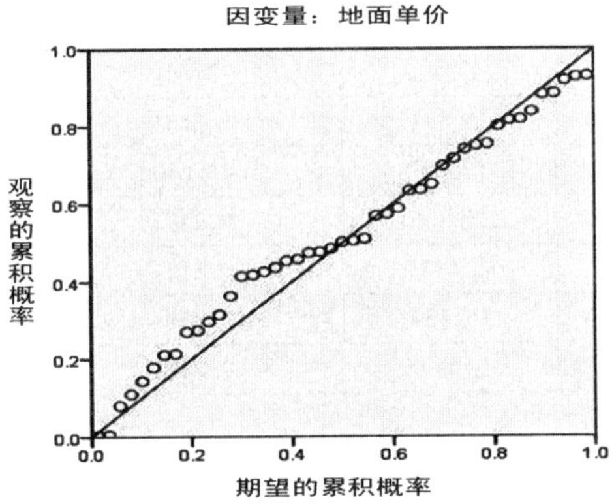

图 4-4　标准化残差正态 P-P 图

按尾概率小于 0.05 的标准，进入模型的变量指标包括城市中心距、公交线路数、环境舒适度、生活便利度、建筑密度，中山市住宅用地出让价格与特征变量的经验表达式为：

$$P = -3.556Z_{1-3} + 127.892Z_{1-2} - 1323.039Z_{1-1} + 72.988Z_3 + 62.735Z_5 + 133.033Z_6 + 28.555Z_9 + 1107.196 + \varepsilon \quad (4-4)$$

4.4 模型结果讨论

4.4.1 土地增值的影响因素

从表 4-7 可知，复相关系数 R=0.944，与 1 非常接近，说明自变量和因变量之间存在很强的线性关系，判定系数 R^2 和经调整的判定系数 R^2 分别达到了

0.891和0.87，说明模型对土地价格形成原因的解释比例达到了87%，模型拟合程度较好。目前没有理论表明，这个解释比例是否会影响模型的结构分析，在测算边际土地价格增量和弹性时是否应该乘以“解释比例”程度问题在学界仍存在争议。因此，后文在探讨土地增值效应时不计算87%的解释比例的影响，留待进一步的研究。

模型模拟结果表明，城市中心距、公交线路数、环境舒适度、生活便利度和建筑密度是影响中山市商业住宅用地价格的主要因素。变量的符号与预期一致，其中公交线路数、环境舒适度、生活便利度和建筑密度对住宅土地价格的影响为正；城市中心距对住宅土地价格的影响比较复杂，并非单一的正向或负向影响，而是随着到城市中心距离的增加，呈现地价先降低后上升而后再次走低的趋势。土地增值主要是外部性经济作用的结果，从模拟结果中得到了明确的印证，其中公交线路数、生活便利度、环境舒适度、城市中心距从不同角度反映了公共投资对住宅用地价格的影响，而建筑密度则反映了城市规划对住宅用地价格的影响。

部分变量如公交站数量、用地面积、建筑高度、容积率等未能如预期进入模型，分析其原因可能是：第一，与土地单价关系不明确或对地价的直接影响不大，如用地面积；第二，变量取值缺乏变化，如容积率是土地开发市场中影响土地开发强度和土地价格的关键指标，但由于规划条件设置的原因，各样本的变量取值相对单一化，变幅小，45个样本中，有14个样本容积率取值为2.5，11个样本取值为3.0。建筑密度和中小学数量等变量指标的取值也存在类似情形；第三，与其他特征变量存在多重共线性，从而在回归过程中被排除。例如公交站数目与公交线路数存在一定的比例关系；又如城市中心距事实上是一个综合性指标，经检验，生活服务设施完善程度、公交站数量、建筑高度、容积率、出让宗地面积均与城市中心距离存在线性比例关系。

4.4.2 土地增值影响因素的影响效应

4.4.2.1 土地特征的价格结构

土地特征价格模型揭示了土地特征的价格结构，每一个土地特征都与一个隐含的特征价格相对应，从特征价格、回归系数和价格弹性着手，即可分析土地增值影响因素的影响效应。假设某土地特征变量以外的其他因素条件不变，则取值的单位变化量所引起土地单位面积价格增量，即边际土地增值量反映了土地增值因素的影响效应，可用于度量土地特征属性变化对土地增值的影响程度，对于连续变量，即是特征价格函数对变量的一阶偏导。事实上，在线性回归模型中，变量前的偏回归系数即反映了该变量值的单位增量所引致的因变量的变化（表4-10）。以下将对各变量的影响进行具体分析：

表 4－10　土地特征价格结构表

特征类型	特征变量		偏回归系数	土地特征的隐含价格	增值因素	边际土地增值量 MP_1
区位特征	Z_1	Z_{1-1}	－1323.039	$-3.566Z_1^3+127.892Z_1^2-1323.039Z_1+b_1$	$\triangle Z_1$	$-10.668Z_1^2+255.784Z_1-1323.039$
		Z_{1-2}	127.892			
		Z_{1-3}	－3.556	$72.988Z_3+b_3$	$\triangle Z_3$	72.988
	Z_3		72.988			
邻里特征	Z_5		62.735	$62.735Z_5+b_5$	$\triangle Z_5$	62.735
	Z_6		133.003	$133.033Z_6+b_6$	$\triangle Z_6$	133.003
地块特征	Z_9		28.555	$28.555Z_9+b_9$	$\triangle Z_9$	28.555

4.4.2.2 “城市中心距”的影响效应

城市中心距变量在采用的组合模型中属于特殊变量，其函数形式为三次曲线，为度量其对土地增值的影响度，可求取土地价格对“城市中心距”的一阶偏导：

$$\alpha P/_{\alpha Z_1}=-10.668Z_1^2+255.784Z_1-1323.039 \tag{4－5}$$

可见城市中心距指标的单位变化量所引致的土地增值量也是变化的，呈现公式（4－5）所表示的二次函数抛物线形式。

对城市中心距的隐含价格函数进行分析，发现当宗地到城市中心的距离小于7.55km时，地价随着宗地到行政中心距离的增大而下降；当宗地到行政中心的距离大于7.55km而小于16.40km时，地价随着宗地到行政中心的距离增大而增加；当宗地到行政中心的距离大于16.40km时，地价随着宗地到行政中心的距离增大而下降（图4－5）。

中山市地价的上述变化趋势，是由于土地价格同时受城市主中心和副中心作用的结果。中山市主中心是一个综合性中心，重要的政府部门、商业机构和高等院校均分布于该区域；小榄镇、东升镇是中山市位于中心城区西北方向，属于经济最发达的镇区，在研究范围内东升镇是城市发展的副中心，从城市主中心出发往东升镇、小榄镇方向，沿105国道和广珠西线是中山市市域发展的主轴线。研究时段内出让的住宅用地主要分布在城市中心区及城市发展主轴线周边，其中又以城市发展主轴线周围分布最为密集（这也说明土地开发不仅受到城市主中心的影响，同时也受到城市副中心和发展线的影响）。在城市中心距小于7.55千米的范围内，以城市主中心的影响为主，距城市主中心越远，土地价格越低；当城市中心距超过7.55千米后，城市副中心对地价的影响力超过了城市主中心，随着与城市主中心距离增大、但与城市次中心距离减少，土地的价格开始上升，当城市中心距达到 16. 40 千米时（即城市主中心与副中心的距离），地价到达第二个峰点，之后再次随着到城市中心距离的增加（距城市副中心的距离也增加），地价继续下降。经实际测算，中山市人大到东升镇镇政府的直线距离为 15. 70 千米，与模型计算结果相近，也说明波浪形的三次曲线对样本数据具有良好的拟合效果。

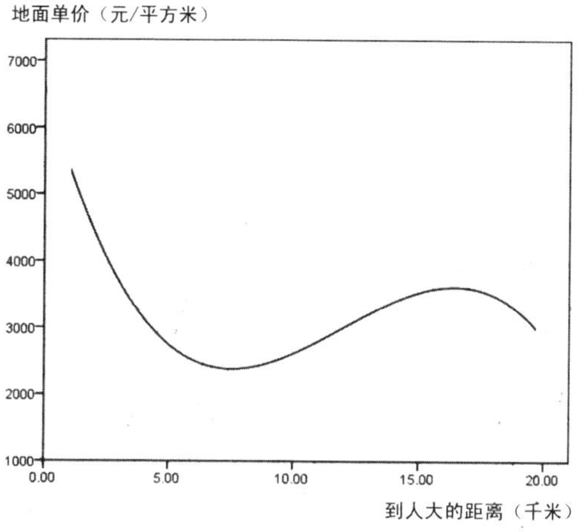

图 4 -5 城市中心对地价的影响

4. 4. 2. 3 “公交线路数”和“建筑密度”的影响效应

“公交线路数”特征变量的隐含价格函数为，即每增加一条公共汽车交通线路，可为宗地生活圈范围内的住宅土地带来 72. 99 元/平方米的边际土地价格增值量。在研究设定范围和假设条件下，假定公交站点 1 千米范围内的土地均为居住用地，则每增加一条公交线路将给站点 1 千米范围内的土地带来 2. 29 亿元的土地增值收益。

“建筑密度”特征变量的隐含价格函数为，其边际增值量为 28. 56 元，即在相同的研究范围和假设条件下，某住宅地块的建筑密度每增加 1%，该宗地的土地增值量为 28. 56 元/ 平方米。

利用模型回归系数还可以计算特征变量的土地价格弹性系数，来反映地价与特征变量之间的变化依存关系。土地价格弹性系数是在其他条件不变的前提下，某特征变量变化一个百分点，所引起土地价格变动的百分比，其计算公式是：

$$e_i=\frac{\Delta P/P}{\Delta Zi/Zi} \tag{4-6}$$

当土地特征隐含价格函数是一个连续可导函数时：

$$e_i=\lim\frac{\Delta P}{\Delta Zi}\cdot\frac{Z_i}{P}=\frac{\alpha P}{\alpha Z_i}\cdot\frac{ZZ_i}{P} \tag{4-7}$$

以 G23－10－9362 宗地（地面单价为 5784 元/平方米，1000 米生活圈范围内公交线路数为 18，建筑密度为 35%）为例，计算结果表明“公交线路数”和“建筑密度”每增加一个单位，该宗地土地价格变化对公交线路特征变量变化的弹性为 0.23，土地价格变化对建筑密度变化的弹性为 0.17，两者都小于 1，说明该宗地的土地价格对“公交线路”变量的敏感程度高于“建筑密度”，与提高建筑密度相比，增加公共交通建设能使土地获得更高幅度的土地增值。

4.4.2.4“环境舒适度”和“生活便利度”的影响

环境舒适度和生活便利度均属于综合性指标，是综合了主观评价和实地调研之后计算的综合评分值。环境舒适度评分的满分值为 100 分，样本宗地的最高分值 86.20 分，最低分值为 31.90 分。研究结果表明，宗地的环境舒适度综合评分值每提升 1 分，地价平均的增值量为 62.74 元/平方米。

样本宗地的生活舒适度指标最低分值仅为 0.15 分，最高值为 16.00 分，说明不同的样本宗地生活服务设施完善程度差距较大。模型结果表明，生活舒适度综合评分值每提高 1 分，带来的土地增值量为 133.03 元/平方米。

同理可对环境舒适度和生活便利度指标进行弹性分析，但考虑到这两个指标属于综合评分指标，因此略去。

有待进一步拓展研究的问题包括：本研究在已有的经济理论和前人对特征价格模型的研究的基础上，选取土地特征变量并明确了量化方法，但某些变量和指标取值范围是否合适（如宗地调查范围是 1000 米还是 500 米比较适合），还需要更深入的研究；关于特征价格模型函数形式的选择，在计量经济学上还没有先验的鉴定标准，需要根据实际情况进行各种尝试；通过对模型变量的不同关系形式进行检验和比较，选择了三次曲线函数和直线函数形式进行建模，获得了一定的研究成果，但究竟采用哪一种函数形式有助于获得更为理想的研究结果，尚存在进一步研究讨论的空间。

本研究通过运用回归分析方法研究土地增值问题，建立了新的土地增值分析框架。考虑到如果以土地增值量作为因变量进行回归分析，必须选取短时间内具备两次交易情况的样本作为研究对象，从而保证宏观社会经济条件相近，但这种样本只可能存在于经济非常活跃的时期，数据收集难度较大。因此本研究基于住宅用地出让市场建立土地特征价格模型，计算不同土地特征属性的边际土地增值量，从而应用于土地增值问题研究，具有较好的适用性。该模型的优点在于能够讨论土地特征的隐含价格，通过求取偏导的方法测算土地特征的边际增值量，从而具体分析单个土地特征对土地增值的影响。

研究结论对中国土地税费制度的改革具有重要启示意义。中国目前的土地税收制度主要是以交易凭证作为纳税的依据，税率的设计缺乏客观依据，也缺乏对占有环节土地增值收益的回收途径。土地特征价格模型的结构分析不但有助于明晰土地增值的机理，而且通过测算每一个土地特征变化引起的土地增值量，为“受益者付费”原则提供了量化准则，对于设置科学合理的增值税率和受益者付费制度具有重要的参考价值。

特征价格模型也提供了科学评估土地价值的数学工具和方法，由于模型的使用需要引入现代信息技术，运用特征价格模型建立的土地评估系统被称之为“计算机协助规模评估系统”。在新加坡，有 45% 的不动产是运用 CAMA 系统进行评估的。中国香港特别行政区从 1984 年开始构建 CAMA 系统，该系统通过对 2.1 万宗不动产交易实例的调查结果，计算出超过 110 万宗不动产的价值（谢群松）。目前，不少在占有环节对不动产征税的国家都积极推行 CAMA 系统的建设。运用特征价格模型评估土地的增值量，明确指出土地增值的量及来源，使土地增值税的征管有合法、合理的依据。

本章小结

本章以特征价格理论、竞租理论、区位理论等为基础，采取将“城市中心距”指标与地价的三次曲线关系变换为线性关系后与其他变量指标进行组合的方法，建立了中山市居住用地特征价格模型。模型模拟结果较好地诠释了中山市土地利用空间格局与土地出让市场的实际情况，从微观层面揭示了土地增值的形成机制。

通过实证分析测算了土地特征属性的边际增值量。该模型的最大优点在于能够发掘出土地特征的隐含价格，通过求取偏导的方法测算土地特征的边际增值量，这种测算方法无须以土地增值作为因变量进行建模，从而避免了交易样本缺乏的问题。土地特征价格模型的结构分析能够准确测算每一个土地特征变化引起的土地增值量，提供了“受益者支付”的量化准则，可为设计科学合理的土地增值税率和受益者付费制度提供参考。运用特征价格模型建立 CAMA 系统，无须依赖征税对象的交易凭证就能提供客观的征税依据，在没有交易情况下也能计算土地增值收益，有助于在占有环节征收土地增值税。

本章参考文献

1. Gao X，Asami Y. Effect of urban landscape on land prices in two Japanese cities［J］. Landscape and Urban Planning，2007，81（1－2）：155－166.

2. Lancaster K. J. A new approach to consumer theory［J］. Journal of Political Economy，1966（74）：132－157.

3. Richardson H. W.，Vipond J.，Furbey R. A.. Determinants of urban house prices［J］. Urban Studies. 1974（11）：189－199.

4. Rosen S. Hedonic Price and implicit markets：Product differentiation in pure competition［J］.

Journal of Political Economy, 1974, 82 (1): 35 - 55.

5. Waugh, F. V. (1928). Quality factors influencing vegetable prices [J], Journal of Farm Economics, 1928, (10): 185 - 196. 6. 陈顺清. 城市增长与土地增值的综合理论研究 [J]. 地球信息科学, 1999, 6 (1): 12 - 17.

7. 杜新波, 孙习稳. 城市土地增值原理与收益分配分析 [J]. 中国房地产, 2003, 13 (8): 38 - 41.

8. 丁成日. 土地价值与城市增长 [J]. 城市发展研究, 2002, 9 (6): 48 - 53.

9. 党杨. 中国城市土地价格影响因素研究 [D]. 博士学位论文. 吉林大学, 2011.

10. 贾生华, 温海珍. 房地产特征价格模型的理论发展及其应用 [J]. 外国经济与管理. 2004, 26 (5): 42 - 45.

11. 吕萍, 周滔. 土地城市化与价格机制研究 [M], 北京: 中国人民大学出版社, 2008.

12. 刘红. 城市增长、土地增值与城市政策 [J]. 中央财经大学学报, 2006, 8 (8): 71 - 76.

13. 刘洪斌. 基于特征价格模型的城市住宅用地出让价格影响因素研究 [J]. 经济地理, 2011, 31 (6): 1008 - 1013.

14. 聂冲, 温海珍, 樊晓锋. 城市轨道交通对房地产增值的时空效应 [J]. 地理研究, 2010, 29 (5): 801 - 810.

15. 彭新育, 吴甫成. 土地价格和享乐评价方法 [J]. 经济地理, 1998, 18 (3): 14 - 19.

16. 邱慧, 蒋涤非, 易欣. 城市公共景观对周边住宅价格影响——以株洲神农城为例 [J]. 经济地理, 2011, 31 (12): 2105 - 2110.

17. 田莉. 有偿使用制度下的土地增值与城市发展 [M]. 北京: 中国建筑工业出版, 2008.

18. 王德, 黄万枢. 外部环境对住宅价格影响的 Hedonic 法研究——以上海市为例 [J]. 系统工程, 2007, 31 (9): 34 - 46.

19. 邬丽萍. 城市土地价格机制研究 [M]. 北京: 经济科学出版社, 2007: 28 - 30.

20. 温海珍. 城市住宅的特征价格—理论分析与实证研究 [D]. 博士学位论文, 浙江大学, 2004.

21. 谢群松. 公共财政框架下的不动产税制改革 [M]. 北京: 中国金融出版社. 2010.

22. 钟海玥, 张安录, 蔡银莺. 武汉市南湖景观对周边住宅价值的影响——基于 Hedonic 模型的实证研究 [J]. 中国土地科学, 2009, 23 (12): 63 - 68.

23. 张文忠, 刘旺, 孟斌. 北京市区居住环境的区位优势度分析 [J]. 地理学报, 2005, 60 (1): 15 - 121.

24. 周刚华. 城市土地价格的微观影响因素及其实证研究 [D]. 博士学位论文. 浙江大学, 2004.

25. 张鹏, 张安录. 城市边界土地增值收益之经济学分析 [J]. 中国人口资源与环境, 2008, 18 (2): 13 - 17.

第 5 章　土地租税费视角下的农地征收补偿与土地增值收益分配

随着中国城市化和工业化进程的推进，大量农地被政府征收，变成建设用地，产生大批失地农民。据预测，若中国 2030 年城市化率达到 50%，2000—2030 年间占用耕地将达到 5450 万亩以上，失地和部分失地农民将超过 7800 万（韩俊）。尽管中国相关土地法规定政府只有在谋求“公共利益”的前提下才可以征收农村土地，然而，为了获取更多的建设用地指标，地方政府往往“合理”地运用规划权和征收权完成征地手续，致使现行征地制度中对农民土地权益保护的缺陷与矛盾不断显现。据中国社会科学院《2011 年中国社会形势分析与预测蓝皮书》，73% 的农村集体上访和纠纷事件和土地有关，其中 40% 涉及征地纠纷问题，而征地纠纷中的 87% 都涉及征地补偿和安置问题（汝信等）。农地征收补偿所导致的社会矛盾冲突问题与土地增值收益分配不合理密切相关，也是土地增值收益分配研究关注的重点领域。本章首先以问卷调查为基础，对农地征收补偿与农民征地意愿的一般情况进行研究；并以其中一个典型个案为例，从土地租税费的角度对农地征收补偿过程中的土地增值收益状况进行了详细研究，通过实证分析的方法揭示了中国现行土地增值收益分配机制；最后对土地征收补偿的一般问题进行了概括总结。

5.1 农地征收补偿的调查研究

5.1.1 调查方案设计与实施

5.1.1.1 调查目的

调查研究目前农地征收补偿制度实施的基本情况、农民征地意愿及其研究影响因素，为农地征收补偿制度改革与土地增值收益分配制度建设研究提供依据。

5.1.1.2 抽样调查方法

本研究采取多阶段分层抽样、简单随机抽样和重点调查抽样相结合的调查方法。

第一层，按地区分层抽样，共抽取辽宁、山东、河北、福建、浙江、广东、海南、湖南、湖北、江西、山西、河南、青海、重庆、贵州、云南、广西 17 个省，其中东部省份 7 个，中部省份 5 个，西部省份 5 个；并确定将广东省作为重点调查研究区域；

第二层，在各省（自治区）范围内，采取简单随机抽样共抽取 47 个市（县、区）级行政区划单位；

第三层，在各市县调查区域内，采取按距离中心城市距离进行分层抽样的方法，以行政村为调查单位进行问卷发放。各市（县、区）按近郊区域、中部区域、边缘区域样本分别约 50%、30%、20% 的比例抽取。

与一般类似的农地征收补偿调研不同的是，本项调研以一个行政村为一个样本的方式进行抽样，而不是在一个村里抽取多个家庭户样本。采取这一抽样方式的原因是：第一，考虑到一个村里的农地征收补偿方式一般是一致的，因此一份问卷就足以反映相关情况，抽取不同行政村样本更能反映总体特征；第二，同一村里的村户之间家庭情况和对征地补偿的意见可能会存在差异，但大体上应该基本一致，且这种个体间的差异应显著小于不同村之间的个体差异，因此，抽取不同行政村样本仍然是有效反映总体差异更有效的方法。采取这一调研方法事实上会增加调研难度，因而会影响调研样本的数量。

预期共获得样本容量 300 个—600 个。对于大容量总体，该样本数量可保证在置信度 95% 水平下，抽样误差控制在 4%—5%。

5.1.1.3 问卷设计

问卷设计要涵盖研究主题的主要内容，还要体现研究地域的差异性特征与被征地农民个人特征等隐私。调查问卷结构共分三个部分：一是农民基本情况；二是农民征地及补偿情况；三是征地意愿、满意度及土地产权认知度（详见附录）。

5.1.1.4 调查实施

为了有效完成本次调研任务，调查展开前，首先根据调查区域的要求对调查人员进行了选择，调查者来自华南理工大学、华南农业大学两所高校就读行政管理和土地资源管理专业的学生，其中研究生 10 人，本科生 38 人。调查开始前对调研人员进行了调查培训，并制作了包括基础知识、调查方法、注意事项在内的调查工作辅导手册，向参加的调研人员发放。为了完善问卷，积累调查经验，调查正式开始前，选择广州市进行了 5 个样本村的试调查。

调查共分三次进行，分别于 2012 年 7 月、8 月，2013 年 2 月，2013 年 5 月完成。共获得样本数 442 份，其中有效样本数 409 份，问卷有效率为 92.5%。

5.1.2 农地征收补偿概况

5.1.2.1 样本村的基本信息

409 份有效问卷中，东部地区（福建省、广东省、辽宁省、海南省、河北省、浙江省、山东省 7 个省区）样本数为 270，占总样本的比例为 66.0%；中部地区（湖南省、湖北省、江西省、河南省、山西省 5 个省区）样本数为 83，占总样本的比例为 20.3%；西部地区（广西地区、重庆市、贵州省、云南省、青海省 5 个省区），样本数为 56，占总样本的比例 13.7%。调查样本分布见表 5－1。

表 5－1　样本信息汇总

区域	省	县（市、区）	样本数量
东部地区	福建省	福州市	7
		龙岩市	11
	广东省	大埔县	9
		梅州市	12
		潮州市	14
		东莞市	19
		佛山市	10
		鹤山市	14
		广州市	12
		化州市	8
		揭阳市	6
		廉江市	8
		清远市	5
		普宁市	14
		海丰市	11
		汕头市	6
		汕尾市	6
		信宜市	15
		湛江市	14
		中山市	8
		惠州市	7
		韶关市	9
		平远市	8
		兴宁市	6
	辽宁省	本溪市	10
	海南省	白沙市	4
	河北省	沧州市	4
	山东省	菏泽市	4
	浙江省	丽水市	5
		嘉兴市	4

续表

区域	省	县（市、区）	样本数量
中部地区	湖北省	汉川市	10
		大冶市	11
	湖南省	古丈县	5
		浏阳市	7
		永州市	8
	江西省	吉安市	5
		永丰市	10
	河南省	确山市	6
		信阳市	5
		驻马店市	5
	山西省	稷山市	11
西部地区	广西地区	苍梧市	12
		梧州市	9
	重庆市	永川区	6
		铜梁县	3
	青海省	西宁市	11
	贵州省	大方市	8
	云南省	金平市	7

资料来源：课题组根据问卷整理。

调查问卷显示，每个样本村平均总人口为3207人，平均外出打工人数占全村总人口的比例为36.0%，家庭总人口平均为5人。

东部、中部、西部样本村中发生征地的比例分别为84.1%、79.5%、66.1%〔调查结果与国内同类调查结果基本一致（参见：武婕、肖屹、钱忠好、曲福田、叶剑平、丰雷、蒋妍等）〕。可见越是经济发达的地区，发生征地的频率越高。

东部地区、中部地区、西部地区发生征地的样本村中，平均被征耕地面积分别为167.68亩、219亩、204.57亩。这可能是因为经济发达的东部地区人口密集，人均耕地面积相对于中西部地区要少，村庄平均耕地总规模也相对小（表5－2）。

表5－2　样本村基本信息汇总

基本信息	发生过征地的样本村个数	平均被征耕地面积（亩）	所在地区人均GDP（万元/人）
东部地区	227	167.68	0.53
中部地区	66	219	0.34
西部地区	37	204.57	0.31

数据来源：GDP数据来自2013年中国统计年鉴。

5.1.2.2 被调查者个人与家庭基本特征

（1）被调查者个人信息。

被调查对象中，男性 290 人，占调查对象总数的 70.9%，女性 119 人，占 20.1%。30 岁及以下的人数为 28 人，占 6.8%，31 岁—45 岁的人数为 92 个，占 22.5%，46 岁—60 岁的人数为 165 人，占 40.4%，60 岁及以上人数为 124 人，占 30.3%。

（2）家庭总人口数统计。

家庭规模在 3 人以下的小规模家庭只有 9 个，所占比例为 2.2%；人数在 3 人—5 人的中等规模家庭有 241 个，所占比例最大，为 58.9%；家庭总人数在 6 人及 6 人以上的家庭有 159 个，所占比例为 38.9%。

（3）人均承包耕地面积统计。

409 个样本村调查区域范围内，家庭人均承包耕地面积超过 2 亩的家庭有 7 个，占 1.7%；1 亩—2 亩的家庭有 35 个，占 8.6%；0—1 亩的家庭有 231 个，占 56.5%；完全没有承包耕地的家庭有 136 个，占 33.2%。人均承包耕地在 1 亩以下的家庭所占比例最大。本次调查结果中，完全没有承包耕地家庭的比重偏高，农户人均耕地规模比重偏低，与广东省（特别是珠三角地区）所占调查样本数占比较高有关系。

（4）家庭收入多元化程度统计。

农民家庭收入的来源一般有务农、打工、房屋出租、农田外包、村集体分红以及其他的方式。家庭收入有 1 种和 2 种来源的农户比较多，所占比例分别为 44.0% 和 34.5%；家庭收入来源有 3 种的农户有 67 个，所占比例为 16.4%；家庭收入 4 种以上来源的农户一共有 21 个，所占比例为 5.1%。其中，广东省被调查的有效样本 221 份中，家庭收入有 1 种来源的占比为 25.3%，家庭收入有 2 种来源的占比为 40.6%，家庭收入有 3 种来源的占比为 24.4%，家庭收入有 4 种及以上来源的占比为 9.7%；湖北省被调查的有效样本 21 份中，家庭收入有 1 种来源的占比为 42.9%，家庭收入有 2 种来源的占比为 52.4%，家庭收入有 3 种来源的占比为 4.7%，家庭收入有 4 种及以上来源的占比为 0.0%；调查结果反映出在中国农村，务农收入仍然是大多数农户的重要收入来源，打工、经商等收入所占的地位也越来越重要。

5.1.2.3 农地征收补偿概况

（1）征地补偿标准。

调查数据显示，样本村中征地补偿标准在 1 万—3 万元/亩比例最高，为 41.1%；补偿标准大于 5 万元/亩和在 3 万—5 万元/亩的比例差异不大，分别为 24.0%、24.9%，征地补偿标准低于 1 万元/亩的比例最小，为 10.0%。由此可以看出，农村土地征收补偿标准普遍偏低。

不同的地区，补偿标准有较大的差异。河北省沧州市中捷镇二队达到了7.5万元/亩；广东省征地补偿多在3万元/亩左右，最高可以达到50万元/亩；福建省征地补偿也多在3万元/亩左右，最高达到10万元/亩；广西地区征地补偿多为4万元/亩左右；重庆市永川县茶山镇崩山村征地补偿为1.5万元/亩。

（2）征地后的社会保障措施。

征地后是否能为农户提供相关的养老保险、医疗保险、失业保险、就业培训、就业安置等保障措施，直接关系到失地农户的生活就业保障权益。本次调查发现，在发生征地的行政村中，农户没有获得任何形式的社会保障的所占比例最大，达到56.5%，有一种社会保障的比例为19.4%，有两种社会保障的比例为13.1%，而有三种以上（包括三种）社会保障的比例之和仅为11.0%。

征地后的社会保障措施实施情况各省区差异较大。广东省征地补偿后没有社会保障占比为57.0%，但获得四种社会保障的占比为0.9%，有五种社会保障的占比为1.8%，广东省也是样本村中唯一有四种及其以上社会保障出现的地区。河南省征地补偿后没有社会保障占比为62.5%，有一种社会保障占比为12.5%，有两种社会保障占比为12.5%，有三种社会保障也达到了12.5%。重庆市征地补偿后没有社会保障占比为11.1%，有一种社会保障占比为77.8%，有三种社会保障也为11.1%。

被征地农民无任何社会保障措施的比例达56.4%，说明在现今的征地补偿方式中，单一的货币补偿还是最为常见的方式，货币补偿结合社会保障补偿的方式覆盖面并不全，难以保障失地后的农民的长远生计。从社会保障的类型看来，失地农民获得的保障中养老保险、医疗保险所占比例最大，分别为30.9%、26.7%，这两种保险是最基本的社会保障措施，而就业保险所占比例相当少，失地农民再就业的保障难以得到实现。社会保障多元化程度也较低，获得2种社会保障（养老保险和医疗保险）的为10.3%，获得3种保险（养老保险、医疗保险、就业保险）的仅为7.6%，其他方式的比例为6.1%。

表5-3　社会保障种类

社会保障的类型	样本数	比例
养老保险	102	31%
医疗保险	88	26.7%
失业保险	11	3.3%
就业保险	41	12.5%
安置保险	10	3%
无任何社会保障措施	186	56.5%

表 5－4　多种社会保障

多种社会保险	样本数	比例
养老保险和医疗保险	34	10.3%
养老保险、医疗保险和就业保险	25	7.6%
其他	20	6%

（3）被征地面积统计。

样本村的征地大部分是较小规模的，征地规模在 50 亩以下的占比最高，为 45.6%，其次是中等规模征地占 37.4%，大规模征地面积≥超过 300 亩的比例最低，只占 17.0%。

（4）农民土地产权认知度统计。

被调查农户中认为土地属于村集体所有的占比最高，为 30.8%；其次认为是国家所有的占比为 19.8%；调查中认为土地是农户自己所有占比达到了 11.7%。

5.1.3 农民征地意愿差异性统计

总体来说，绝大部分农民（66.0%）都不愿意土地被征收，但不同特征的农民征地愿望表现出较大差异，以下分别说明。

5.1.3.1 不同个人特征的农民征地意愿

（1）不同性别农民征地意愿。

性别因素对于农民征地意愿具有一定的影响（表 5－5），男性愿意征地的比例为 37.9%，女性愿意征地的比例为 24.4%。

表 5－5　农民征地意愿与性别关系

<table>
<tr><th colspan="2" rowspan="2">征地意愿</th><th colspan="2">性别</th><th rowspan="2">总计</th></tr>
<tr><th>男</th><th>女</th></tr>
<tr><td rowspan="2">愿意</td><td>样本数</td><td>110</td><td>29</td><td>139</td></tr>
<tr><td>比例</td><td>37.9%</td><td>24.4%</td><td>34.0%</td></tr>
<tr><td rowspan="2">不愿意</td><td>样本数</td><td>180</td><td>90</td><td>270</td></tr>
<tr><td>比例</td><td>62.1%</td><td>75.6%</td><td>66.0%</td></tr>
</table>

（2）不同年龄的农民征地意愿。

相对来看，较年轻农民（30 岁以下）不愿意征地的比例最高，与我们的预期相反，可能与他们文化相对比较高、对土地产权重要性的认知度比较高有关系（见表 5－6）。

表 5-6　农民征地与年龄

征地意愿		年龄				总计
		30 岁以内	31 岁—45 岁	46 岁—60 岁	60 岁以上	
愿意	样本数	6	32	63	38	139
	比例	21.4%	34.8%	38.2%	30.6%	34.0%
不愿意	样本数	22	60	102	86	270
	比例	78.6%	65.2%	61.8%	69.4%	66.0%

（3）不同土地产权认知度的农民征地意愿。

总体来看，对于认为土地属于个人所有的农民，不愿意征地的比例则相对较高，有 70.8% 不愿意土地被征收。认为土地属于村集体的农民数量最多，但其不愿意土地被征收的比较最低，为 54.8%。

表 5-7　农民征地意愿与土地产权认知度

征地意愿		土地产权认知度							总计
		国家	县政府	乡政府	村集体	个人	共有	不清楚	
愿意	样本数	22	0	1	57	14	16	29	139
	比例	27.2%	0	16.7%	45.2%	29.2%	28.6%	32.2%	34.0%
不愿意	样本数	59	2	5	69	34	40	61	270
	比例	72.8%	100%	83.3%	54.8%	70.8%	71.4%	67.8%	66.0%

（4）不同生活顾虑的农民征地意愿。

对未来生活有顾虑、难说清楚、没有顾虑的农民愿意被征地的比例分别为 36.0%、32.1%、33.0%，三者比例大致相当，没有明显差异。

表 5-8　农民征地意愿与未来生活顾虑类型

征地意愿		未来生活顾虑类型			总计
		有顾虑	不好说	无顾虑	
愿意	样本数	64	44	31	139
	比例	36.0%	32.1%	33.0%	34.0%
不愿意	样本数	114	93	63	270
	比例	64.0%	67.9%	67.0%	66.0%

（5）不同征地后生活改善预期的农民征地意愿。

在愿意土地被征收的农民中，预期生活水平上升的比例为 60.7%，此类农民倾向于土地被征收；在不愿意土地被征收的农民中，72.3% 的农民认为征地后预期生活水平下降，说明征地后农民实际上的生产、生活有无受到影响以及影响的程度和农民的征地意愿具有较大相关性。

表 5－9　农民征地意愿与征地改善预期

征地意愿		征地改善预期			总计
		预期水平上升	预期水平持平	预期水平下降	
愿意	样本数	34	57	48	139
	比例	60.7%	31.7%	27.7%	34.0%
不愿意	样本数	22	123	125	270
	比例	39.3%	68.3%	72.3%	66.0%

5.1.3.2 不同家庭特征的农民征地意愿

（1）不同人均承包耕地面积的农民征地意愿。

家庭人均承包耕地面积大于 2 亩以上的被调查农民表示不愿意被征地的比例为 85.7%，说明人均承包地越大，农户越依赖土地，征地意愿不强；其中没有承包耕地的农户，表示不愿意征地的比例在 50% 左右，说明这类农户对于征地没有很强的积极或者消极态度。

表 5－10　农民征地意愿与家庭人均耕地面积

征地意愿		家庭人均耕地面积				总计
		>2 亩	1 亩 < 面积≤2 亩	0 亩 < 面积≤1 亩	0 亩	
愿意	样本数	1	7	67	64	139
	比例	14.3%	20.0%	29.0%	47.1%	34.0%
不愿意	样本数	6	28	164	72	270
	比例	85.7%	80.0%	71.0%	52.9%	66.0%

（2）不同家庭总人数的农民征地意愿。

对于家庭人口数不同的农民，表示不愿意征地的比例大约在 50%—70%，没有明显的差异。

表 5－11　农民征地意愿与家庭人口数之间的关系系

征地意愿		家庭人口数				总计
		10 人以上	6 人—9 人	3 人—5 人	3 人以下	
愿意	样本数	14	39	83	3	139
	比例	46.7%	30.2%	34.4%	33.3%	34.0%
不愿意	样本数	16	90	158	6	270
	比例	53.3%	69.8%	65.6%	66.7%	66.0%

（3）不同多元化收入程度的农民征地意愿。

表5－12表明，土地征收意愿与收入多元化程度呈现正向关系，收入多元化程度越高，则越不依赖于农业生产活动维持生计，那么农民征地意愿越强；反之，收入多元化程度越低，越依赖于农业生产活动，征地意愿则越弱。

表5－12　农民征地意愿与收入多元化程度的关系

征地意愿		收入来源多元化程度			总计
		4种或4种以上来源	2种—3种来源	1种来源	
愿意	样本数	9	80	50	139
	比例	42.9%	38.5%	27.8%	34.0%
不愿意	样本数	12	128	130	270
	比例	57.1%	61.5%	72.2%	66.0%

5.1.3.3 不同地区的农民征地意愿

（1）不同经济发展水平区域与农民征地意愿关系。

表5－13显示农民征地意愿因为所在区域的经济发展水平差异而有所差别。东部地区愿意比例最低，占31.5%；西部地区愿意比例最高，占41.1%。同时，东部地区不愿意比例占68.5%，为三个地区中最高的。被征地愿意度与经济发展水平呈现出一定的负向关系，经济水平越发达，农民越不愿意被征地。在经济发达地区，土地已经不只是生产农产品的自然资本，由于城市化、工业化的快速发展，通过国家征收，农用地转为建设用地，土地的价值远远超过农地本身的价值。因此发达地区农民对土地被征用的意愿水平低于内陆落后地区。

表5－13　农民征地意愿与区域经济发展水平的关系

征地意愿		地区			总计
		东部地区	中部地区	西部地区	
愿意	样本数	85	31	23	139
	比例	31.5%	37.3%	41.1%	34.0%
不愿意	样本数	185	52	33	270
	比例	68.5%	62.7%	58.9%	66.0%

（2）不同区位因素与农民征地意愿关系。

距离中心城镇≥30公里、15公里—30公里、≤15公里的农户愿意征地的比例分别为37．5%、50%、29．3%，远距离、中等距离的农户愿意征地的比例较高，距离城镇中心距离近的农户征地意愿最低。

表5-14　农民征地意愿与不同区位因素的关系

征地意愿		距离中心城镇距离			总计
		≥30公里	15公里—30公里	≤15公里	
愿意	样本数	21	35	83	139
	比例	37.5%	50.0%	29.3%	34.0%
不愿意	样本数	35	35	200	270
	比例	62.5%	50.0%	70.7%	66.0%

5.2 基于IAD延伸决策框架的农户征地满意度决定

关于征地补偿的已有研究主要集中在提高征地补偿标准（陈莹、张安录、郭玲霞、高贵现、王湃、凌雪冰）、完善征地农民的后续生活保障（王伟林、曾亿武、杨泽楷）、农民土地产权认知（许恒周、郭玉燕、李海燕、蔡银莺）、征地程序公开公正（陈锡文等）、征地后农户心理感知等方面（钱忠好、韩俊）。其中，提高征地补偿标准几乎被所有相关研究所提及，征地程序的公开公正和尊重农民的土地权益也越来越受到重视（刘祥琪等）。已有研究的不足在于：一是满意度研究逻辑起点值得商榷。已知文献大多把满意度作为征地事后结果进行评价，而本研究认为满意度的评价可以分为制度性满意（征地前）、程序性满意（征地执行过程中）和结果性满意（征地实施后）；二是样本大多存在选择性偏误，满意度研究的样本选取基本都是来自已征地农户，这样就会忽略掉未征地农户对征地制度的不满意方面（满意度的反面）；三是实证研究模型变量的选取缺乏具有说服力的指导框架，回归方程内生性问题解决缺乏严密性和说服力，样本偏误处理不够严谨；四是研究目的与研究方法选择的问题。一些研究将不同地区，不同经济发展水平的样本置于同一模型中，并未考虑样本的层次性和异质性，方程内生性问题的存在使其研究结论的科学性受到挑战。例如，同样以鹰潭作为样本点，得出征地过程中农户谈判权对征地意愿影响的相反结论（钱忠好、许恒周、郭玉燕）。

考虑到研究征地意愿是满意度的前提，意愿研究必须区分并且包括基于自身意愿同意征地和不同意征地的农户，才能完全涵盖影响满意度评价的因素①。例如，影响农户征地决策的因素有怎样的系统关联？农户满意度的影响因素具体效

① 在调查问卷的设计中假设农户拥有是否同意征地的选择权，事实上农户可以通过对征地补偿提出更高要求来实现这一选择权利。同意征地和不同意征地的农户在回答征地满意度的问题上是不同的，他们对征地的不满意的方向和程度也是不同的。大量研究基于理性人假设，集中于研究农户基本特征、征地补偿标准或者失地农民社会安置与征地意愿的关系上，事实上，农户征地意愿不仅受制于农户行为、认知能力等个体微观因素，也包括政策规范、规则程序等宏观制度因素的影响，更是与其所处的特定社会经济中观环境有很大关系（刘珉）。现有的农户征地意愿研究缺乏将各种因素置于统一框架下的系统分析，这也是导致模型变量杂乱无章和研究结论效度有限的主因，并进一步影响了研究的深度。

果如何？提高征地补偿标准与强调征地程序公开公正这二者的关系如何，它们对农户征地满意度有着怎样的交互影响？现有的研究并没有给出明确的回答。基于上述考虑，我们引入IAD延伸模型，检验哪些因素影响了农户征地意愿，特别是：①IAD框架下哪些因素显著影响了征地意愿和满意度的决策；②不同因素（特别是征地补偿标准与征地程序公开公正的交互影响）对农户征地决策的影响程度。

5.2.1 理论框架：IAD延伸决策模型应用及假说的提出

奥斯特罗姆的制度分析与发展框架中（图5-1），行动情境最为复杂和重要，其用于解释参与资源治理过程的个体在既有信息和控制力下基于一定身份所采取的行动对行动结果的影响。基于IAD框架提出参与者智力决策模型是行动舞台的核心，其中心思想是：除了自然物质和制度环境影响外，参与者的决策意愿除受到参与者自身状况、规则控制、净收益预期和对行动状况信息的感知程度等的影响，也会受到参与者行动前对最终情况了解所做的预期与最终行动的实际结果认知程度的影响（图5-2）。例如，已有研究表明，征地前后农户的征地意愿感知是有变化的（李海燕、蔡银莺），农民对现行土地征用制度的不满源于农民对土地征用制度安排的心理预期与现实的土地征用制度安排之间巨大的落差（钱忠好等）；判断征地过程中是否保障了农户的权益，不仅要看耕地征地补偿额的标准，也要看征地程序是否公开透明（韩俊）。

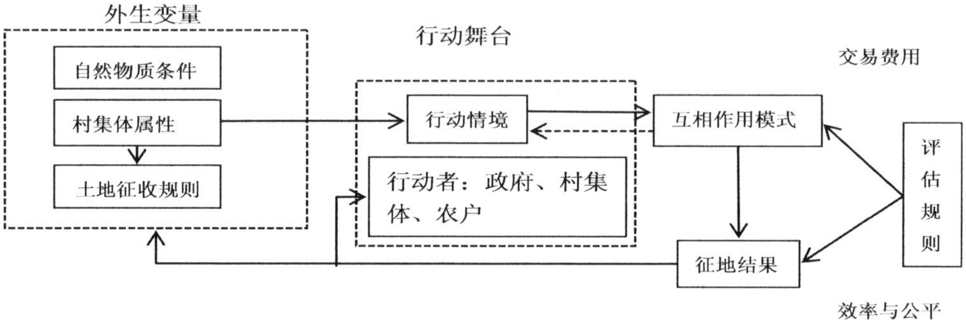

图5-1 制度分析与发展框架

资料来源：参考自“Ostrom E. A. General Framework for Analyzing Sustainability of Social - Ecological Systems [J]、Science, 2009, 325 (5939): 419-422.”

为了论证IAD延伸模型适用于本研究的研究主旨，即要论证除了征地相关的自然环境和社会属性因素外，农户的征地意愿（决策）一方面受到其自身状况与条件控制因素影响外，另一方面也会受到征地操作程序和规则的影响。因此，提出假说1：农户的征地意愿受到户主特征及家庭概况、征地环境和市场、征地程序和规则与认知改革变量的共同影响。

农户决策前对最终实际结果的感知程度与收益预测，是作出最终决策的依据。然而，判断征地过程中是否保障了农户的权益，不仅要看耕地征地补偿额的标准，也要看征地程序是否公开透明（韩俊）。据此提出假说2：随着城市化和工业化的推进，在当前的征地制度下，如果征地方式和程序合理，并且土地产权明确，农户会倾向于同意征地。

用农户户主特征及家庭基本情况变量代表参与者状况与条件控制，用外部环境和市场服务变量代表自然环境和社会属性，用征地程序和规则变量代表行动舞台的行为规则，用认知改革变量代表农户对征地结果的感知程度和收益判断（图5-2）。

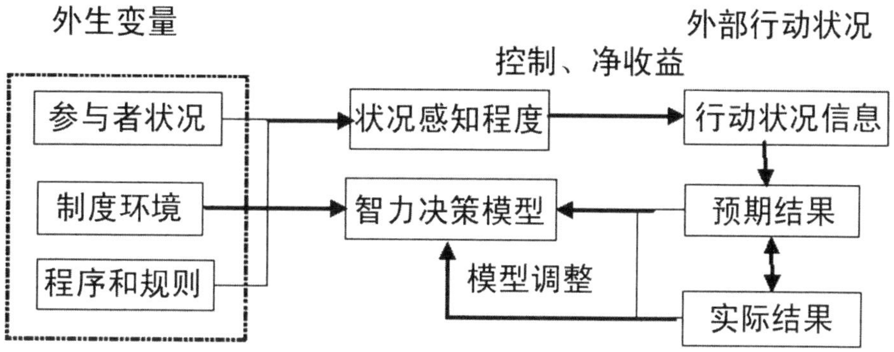

图5-2　参与者智力决策模型

5.2.2 样本说明和模型设定

5.2.2.1 数据来源

样本数据来源于上述农地征收补偿调查中获得的广东省221个样本村的有效问卷调查资料，其中34个村未发生过征地，占样本总数的15.4%；187个村发生过征地，占样本总数的84.6%。

5.2.2.2 计量模型设定的原理及形式

农户对征地满意度的评价具有多阶段性，首先是第一阶段农户作出是否同意征收土地的决策，只有在此基础上，农户才能对第二阶段征地过程和第三阶段征地结束后的社会安置产生是否满意的评价。农户征地满意度感知也是两个有先后顺序并且相互依赖的阶段，如果在第一阶段忽略未征地农户样本则存在样本选择性偏误，未征地农户的不满意因素同样也是满意度感知的来源①。例如由于信息不对称，农户在征地前后的态度可能有显著改变（李海燕、蔡银莺）。此外，某些导致农户不同意征地的因素同时也对满意度有间接影响。在这个意义上，不同意征地可以理解为对征地制度的不满意；而同意征地的不满意则可能来自征地执行过程的事中和事后；在第二阶段和第三阶段如果包括未征地农户则会导致回归方程的内生性问题无法解决，未征地农户不可能对征地满意做出全面评价。因而我们采用扩展的 Heckman Oredered – Probit 模型解决征地满意度的评价问题。

第一步，需要考察哪些因素影响农户作出是否同意征地的概率，从反面间接考察哪些因素可能影响对征地不满意的评价；第二步，对于同意征地的农户而言，影响其征地满意度评价的概率和大小取决于哪些因素。

第一阶段关于农户征地意愿决策的影响因素模型如下：

征地意愿是一个0—1 二元分类变量，这一变量取值为 1 时，表示同意征地。因此选取二元概率模型进行探索性回归；参照自变量的定义（表 5 – 15），基本模型如下：

$$P\left(y = {}^{1}\!/\!_{\chi}\right) = LnP_i = G\,(b_0 + b_1HOV_i + b_2ENV_i + b_3PRV_i + b_4EXV_i + \mu_i) \quad (5-1)$$

其中，G 是累计分布函数，表示第 i 个农户是否同意征地的概率，取值为 0 和 1，斜率给出每单位变化时因变量的变化程度，HOV 代表户主和家庭特征变量，ENV 代表制度环境和预期收益变量，PRV 代表对征地程序和规则的知情变量，EXV 代表农户的期望改革变量，为模型残差。

第二阶段关于农户征地意愿评价的影响因素模型如下：

$$LnP_j *= \alpha_0 + \alpha_1HOV_j + \alpha_2ENV_j + \alpha_3PRV_j + \alpha_4EXV_j + \varphi_j \quad (5-2)$$

其中，是潜在变量，被观察的数据的关系是表示第 j 个农户征地满意度，取值∈[1，4]，斜率给出每单位变化时因变量的变化程度，为模型残差。

5.2.2.3 变量选取及定义

表 5 – 15 列出了每组变量的代表变量及定义。为了检验征地补偿水平和征地程序公开公正对征地意愿的影响，特别在样本中加入了二者的交互项。一般认为，家庭非农收入来源、合理的征地补偿标准和程序、完善的社会保障和对城市生活的渴望会对征地产生积极影响；市场距离的远近、非农生产规模和对土地财产性权利的渴望可能会对征地产生负面影响；其他变量的影响则无法确定。另外，调查农户的受教育水平通常被认为对征地态度有重要影响，但根据调查对象的统计情况，受访者的受教育水平基本都在初中以下，青壮年劳动力大部分离家务工，故在变量选取中省略了农户受教育水平这一变量。

---

① 对于已征地农户来说，二阶段 Probit 方程的选择条件为“已征地 =1”，而未征地农户 Probit 方程的选择条件为“未征地 =0”，，λ 表示逆米尔斯比率。

表 5－15　农户意愿分析自变量定义

1. 因变量名称	符号	模型选择	取值说明	其他
是否同意征地	FFOREST	Probit	1＝是；0＝否	相关性预测
2. 自变量类别及名称	符号	单位	取值说明（不显示取值的分类变量见变量描述部分）	与因变量预期符号方向
（1）户主特征及家庭概况变量	HOV			
户主年龄	AGE		1＝30 岁以下，2＝31 岁—45 岁，3＝46 岁—60 岁，4＝61 岁以上	＋/－
户主性别	GENDER		1＝男，0＝女	＋/－
家庭人口	HOUPOP	人		＋/－
承包地和宅基地面积	LANARE	亩		＋/－
家庭年收入	HOINCO	元	1＝工商业等，2＝农业	＋/－
家庭收入主要来源	INCSOU		1＝是，0＝否	＋
是否被征收过土地	IFEXPOS			＋/－
（2）征地程序和规则变量	PROV			
是否协议征地	IFCONT		1＝是，0＝否	＋/－
征收土地用途	IFAPPL		1＝不清楚，2＝公益用途，3＝非公益用途	＋/－
征地补偿标准	COMST	万元/亩		＋
集体是否获得征地补偿	ALLOCA		1＝不清楚，2＝分得，0＝未分得	＋
社会保障是否完善	SOCINS		1＝是，0＝否	＋/－
（3）征地环境和市场变量				
距离中心市场	MARDIS	公里		－
村庄规模	SCALE	人		＋/－
非农生产规模	NOAGR	百分比		－
村庄征地面积	LAREA	亩		＋/－
征地频率	FREQU	次		＋/－
最近征地时间	TTIME	年		＋/－

续表

2. 自变量类别及名称	符号	单位	取值说明（不显示取值的分类变量见变量描述部分）	与因变量预期符号方向
（4）认知改革变量				
征地实际收入是否增加	IFADD		1 = 下降，2 = 持平，3 = 上升	+
征地补偿满意程度	IFSATIS		1 = 不满意，2 = 一般，3 = 比较满意，4 = 很满意	+/-
承包地和宅基地产权归属	BELON		1 = 属于集体，0 = 属于国家和个人	-
土地所有权的渴望程度	OWNER		1 = 不渴望，2 = 无所谓，3 = 渴望，4 = 特别渴望	-
农村和城市生活的价值判断	IFURBAN		1 = 城市，2 = 皆可，3 = 农村	-
交互项（协议征地 * 征地补偿）	IF * CO			+

表5-16给出了选取变量的描述性统计情况，定序变量中数值越大，代表变量水平越高越好，定类变量中1代表是，0代表否。

表5-16　农户意愿分析自变量描述统计量

自变量	N	均值	标准差	最小值	最大值
IFTAKE	389	0.4074074	0.4926569	0	1
AGE	389	2.677249	0.8420851	1	4
GENDER	389	0.7407407	0.4393921	0	1
HOUPOP	389	5.835979	2.431963	2	21
LANARE	389	1.746032	3.578756	0	30
HOINCO	389	3.460317	0.9078628	1	4
INCSOU	389	0.6084656	0.4893898	0	1
IFEXPOS	389	0.7037037	0.4578361	0	1
IFCONT	389	0.6031746	0.4905386	0	1
IFAPPL	389	2.910053	0.9494424	1	4
COMST	389	3.144444	1.917343	0	7
COMMA	389	1.883598	0.8855794	1	4
ALLOCA	389	1.185185	0.9411359	0	2
SOCINS	389	0.4497354	0.4987884	0	1
MARDIS	389	17.33333	26.0562	0	300

续表

自变量	N	均值	标准差	最小值	最大值
SCALE	389	2539. 312	2154. 541	100	14558
NOAGR	389	0. 3725926	0. 2620381	0	98
LAREA	389	113. 5714	127. 925	2	700
FREQU	389	3. 238095	0. 8881181	1	4
TTIME	389	5. 597884	4. 558975	0	35
IFADD	389	1. 888889	0. 6710847	1	3
IFSATIS	389	2. 042328	0. 8431873	1	4
BELON	389	0. 3597884	0. 481213	0	1
PORPE	389	2. 677249	1. 070176	1	4
OWNER	389	2. 026455	0. 9754097	1	4
IFURBAN	389	2. 354497	0. 8162208	1	3
IF * CO	389	1. 760847	2. 06234	0	7

5. 2. 3　IAD 语境下计量模型结果及解释

5. 2. 3. 1 基于总体样本的非线性回归

首先基于总体样本，分别进行农户征地意愿 Logit 回归和满意度的 Ordered－Probit 模型整体回归，目的是确定哪些自变量与目标函数是显著相关的，考察各变量之间可能存在的多重共线性和自相关可能，为 Heckman 二阶段自变量集确定大致的参考范围。模型估计结果见表 5－17。

表 5－17　Ordered－Probit 逐步回归农户征地决策的影响因素

自变量	满意度模型 Ordered－Probit	征地意愿模型 Logit
户主特征变量	Coef. 系数（Z 值）	Coef. 系数（Z 值）
AGE	－0. 047 （－0. 45）	0. 229 （0. 87）
GENDER	0. 08 （0. 39）	1. 346 * * （2. 19）
HOUPOP	0. 05 （1. 49）	0. 124 （1. 13）
LANARE	－0. 009 （－0. 4）	－0. 109 * （－1. 75 ）
HOINCO	0. 389 * （1. 71）	－0. 222 （－0. 68）
INCSOU	0. 094 （0. 46）	－0. 169 （－0. 35）
征地程序和规则变量	Coef. 系数（Z 值）	Coef. 系数（Z 值）
IFCONT	0. 436 * * * （2. 43）	1. 234 * * * （2. 58）
IFAPPL	0. 114 （0. 8）	－0. 026 （－0. 08）
COMST	－0. 007 （－0. 15）	－0. 185 * （－1. 53）
ALLOCA	－0. 082 （－0. 84）	－0. 334 （－1. 31）

续表

自变量	满意度模型 Ordered - Probit	征地意愿模型 Logit
SOCINS	0.435 * * (2.28)	0.963 * (1.8)
征地环境和市场变量	Coef. 系数 (Z 值)	Coef. 系数 (Z 值)
MARDIS	0.009 (0.15)	0.046 * * * (3.24)
SCALE	-0.00003 (-0.76)	0.0001 (0.7)
NOAGR	-0.666 * (-1.84)	
LAREA	0.001 * (1.81)	-0.0007 (0.39)
FREQU	-1.161 * (-1.67)	0.238 * (0.74)
TTIME	0.011 (0.64)	0.046 (1.14)
认知改革变量	Coef. 系数 (Z 值)	Coef. 系数 (Z 值)
IFADD	0.67 * * * (4.86)	1.959 * * * (4.72)
BELON	-0.278 * (-1.56)	1.248 * * (2.45)
OWNER	-0.01 (-1.56)	0.195 (0.77)
IFURBAN	0.017 (-0.17)	0.087 (0.34)
截面 1 截面 2 截面 3	1.235 2.888 4.101	-8.464 * * * (-3.2)
观察值	389	389

注：* * *，* *，* 依次表示 1%，5%，10% 显著性水平。

（1）根据征地意愿 Logit 回归统计结果，显著变量包括户主特征和家庭情况变量中的户主性别和拥有农地面积，征地程序和规则变量中的是否征询意见协议征地、征地补偿标准和征地后社会保障完善程度，征地环境和市场变量中的距离中心市场距离、征地频率，认知改革变量中的征地后收入是否增加和对土地所有权的渴望，证明假说 1 成立，同时也说明基于 IAD 延伸决策模型的变量选取和分类是可以接受的。显著性最强（在 1% 的水平上显著）的变量包括是否征询意见协议征地、征地后收入是否增加以及距离中心市场的距离。反映出农户在作出征地决策的主要依据是征地的补偿水平（COMST）、征地后的就近安置的便利性（MARDIS）、农户渴望被征求意见（IFCONT）、实现对预期可能的征地收益（IF-ADD）及安置情况（SOCINS），同时也反映出农户作为土地使用权的拥有者其权利渴望得到尊重的心理需求的体现（BELON 变量显著）。例如，在其他条件不变的情况下，就征地与农户协商，农户同意征地可能性是不同意的 3.435 倍，预期收益增加的前提下同意的可能性是 7.092 倍。行为主体除性别差异外，会根据自身拥有的土地数量（LANARE）与所处区域土地征收的频率（FREQU）调整自己的征地决策。值得注意的是征地补偿标准与目标函数呈负向关系，可能的解释是广东省属于国内经济最发达的地区，而快速的城市化已覆盖了大部分城郊的农村土地，负向关系表明农户待价而沽的参照心理，如果征地补偿使其满意，则这种负向关系应该会减弱，而事实上也确实如此，影响度由征地意愿中的 1. 203 倍变为满意度中不再显著，从而说明在经济发达地区并不是单纯的征地补偿越高越好。深层次的原因将在后文进行讨论。

（2）根据满意度 Ordered – Probit 模型的方程估计结果，户主特征和家庭情况变量中家庭年收入变量，征地程序和规则变量中是否征询意见协议征地和征地后社会保障完善程度，征地环境和市场变量中距离区域非农业生产规模、村庄被征收的土地面积和征地频率，认知改革变量中征地后收入是否增加和对土地所有权的渴望均显著，再次证明假说 1 可接受。对于目标函数满意度而言，农户关心的是在自身特征变量（HOINCO）和集体属性（NOAGR）既定的情况下，根据征地过程中的形式（IFCONT）、频次（FREQU）和保障（SOCINS），通过参与征地这一行为，判断实际收入是否增加（IFADD）和自身权益实现程度（BELON）作为表达满意度的标准。但满意度模型与征地意愿模型的显著变量有差异，注意 GENDER 变量和 LANARE 两特征变量不再显著，正如上文所述，如果不将未征地农户从满意度模型中析出，则模型可能存在较强的内生性问题，如未征地农户和已征地农户在评判满意度的标准收入是否增加（IFADD），土地权利是否得到尊重（IFBELON）等问题上是一致的，但未征地农户和已征地农户确实在不同的行动舞台上，至少未征地农户回答不了在征地频次（FREQU）和是否协议征地（IFCONT）上的主观评价。

5. 2. 3. 2 农户意愿对征地满意度影响的 Heckman 两阶段模型

鉴于在分析农户征地满意度时会遇到样本选择性偏差问题，即农户（已征地和未征地）对征地满意度的评价可能来自征地制度、征地执行过程和征地后主观评价三个不同的方面；此外，影响农户征地意愿的某些不可观测因素同时也会影响满意度评价，因此运用 Blinder – Oaxaca 方法，分别以已征地农户组和未征地农户组为基准进行满意度贡献分解，可以看出总差异在 82%，尤其是以未征地农户为基准时，特征差异在 95% 以上；以已征地农户为基准时，系数差异在 50% 左右，证明了进行样本分组以克服选择偏差的必要性。

表 5 – 18　Blinder – Oaxaca 对满意度的非线性贡献率分解

Results	Coef.	Percentage
Omega = 1		
Char	0. 3355632	41. 02823%
Coef	0. 4823204	58. 97177%
Omega = 0		
Char	0. 951401	116. 3247%
Coef	–0. 1335174	–16. 32475%
Raw	0. 8178836	100%

如果仅就已征地农户（或未征地）样本进行回归，则回归结果是有偏误的，不能全面反映农户的真实满意度，这种非随机性的数据筛选将导致估计结果的偏误。表5－17的Probit分析中并未考虑样本的内生性问题，而表5－19将运用Heckman两阶段模型来检验与克服这一问题。其原理就是将农户的满意度分解为两个连续的过程：一是在表5－17基于总体样本（已征地和未征地农户）估计一个征地意愿的Probit方程，解决是否同意征地的影响因素概率问题，从反面间接考察哪些因素可能影响对征地不满意的评价；二是从总体样本中析出未征地农户，回答征地满意度的决定①。

表5－19　克服选择偏差后的满意度决定（Heckman两阶段模型）

自变量	满意度模型	征地意愿模型
户主特征变量	Coef. 系数（Z值）	Coef. 系数（Z值）
AGE	0.085（0.58）	0.149（0.94）
GENDER	－2.237（－0.75）	0.739＊＊（2.31）
HOUPOP	－0.033（－0.78）	0.065（1.23）
LANARE	0.038（0.99）	0.063（－1.41）
HOINCO	0.109（0.82）	－0.088（－0.58）
INCSOU	0.405＊（1.61）	－0.137（－0.47）
征地程序和规则变量	Coef. 系数（Z值）	Coef. 系数（Z值）
IFCONT	－0.536＊（－1.73）	0.745＊＊＊（2.62）
IFAPPL	0.331＊＊（2.03）	0.017（0.09）
COMST	0.038＊（0.63）	－0.091（－1.31）
ALLOCA	－0.114（－0.91）	－0.195（－1.38）
SOCINS	－0.168＊（－0.72）	0.522＊＊（1.94）
征地环境和市场变量	Coef. 系数（Z值）	Coef. 系数（Z值）
MARDIS	－0.008＊＊（－1.97）	0.028＊＊＊（3.19）
SCALE	－0.0003（－0.59）	0.0001（0.81）
NOAGR	－0.288（－0.54）	－0.689（－1.18）
LAREA	0.001＊（1.8）	0.003（0.35）
FREQU	－0.22＊（－1.79）	0.157＊（1.01）
TTIME	－0.024（－1.08）	0.027（1.04）
认知改革变量	Coef. 系数（Z值）	Coef. 系数（Z值）
IFADD	－	1.103＊＊＊（4.73）
BELON	－0.485＊＊（－2.07）	0.728＊＊＊（2.63）

① 对于已征地农户来说，二阶段Probit方程的选择条件为"已征地＝1"，而未征地农户Probit方程的选择条件为"未征地＝0"，λ表示逆米尔斯比率。

续表

自变量	满意度模型	征地意愿模型
OWNER	-0.045（-0.41）	0.091（0.71）
IFURBAN	0.104（0.77）	0.04（0.25）
_ CONS	3.313 * * *（2.61）	-5.118 * * *（-3.37）
逆米尔斯比λ	-0.903 * * *（-2.84）	
-观察值	389	389

注：* * *，* *，*依次表示1%，5%，10%显著性水平。

采用Heckman模型实现了已征地农户和未征地农户分组，将目标函数满意度设为4级定序变量进行转换，尽管损失了精确，但却提高了信度[①]。逆米尔斯比λ在1%的水平上显著，证明样本确实存在选择偏差，模型存在内生性问题。依据模型统计结果，对样本中已征地农户而言，户主特征和家庭情况变量中家庭年收入主要来源变量（INCSOU），征地程序和规则变量中是否征询意见协议征地（IFCONT）、征收土地用途（IFAPPL）和征地后社会保障完善程度（SOCINS），征地环境和市场变量中距离区域非农业生产规模（MARDIS）、村庄被征收的土地面积（LAREA）和征地频率（FREQU），认知改革变量中征地后实际收入是否增加（IFADD）[②]对土地所有权的渴望（BELON）均显著。统计结果与总体样本模型相比，最大的变化在于征收土地的用途（IFAPPL）变量显著，其他显著变量虽有增减变化，但总体上是属于同一属性变量，例如家庭年收入（HOINCO）变为家庭收入主要来源（INCSOU）等。在IAD框架语境下对于已征地农户而言，基于家庭收入主要来源（INCSOU），并参照其他农户的征地面积（LAREA）和被征土地的未来用途（IFAPPL），根据征地过程中的形式（IFCONT）、频次（FREQU）、社会保障（SOCINS）、就业的便宜性（MARDIS），通过参与征地这一行为，判断实际收入是否增加（IFADD）和自身权益实现程度（BELON）作为表达满意度的标准。可见，实际征地收入增加的程度仍然是其较为关心的问题，但其要求协议征地，规范征地程序和规则，通过被征土地的用途和村庄其他农户征地面积，与其他已征地农户比较以衡量相对收入的变化，暗含着一种“不患寡而患不均”的心态。

① 虽然heckman第二阶段通常是OLS估计，但目前国内外近期的研究中已有大量二阶段非OLS估计的案例，例如（朱红根、周曙东）、（Nhemachena and Hassan，2007）和（Yirga，2007）关于农户对气候变化与农业技术投资决策的研究。

② 选用Heckman二阶段方法，要求二阶段模型的自变量集必须为一阶段模型自变量集的子集，通过相关性检验，发现征地后收入是否增加（IFADD）与被解释变量存在高相关性，通过舍去其他相对较低变量的实验，IFADD变量在模型中始终是显著的；选择舍去IFADD变量主要是其符合高相关性和尽量保持自变量子集和原集的规模相似。

5.2.3.3 征地满意度显著变量的边际效益

为了验证影响征地满意度的核心变量征地补偿标准（COMST）和征地程序（IFCONT）对满意度的影响，首先将征地补偿标准放入回归方程，确实显示征地补偿标准与满意度在1%的水平上显著；方程2中控制了征地后的社会保障是否完善变量，结果显示保障完善组的满意度确实更高；方程3中控制了农户对土地所有权归属的渴望变量，结果显示要求更多私有财产权组的满意度显著更高；方程4中控制了是否协议征地变量（征地前是否通知，征地补偿是否征求农户意见），结果显示协议组满意度在1%的水平上要明显高过非协议组；韩俊认为征地过程中是否保障了农民的权益，不仅要根据征地补偿标准的高低来判断，更重要的是要有一套合法严格的透明程序来限制各级政府的权力，限制公权力对农户私权利的侵害。因此，我们希望在回归方程中检验征地规则的公开和程序的公正是否会影响征地补偿标准对征地满意度的影响，因此我们放入征地补偿水平与是否协议征地的交互项，结果征地补偿和交互项均不再显著，只有协议征地项在1%的水平上显著；进一步模拟交互项的结果显示，的确只有当政府或村干部与农民就补偿标准进行事先协商时，货币补偿对满意度的边际效应才显著正向。这是一个耐人寻味的结果，只有在农民对征地过程的参与权和知情权得到尊重的前提下，征地补偿水平较高的村，农民对征地的满意度才显著更高。这一实证发现从征地满意度决定的角度证实了韩俊的这一判断。至此，证明假设2亦成立。

表5－20　征地补偿水平和征地程序对满意影响的模拟

被解释变量：是否满意	方程1	方程2	方程3	方程4	方程5
征地补偿	−0.169＊＊＊ (−3.34)	−0.143＊＊＊ (−2.75)	−0.1428＊＊＊ (−2.71)	−0.13＊＊＊ (0.019)	−0.07 (−0.69)
社会保障（参照组：不完善）		0.533＊＊＊ (2.76)	0.564＊＊＊ (2.86)	0.475＊＊＊ (2.31)	0.476＊＊＊ (2.31)
土地所有权归属（参照组：公有）			0.586＊＊＊ (2.94)	0.539＊＊＊ (2.60)	0.544＊＊＊ (2.62)
协议征地（参照组：非协议征地）				0.983＊＊＊ (4.53)	1.245＊＊＊ (2.88)
征地补偿＊协议征地					−0.085 (−0.71)
常数项	0.285＊＊＊ (1.59)	−0.043＊＊＊ (−0.20)	−0.28＊＊＊ (−1.20)	−0.898＊＊＊ (−3.17)	−1.09＊＊＊ (−2.76)

广东省是中国城市化最为发达的地区之一，近年来城市周边的土地被大量征收，调查中很多农户表示不愿意拿土地换城市户口，即使补偿标准很高也未必能

显著提高满意度。无协商的情况下，即使征地补偿标准增加 1 万元/亩，也不能带来满意度的显著提高[①]（即使在 90% 的可信度下，也不能排除边际效用为零的可能性）；在有协商的情况下，这种负向关系在递减，能够带来 0.042 个单位满意度的一阶差分；假定征地补偿标准不变，完善征地后的社会保障，农户征地后的满意度可能提高 0.18 个单位；征地中更加注重对个人土地财产权利的保护可能带来 0.21 个单位满意度的提升，而征地前通知农户，与农户就征地相关事宜进行事前的沟通则可能使满意度提升 0.35 个单位。

表 5-21　变量的边际效益及显著性

协定情况	改变	边际效应	标准误差	置信区间	置信度
无协商:	补偿每增加 1 万元	-0.0919913 * *	0.0703538	[-.2298821, 0.0458996]	90%
有协商:	补偿每增加 1 万元	-0.0494625 * *	0.0210236	[-0.090668, -0.008257]	95%
无协商:	有完善的社会保障	0.180581 * *	0.0775223	[0.02864, 0.332522]	95%
	尊重个人土地财产	0.2069194 * * *	0.0788958	[0.052286, 0.361552]	99%
	事先协商征收土地	0.3490013 * * *	0.0682735	[0.21518, 0.482815]	99%

5.2.4 结论和讨论

5.2.4.1 结论

基于 IAD 延伸决策模型，讨论了农户满意度研究的二阶段研究逻辑，构建了农户征地意愿决策与满意度评价测度因子和评估指标体系，运用二元非线性模型（Logit 和 Oreder - Probit）、Blinder - Oaxaca 分解和 Heckman 二阶段选择模型，对已征地农户和未征地农户的征地决策与满意度评价进行实证研究。主要结论如下：

（1）农户总体回归模型显示：认知改革变量（IFADD、IFSATIS、BELON）在 0.01 水平上显著，且呈现正相关关系；另外家庭特征变量、征地程序和规则变量正向影响也较为显著（回归系数 B >1），市场变量也有正向影响，只是对征地意愿的影响幅度稍小。同时也证明了假说 1 和假说 2 的成立。

（2）对已征地和未征地农户进行差别分析（多元均值 F 检验）显示，已征地和未征地农户在家庭收入的主要来源（INCSOU）、征地补偿集体与农户的分配方式（ALLOCA）、征地后实际收入水平（IFADD）和承包地和宅基地的归属（BELON）等变量上存在显著差异，对于解释行动舞台中已征地和未征地农户是否会做出相同的选择行为具有重要的现实意义。

① 上文的征地意愿模型分析未征地农户有待价而沽的参照心理，这里征地补偿标准的负向关系随着满意度的提高在递减，印证了上文的推断。

（3）Heckman 二阶段模型显示，于未征地农户而言，实际征地收入增加的程度仍然是其较为关心的问题，除要求协议征地，规范征地程序和规则与已征地农户相同外，通过被征土地的用途和村庄其他农户征地面积，与其他已征地农户比较以衡量相对收入的变化，暗含着一种“不患寡而患不均”的心态。而在无协商的情况下，对于已征地农户而言，其下轮征地具有待价而沽的心理。

（4）从提高农户满意度的角度，征地程序公正和规则透明，征地补偿款较多地发给农户家庭而不是集体，可能比片面提高征地补偿标准更有用。通过控制二者的交互项发现，只有征地前与农户就征地程序与补偿水平进行协商，征地补偿较高的地区的农户满意度水平才会显著提高。另外，征地补偿不变的情况下，完善的征地后社会保障计划和更多地尊重农户土地私人权益（补偿款更多地发放给农户家庭而不是集体）也会使满意度显著提高。

5.2.4.2 讨论与建议

2013 年 5 月底，广东省完成农村集体土地所有权发证宗数 143 万多宗，占全国已发证总宗数的 23%；全省共有 22 万多个村民小组（经济社）获得集体土地所有权证书，登记发证率达 99.5%。这一土地登记确权工作对农户土地产权意识的认知带来了较大的改变，根据半结构化访谈得知，56% 以上农户不愿意土地被征收的原因包括预期未来土地可以抵押贷款，经营权可以转让，土地租值上升等。关于为何在征地程序公开和规则公正（协议征地，签订征地补偿合同）的前提下，提高征地补偿标准才会对农户满意度有显著的提升？甚至为何明晰土地产权反而对征地满意度有负向的影响？我们认为可以采用行为经济学中的禀赋效应①和参照依赖理论②来解释。

首先，产权的形成是基于国家法律保护的强制性，社会认同的合理性，产权主体行为能力的合意性，产权强度由实施成本和可能性来衡量，其决定了产权的实施程度，是国家赋权、社会认同和产权主体行为能力的函数。其次，在中国严峻的人地关系下，土地对于农户兼具生产资料和社会保障的功能，农户成员权资格取得承包地和宅基地形成“赋权的身份化”，加之每块土地特殊地理位置形成的“产权区位垄断”，土地便具有人格化财产的特征，土地确权带来长久承包权和财产性权利的提升，这一切在强化土地产权的同时也进一步加剧了农地的“禀赋效应”。广东

① Thales（1980）认为与得到某物品所愿意支付的金钱相比个体出让该物品所要求得到的金钱通常更多。即指一旦某物品成为自己拥有的一部分，人们倾向给予它更高的价值评价，Kahneman 等（1991）认为禀赋效应是“损失规避”的一种表现，即损失比等量收益所产生的心理感受更为强烈，因此人们更计较损失。从交易的角度来说，对于同样的物品，一个人的意愿卖价要高于意愿买价。因此，禀赋效应可能会抑制潜在的交易。

② “参照依赖”多数人对得失的判断往往根据参照点决定（锚定），行为主体的效用是有偏的，对于不同的比较对象，会有不同的参照标准。举例来说，在“其他人一年挣 6 万元你年收入 7 万元”和“其他人年收入为 9 万元你一年收入 8 万”的选择题中，大部分人会选择前者。

农户对不同流转对象具有差序化特征，农户对于土地的所有制、是否签订承包经营权合同，以及对土地依存性尽管具有不同态度，但无一例外地具有“禀赋效应”。例如，家庭收入中农业收入所占比例越高，家庭成员中农业人口比例越高，其资源禀赋效应也越强（罗必良）。

交易费用范式关注了资产专用性（IFAPPL）、交易频率（FREQU）、不确定性（IFADD）等因素对交易成本的影响。这一范式的特点是假定交易参与者具有明晰的产权，且产权主体具有相同的交易效用。除此之外还发现：土地确权对于农地产权强度的提升和农户的禀赋效应可能是要求在协议征地前提高征地补偿标准的主要原因，征地程序的公开和补偿合同的签订给农户一个对未来收益的稳定预期。因为：第一，交易主体的差异性决定了其对持有物品交易意愿和程度的不均质；第二，不同的产权主体对产权强度提升后，发现物品价值上升潜质的能力是不同的，进而决定了其参与交易的可能性和倾向差异。正如 Barzel 指出的：面对不同的交易对象产权主体所拥有的产权排他能力是不同的。个人权利的实现程度取决于他人如何使用自己的权利。可以认为，同一个产权主体对其所拥有的物品面对不同交易对象和交易形式时的禀赋效应是有差异的。协议征地和征地程序的公开公正可以改进不同被征地农户主体间关于征地信息的不对称和收益预测的判断，农户并不一定要求的是区域内的最高补偿标准，只是至少不能比近邻或者亲朋好友补偿少。这也正是未征地农户会根据自身拥有的土地数量（LANARE）与所处区域土地征收的频率（FREQU）调整自己的征地决策的原因。

由此提出以下建议：

（1）注意区分不同参与主体（已征地农户和未征地农户）的不同关切，差别化考量不同年龄、受教育水平和家庭收入水平农户的利益诉求，做好征地后的社会保障和安置工作；

（2）征地程序和规则的公正可能优先于单方面征地货币补偿标准的提高，征地协议公正透明，征地程序严格规范；例如，张贴征地通知，保障农户对征地信息的知情权等；

（3）强化土地的收益权和处置权，提供充分征地前真实信息，增加农户对征地收益的积极预期，征地补偿在集体和农户家庭之间的分配标准和方式必须公正明确，可以考虑较多的把征地补偿直接分配给农户。

农户是否同意征地，除了在某种程度上反映对征地制度本身的态度外，这其中农户对城市生活和农村生活的价值判断，更暗示了他们对城镇化和工业化的推进的期许。因此，征地制度改革的方向不应该只是就改革而改革，例如希望单纯通过提高征地补偿标准来推动征地进程。一些不满意因素可能不是征地制度自身的改革能够解决的，制度绩效取决于能否使土地资源和市场、产权主体较好的结合。

5.2.4.3 不足之处

缘缘于广东省高度发达的城市化水平与征地水平，负向关系极可能是特殊案例，但至少能说明单纯通过提高征地补偿标准，对满意度的影响作用可能并不显著。通过征地补偿和协议征地的交互项，发现程序公正和规则公开要优于单方面提高征地补偿标准；在现实中尽管现有法律难以有效阻止村集体对征地补偿款的挪用截留，但在理论上尊重农户对征地补偿的私人权益，将更多的征地补偿直接发放给农户家庭可能比交给村集体分配更能显著提高农户的满意度。研究存在的不足如下：

（1）研究区域是快速城市化地区的广东省，经济较为发达、征地补偿水平和征地相关规则与程序在全国也都处于领先水平，因此研究结论可能不具有一般性的特征；

（2）样本量稍显不足，研究结论仅能代表调研区域及周边，更大范围内农户征地满意度的研究则需要进一步的探讨；

（3）一些关键变量还可以细致研究，例如征地农户与未征地农化在被征收的土地类型（耕地和宅基地）或者同类型土地征收的不同数量，甚至被征收土地以后的利用方式（工业、商业、服务业等）也可能导致主体征地意愿的差异；

（4）土地确权带来的产权强度的提升和农户土地产权认知的改进，对于农地征收和流转的作用是不确定的，至于是促进或是抑阻，取决于区域具体的产权制度环境、行为主体的产权认知程度和行为能力和产权交易的预期收益。至于什么样的产权实施环境和怎样的交易费用下有利于农地的流转和农户满意度的提升，则是需要进一步深入探讨的问题。

5.3 土地增值收益分配：土地租税费视角下的个案分析

5.3.1 数据来源与计算方法

在上述样本村总体调查分析的基础上，特别选取广州市番禺区S村X房地产开发项目为研究对象，参照房地产开发项目财务核算的基本规则和方法及国家和地方相关政策法规标准，分土地征收与出让、房地产开发、房地产经营三个阶段对项目开发过程中的各收支项目进行统计或估算，尽可能详尽准确地测算土地租、税、费征收情况，从而探讨土地增值的来源与构成，各利益主体之间的土地增值收益分配情况及存在问题。

关于项目地块基本情况的数据来源于对村委会、村民和房地产开发公司的访谈，广州国土资源局政府网站的土地出让公告，广州市统计年鉴，搜狐焦点网、新浪乐居网关于广州历年地块出让和房地产开发项目销售状况的行业统计数据；

房地产开发经营成本与各项税费（本研究仅涉及最重要的二十余项税费项目）则根据国家及广州市相关政策规定的标准或行业统计的一般水平经验值进行估算。由于该项目从土地征收、拍卖到房地产开发时间跨度较大（从2003—2012年），对于其中几个关键的数据如农地价格、安置补偿价格、土地出让价格等均根据通货膨胀系数（中国2003年到2012年的年平均通货膨胀率3.24%）调整为现值（2012年价格），其余发生在近年（主要是2011年、2012年）的项目收支则取当年实际价格。

5.3.2 案例介绍

本案例研究选取了广州市番禺区S村X房地产开发项目为研究对象。S村地处小谷围岛内，与新造镇一江之隔，紧邻广东省某知名高校，行政隶属于番禺区，其距离番禺市区中心23公里，离小谷围街道办事处2公里。历史上，S村是一个以农业为主的村落，原有土地面积5500多亩，人口3000多人，村内保存了岭南乡村特色，但2003年，由于广州市政府要兴建大学城，实施了大规模征地，而S村大部分区域也在征地范围之内，受政府征地、大学城建设及周边快速城市化的影响，S村逐步转变为以工商业为主的行政村。目前，S村辖区面积558.03亩，其中宅基地面积为150亩；村总人口3603人，部分人口于2003年征地时安置在镇上；村经济结构90%为第三产业，设有农贸市场、餐馆、酒店、商业中心；村集体收入来源主要是集体土地发包，每年总收入为179.90万元；村民收入来源主要是经营工商业、外出打工、住房出租及征地留地的集体分红，人均收入1.07万元/年。

X项目位于S村附近，为房地产开发项目，主要以塔楼、高层、小高层住宅为主，项目用地于2003年被政府以建大学城为名征收，该地农转非之前属于S村农民集体。X项目总用地面积为46576平方米，有4个标段组成，于2009年2月—6月由同一家房地产开发公司以挂牌出让方式相继拍得，土地出让金总额为10.52万元，土地出让前已完成“五通一平”。X项目容积率为3.12，绿化率31.60%，设两层地下室，面积68306平方米，车位共1457个，地上建筑面积145317平方米，户型以二居室、三居室和四居室为主，总户数为822户①。

根据村委会提供的数据，S村的征地补偿情况如下：政府以公益性用地为名一年内征收S村土地4946.33亩，扣除该村在其他区域获得的15%留地面积后，该村实际被征地面积应扣除留地面积，即4204.38亩。该村获得征地补偿的方式以货币为主，并一次性补足，村民因征地获得的社会保险费从村民征地补偿费中扣除，即村民并没有获得额外的社会保险补偿，全村共获得的征地补偿收入32952.07万元（农户与村集体间的分配方式为村集体提留7%作为公共支出，其

① X项目的楼盘数据主要来源于：新浪乐居网。地块出让金数据来源于：搜狐焦点网。

余分配给失地农户）。因此，农民集体获得的征地补偿费约为117.6元/平方米，其中，村委会提留金额为8.2元/平方米，农民个体获得的征地补偿费为109.4元/平方米。具体调研数据见表5－22。

表5－22　S村农地征收基本概况

项目	具体内容
农田补偿	农民失地面积约为1.1亩/人，水田和耕地的补偿标准有所差异，水田约6万元/亩，耕地约4.5万元/亩，最终农业用地的补偿标准为5.3万元/亩
社保和医保	60岁以上的老人，免除15年社保费，但村民需额外交1万多元的医保（其余村民的是医社保结合）；40岁—60岁，一次补交7年社保；20岁—40岁，一次性补交5年。当时说是村委会集体资金支付，实则从村民征地补偿款中扣除。换言之，除60岁以上老人获得社保费补偿外，其他村民并没有获得相应补偿
宅基地补偿	水泥砖房600元/平方米—800元/平方米，瓦屋450元/平方米，村民愿意迁往新造的，另外补贴400元/平方米
就业培训	没有统一的就业培训，但有约200人进入村集体城绿化公司，有简单的上岗培训，但两三年后，村委收回村集体的绿化公司，并对外招标，部分村民下岗，最后只剩下100人左右在绿化公司上班，每月工资1500元左右，没有统一购买社保
留地补偿	有15%的地返还村集体，由区政府成立的一家公司租用，年租金4元/平方米，农民每人每月获得300元租金分红。但村民从未见过该地块，而且土地出租合同书也只有部分人见过，合同书中并没有标明地块具体位置
征地补偿支付方式	一次性支付
征地协议通过形式	由村长签字通过但未取得全体村民同意
对征地补偿收入满意度	村民认为补偿远远低于生活保障需要和市场价值，很不满意
征地后村民生活水平情况	30%—40%村民有房子出租，这部分村民的收入上升，生活水平提高。但部分人是本来就没有宅基地的，房子比较小，缺少技能，没有稳定收入来源，生活变得更难
征地后村里耕地情况	征地后，因为农地发包或出租所得利益分配不均，存在村委会欺骗，村民间存在很大争议。所以，目前，村里的耕地大部分丢空，只有部分村民承包了少数的耕地，主要作物为蔬菜，收入为2000元/年/亩。
集体提留情况	村委提留征地补偿款2000多万元，目前已经用去400万元，主要用以支付村委工资。该村民认为村委会存在不合理使用集体提留费的情况
征地过程中产生的矛盾	普通村民之间没有存在矛盾，但村民和村长之间矛盾冲突较大，因为村长和村书记未取得村民同意，私下和政府达成了征地协议
征地后的教育问题	大学城虽然有一家中学，但是只招收广州市学生，村中小孩只有通过缴纳十几万元赞助费才可以就读，否则只能跨江到隔壁的新造镇念中学

资料来源：根据实地调研整理所得。

5.3.3X 房地产开发项目中的成本与收益测算

5.3.3.1 测算方法与参数确定

（1）农地价格。采用收益还原法估算农地价格，其估算公式为：

$$P = \frac{a}{r}[1 - \frac{1}{(1+r)^n}] \tag{5-3}$$

其中，P代表农地价格，a为农地纯收益估算值，r为收益还原率，n为农地使用年限。根据《广州市统计年鉴》，2000—2002年，番禺区的年均土地纯收益为1247.67元/亩[①]。收益还原率采用一年期存款利率加上风险调整值方法，2000年到2002年中国人民银行一年定期存款利率均值1.98%；风险调整值参照广东省居民消费价格指数，广东省2000—2002年居民消费指数增长率均值为0.16%[②]，由此估算收益还原率为2.14%。假设农地剩余使用年限仍为30年，采用收益还原法求得2003年初番禺区农地价格为41.12元/平方米。

（2）X项目的销售收入预测。假设项目的所有住宅及停车位全部出售，没有滞留，该项目房屋销售价格基本在1.9万—2.5万元/平方米之间，销售均价约为2.3万元/平方米[③]；据相关报道，广州市2011年二手车位成交价格集中在20万—40万元/个，这里取其中间值30万元/个。

（3）房地产开发建设投资利润的估算。结合工程造价相关知识，参照房地产企业的项目投资分析报告所做的估算，并根据广州市房地产业的实际情况及咨询业内人士对相关参数作了修正，计算方法是：

成本小计＝单价×计价数额

不可预见费的计价数额＝前期费用＋建筑安装费＋城市基础设施配套费

税前利润＝销售合计—支出合计

投资合计＝开发成本＋开发费用

支出合计＝投资合计＋房地产经营税费

投资利润率＝税前利润/投资合计

税后利润＝税前利润—所得税

税后投资利润率＝税后利润/投资合计

（4）通货膨胀率。由于该项目用地从征地到项目开发的时间跨度较大，估

① 2000—2002年，番禺区的农业增加值分别为：114729万元、129839万元、151414万元，主要农作物及水果种植总播种面积分别为：72373公顷、67807公顷、71612公顷，由于农业增加值为农业收入扣除中间消耗的剩余，因此，农地纯收益＝农业增加值/种植面积。

② 广东省1999年到2002年的居民消费价格指数（以上一年为100）分别为：98.2、101.4、99.3、98.6。数据来源：广东统计年鉴2008。

③ 根据实地调研和新浪乐居网等资料得到。

算时需要适当考虑通货膨胀率。其公式为：现值 = 原值 ×（1 + 通货膨胀率）n，其中，n 为年期。本研究采用居民消费价格指数的平均增长率来估算通货膨胀率。中国 2003—2012 年的年平均通货膨胀率为 3.24%①。

（5）土地开发成本。根据国土资源部《全国工业用地出让最低价标准》（2006）的工业用地出让最低价标准（相当于土地取得成本、土地前期开发成本和按规定收取的相关费用之和），采用 2006 年广州市番禺区的工业用地最低出让地价（六等地，336 元/ 平方米）折算为现值后作为 X 项目土地前期开发成本，其中“五通一平”成本采用地方经验数据 140 元/ 平方米。

（6）应税所得率。应税所得率 = 应纳税所得额占企业销售收入的比例，它是对核定征收企业所得税的企业计算其应纳税所得额时预先规定的比例，即“应纳税所得额 = 销售收入 × 应税所得率”。该比例是根据行业的经营利润率或销售利润等情况测算得出的，在一定程度上反映了该行业的社会平均利润水平。本研究拟采用应税所得率来估算房地产企业的合理利润，则开发商实际获得的土地人工增值相当于合理利润扣除所得税后的剩余。根据广州市国家税务局和地方税务局 2005 年发布的《关于调整核定征收房地产开发企业所得税应税所得率问题的通知》规定，“核定征收房地产开发企业所得税的应税所得率，从 2005 年 1 月 1 日起（税款所属时期）由 9% 调整为 10%—15%”，并且此后并没有做出新的调整。

（7）土地总增值及不同利益主体所获土地增值的测算方法参见 6.2.2.2 节，不同的是，本节未计算农地的社会保障价值。

5.3.3.2 测算结果

参照《土地出让成本构成明细》与《房地产开发企业成本构成明细》的科目分类标准，根据调研 X 房地产开发项目中成本与收益测算具体情况见表5 - 23。

2003 年 S 村实际被征地面积（扣除留地面积）为 4204.38 亩，全村共获征地补偿收入 32952.07 万元，约合 117.60 元/ 平方米。

2000—2002 年，番禺区年均农业用地纯收益为 1247.67 元/亩。采用一年期存款利率加上风险调整值方法，估算土地收益还原率为 2.14%。假设农地剩余使用年限仍为 30 年，采用收益还原法求得 2003 年番禺区农地价格为 41.12 元/ 平方米。

假设项目住宅及停车位全部无滞留出售，按该项目附近房屋销售均价约为 2.3 万元/平方米，车位成交价中间值 30 万元/个计算，预测 X 项目销售收入为 377939.1 万元。

① 2003—2012 年间，中国居民消费价格指数（以上一年为 100）分别为：100.6、103、102.3、101.8、103.7、105.6、97.7、103.1、105.3、102.8。数据来源：凤凰网。

表 5－23　X 项目开发建设成本收益测算

	项目		单价	计价对象	小计(万元)	合计(万元)	总价(万元)	备注
发成本	土地综合成本	土地出让金			115760.32	119275.04	236890.88	土地出让金包含土地开发“五通一平”费用、耕地占用税等税费成本及土地补偿费用在内
		土地交易契税	3%	土地出让金	3472.81			
		城镇土地使用税(六级)	3 元/平方米，共 3 年	用地面积	41.91			
	前期费用	规划设计勘探等专业费用	3%	建安费	2922.68	2704.71		设计、施工等专业技术费用
	建筑安装工程费	地面建筑	2700 元	地上建筑面积	39235.59	97422.76		室内水电工程费、电梯、空调、发电等
		地下建筑	3200 元	地下建筑面积	21857.92			
		精装修	2500	地上建筑面积	36329.25			
	基础设施建设费		5%	建安费	4871.14	4871.14		包括公共服务设施费用
	开发期间税费	城市基础设施配套费	5%	建安费	4871.14	7367.30		包括公共配套设施
		工程监理费	25 元/平方米	总建筑面积	547.70			
		其它税费	2%	建安费	1948.46			包括预算定额管理费、工程安全监督费、工程定额测定费等
	不可预见费		5%	前期费用、建筑安装费和基础设施费	5249.93	5249.93		一般取 3%—7%
发费用	管理费用		10%	开发成本	23689.09	23689.09	23689.09	参照《国家税务总局关于土地增值税清算有关问题的通知》(国税函〔2010〕220 号)相关规定
	销售费用							
	财务费用							

续表

	项目	单价	计价对象	小计（万元）	合计（万元）	总价（万元）	备注
地产经营税费	营业税	5%	销售金额	18896.96	28458.81	29554.84	
	城建税	7%	营业税	1322.79			
	教育费附加	3%	营业税	566.91			
	土地增值税	2%	销售金额	7558.78			按销售额 2% 预交纳
	印花税	0.03%	销售金额	113.38			
	广东地方教育费附加	2%	增值税、营业税、消费税税额	529.11	1096.02		
	广州价格调节基金	1%	营业税	188.97			
	堤围防护费	0.1%	销售金额	377.94			
项目						备注	
投资合计（万元）						260579.97	投资合计 = 开发成本 + 开发费用
支出合计（万元）						290134.81	支出合计 = 投资合计 + 房地产经营税费
销售合计（万元）						377939.10	
税前利润（万元）						87804.29	
税前投资利润率						33.70%	税前投资利润率 = 税前利润/投资合计
企业所得税（万元）						14172.72	取应税所得率 15%，税率 25%
税后利润（万元）						73631.58	税后利润 = 税前利润 - 所得税
税后投资利润率						28.26%	税后投资利润率 = 税后利润/投资合计

该项目取得土地的成本，包括土地出让金、契税、城镇土地使用税的总和为119275.04 万元；项目开发的总投资成本，包括项目的土地综合成本、开发前期费用和建筑安装工程费等开发成本、管理费用、销售费用和财务费用等开发费用的总和为 129614.19 万元。经测算 X 项目税前投资利润率为 33.70%，税后投资利润率 28.26%。

5.3.4 X 房地产开发项目中的土地增值收益分配测算

对 X 项目中的土地增值构成及其分配状况进行统计整理结果如表 5－24 所示。

表 5－24　X 项目开发的土地增值收益及其分配测算

项目	单价（元/平方米）	总价（万元）	项目	单价（元/平方米）	总价（万元）
1. 地块总体概况			3. 土地增值		
1.1 征地前农地价格测算（现值）	57.82	269.30	3.1 土地总增值	53258.25	248055.61
1.2 土地出让价格（现值）	24854.07	115760.32	3.1.1 农民占有土地增值收益	98.87	460.50
1.3 开发结束后房地产价格	81144.60	377939.10	3.1.2 政府占有土地增值收益	36164.62	168440.34
1.4 开发结束后土地价格	53316.07	248324.91	3.1.2.1 地租收益		113865.41
			3.1.2.2 地税收益		45630.16
2. 开发成本			3.1.2.3 地费收益		8944.77
2.1 土地前期开发成本（现值）	406.84	1894.91	3.1.3 开发商占有土地增值收益	16994.76	79154.77
2.1.1 农民集体获得的土地补偿价格（现值）	156.69	729.80	3.1.3.1 开发商占有的土地人工增值	1185.85	5523.20
2.1.2“五通一平”土地开发成本	140.00	652.06	3.1.3.2 开发商占有的土地自然增值	15808.91	73631.58
2.1.3 前期税费	110.15	513.05	3.2 土地人工增值	1185.85	5523.20
2.1.3.1 耕地占用税	30.00	50.81	3.3 土地自然增值	52072.40	242532.40
2.1.3.2 耕地开垦费等土地收费			3.4 分配比例		
2.2 房屋建造成本	27828.54	129614.19	农民、政府、开发商占有土地自然增值的比例		

续表

项目	单价（元/平方米）	总价（万元）	项目	单价（元/平方米）	总价（万元）
2.3 房地产开发阶段税费	745.62	54061.88	农民：政府：开发商 =0.19∶69.45∶30.36		
2.3.1 税收	745.62	3472.81	政府土地增值收益中的租税费收入比		
2.3.2 收费	9.00	41.91	地租：地税：地费 =67.60∶27.09∶5.31		

事实上，经过房地产开发全过程，土地价格与房产价格融合为一个统一的价格，难以进行完全准确地分割，本研究将规划设计勘探费等前期费用、建安费、不可预见费、开发费用和工程监理费视为房屋建造投入成本，其余费用计入土地取得和开发投入成本。经测算，从 2003 年土地征收到 2012 年房地产发售，X 项目用地总增值达到 248055.61 万元（土地价格从 57.82 元/平方米增长到 53316.07 元/平方米），其中人工增值为 1185.85 元/平方米，而自然增值空间达到 52072.40 元/平方米；自然增值收益在农民、政府和开发商三大利益主体间的分配比例为 0.19∶69.45∶30.36。

本章小结

本章采用调查统计分析、个案研究与模型计量分析相结合的方法研究了农地征收补偿及土地增值分配测算问题。关于农地征收补偿的研究主要讨论了土地增值收益分配局部政策存在的问题，基于对 17 省区 407 个样本村的调查，对农地征收补偿的总体概况进行了一般说明，并以广东省为研究区域，应用 IAD 延伸决策模型，对农户征地满意度及其决定因素进行了研究，研究结果表明，单纯地提高征地补偿水平，并不能显著提高满意度，只有征地前与农户就征地程序与补偿水平进行协商，征地补偿较高地区的农户满意度水平才会显著更高。最后，选取样本村中的一个房地产开发项目，从土地租税费的视角对房地产开发项目中从农地征收补偿到项目建成发售期间发生的相关费用进行了详细测算，并由此获得了土地增值收益在农民、开发商和政府之间的分配情况。

本章参考文献

1. Alchian A. Some Economics of Property Rights [J]. Politico, 1965 (30): 816 – 829.

2. Barzel, Y. Econimic Analysis of Property Rights [M]. Cambridge: Cambridge University Press, 1989.

3. Heckman J. Sample Selection Bias as A Specification Error [J]. Econometrica, 1979.

4. Kurukulasuriya P, Mendelsohn R. Crop Selection: Adapting to Climate Change in Africa

[R]. CEEPA Discussion Paper, No. 26, 2006.

5. Nhemachena C, and Hassan R. Micro - level Analysis of Farmer' Adaptation to Climate Change in Southern Africa [R]. IFPRIDiscussion Paper, International Food Policy Research Institute, No. 00714. Washington D C, 2007.

6. Ostrom E. A. General Framework for Analyzing Sustainability of Social - Ecological Systems [J], Science, 2009, 325 (5939): 419 - 422. 。

7. Seo N, Mendelsohn R. Climate Change Adaptation in Africa: A Microeconomic Analysis of Livestock Choice [R]. CEEPA Discussion Paper, No. 19, 2006.

8. Williamson, O. E. The Economic Institutions of Capitalism [M]. New York: The Free Press, 1985.

9. Yirga C T. The Dynamics of Soil Degradation and Incentives for Optimal Management in Central Highlands of Ethiopia [D]. Department of Agricultural Economics, Extension and Rural Development, University of Pretoria, South Africa, 2007.

10. 埃莉诺·奥斯特罗姆著. 余逊达，陈旭东译. 公共事务的治理之道：集体行动制度的演进 [M]，上海三联书店，2000.

11. 陈莹，张安录. 农地转用过程中农民的认知与福利变化分析——基于武汉市城乡结合部农户与村级问卷调查 [J]. 中国农村观察，2007 (5)：11 - 21，37，81.

12. 成程，陈利根. 程序公正、货币补偿与集中居住农民满意度分析 [J]. 统计与决策，2014 (5)：80 - 83.

13. 郭玲霞，高贵现. 基于 Logistic 模型的贫困地区失地农户被征地意愿研究——以贵州省毕节地区为实证 [J]. 中国国土资源经济，2014 (4)：68 - 72.

14. 韩俊. 中国农村土地问题调查 [M]. 上海远东出版社，2009.

15. 晋洪涛，史清华，俞宁. 谈判权、程序公平与征地制度改革 [J]. 中国农村经济，2010 (12)：4 - 16.

16. 李玉娇. 收入水平、政策满意度与农民被征地意愿——基于 Logit 模型的实证分析 [J]. 新疆农垦经济，2013 (11)：6 - 12.

17. 刘祥琪，陈钊，赵阳. 程序公正先于货币补偿：农民征地满意度的决定 [J]. 管理世界，2012 (2)：44 - 51，187 - 188.

18. 罗必良. 农地流转的市场逻辑——"产权强度—禀赋效应—交易装置"的分析线索及案例研究 [J]. 南方经济，2014 (5)：1 - 24.

19. 钱忠好，肖屹，曲福田. 农民土地产权认知、土地征用意愿与征地制度改革——基于江西省鹰潭市的实证研究 [J]. 中国农村经济，2007 (1)：28 - 35.

20. 钱忠好. 土地征用：均衡与非均衡——对现行中国土地征用制度的经济分析 [J]. 管理世界，2004 (12)：50 - 59.

21. 汝信，陆学艺，李培林. 2011 年中国社会形势分析与预测 [M]. 社会科学文献出版社，2010.

22. 苏海涛，陶然. 失地农民被征地意愿影响因素的实证研究 [J]. 统计与决策，2013 (21)：94 - 98.

23. 王湃，凌雪冰. 基于农户受偿意愿的征地补偿及影响因素分析——以湖北省 4 市 25

村354份问卷为证［J］．华中农业大学学报（社会科学版），2013（5）：127－132.

24. 王春超，周先波．社会资本能影响农民工收入吗？——基于有序响应收入模型的估计和检验［J］．管理世界，2013，（9）：55－68.

25. 王群．奥斯特罗姆制度分析与发展框架评介［J］．经济学动态，2010（4）：137－142.

26. 武婕．农村征地状况调查——基于2011年17个地区土地权益调查数据［J］．调研世界，2012（11）：27－30.

27. 肖屹，钱忠好，曲福田．基于江苏、江西两省401户农民的调查研究［J］．经济体制改革，2009（01）：82－87.

28. 许恒周，郭玉燕．不同发展水平地区农民被征地意愿及影响因素——基于南京市、鹰潭市的实证研究［J］．中国人口．资源与环境，2011（1）：106－109.

29. 叶剑平，丰雷，蒋妍，罗伊·普罗斯特曼，朱可亮．2008年中国农村土地使用权调查研究——17省份调查结果及政策建议［J］．管理世界，2010（01）：64－73.

30. 周飞舟．生财有道：土地开发和转让中的政府和农民［J］．社会学研究，2007（1）：49－82，243－244.

31. 邹秀清．农户耕地流转行为的实证分析——基于赣、苏、桂三省537份农户的问卷调查［J］．江西财经大学学报，2008（6）：50－52.

32. 朱红根，周曙东．南方稻区农户适应气候变化行为实证分析——基于江西省36县（市）346份农户调查数据［J］．自然资源学报，2011（7）：1119－1128.

33. 曾亿武，杨泽楷．失地农民权益保障满意度的影响因素分析——基于广东揭阳140个失地农户的调查数据［J］．湖南农业大学学报（社会科学版），2012（2）：49－53.

第 6 章　土地发展权视角下的土地增值收益分配

土地产权配置决定了土地增值收益分配的首次分配结果，其中的关键是土地发展权权益的配置，这是由于土地增值收益在本质上即是土地发展权权益。土地发展权在本质上是对土地开发利用方式进行选择和支配的权利，是一种可以从土地所有权分离并转让给他人的财产权。在国外，土地发展权制度已经成为规划控制土地开发、实施土地分区管制的重要手段，可以说没有对土地开发的限制，就没有土地发展权。本章从土地发展权的视角对土地增值收益分配问题进行研究。

6.1 土地发展权在中国土地管理实践中的应用

中国尚未建立正式的土地发展权制度，相关法律目前尚未对土地发展权进行正式的术语界定，但土地发展权却是客观存在于现实经济生活中，与土地开发、土地用途管制和土地收益分配密切相关的产权形态。根据《宪法》《土地管理法》等法律规定，农村土地转为建设用地受到严格控制，农地征收补偿是基于土地的农业生产价值，被排除在土地发展权获益之外；在城市规划区范围内，经营性用地的土地使用权人需要支付高额土地出让金向政府购买城市土地发展权，据此，很多学者认为中国目前实施的是土地发展权国有制度，“土地开发由国家控制，土地发展增益也由国家占有。国家控制着农村土地的用途及其转变”（陈柏峰），这一结论反映了现行农地非农化的国有化途径中土地发展权配置的特点，但发生在全国各地的各种土地制度创新则显示土地发展权配置具有了多样化和私有化的特征。

改革开放以来，中国土地管理制度改革主要围绕着耕地保护和城市建设用地供应这两个相互制约的目标演进，以土地公有制和土地用途管制为基础，逐步形成了一整套以耕地总量动态平衡、基本农田保护、建设用地指标增减挂钩、农地非农化及土地征收补偿等为核心的土地政策体系，但也由此在以土地出让、土地财政为目标导向的地方政府和以耕地保护、建设用地指标控制为目标导向的中央政府之间展开了政策博弈，形成了一系列土地制度创新，在正统的土地发展权国有化框架之外展现了土地发展权配置的新模式，其中南海土地股份合作制、重庆地票制、浙江基本农田易地代保、广州城中村改造补偿等是较有代表性的实践形式。

6.1.1 重庆地票制中土地发展权的应用

6.1.1.1 重庆地票制产生的背景

2007年6月，重庆市被国务院批准为城乡统筹综合配套改革实验区，在探索土地制度改革过程中，于2008年成立了首个农村土地交易所，由此展开了地票制模式的实践（陈悦）。

地票制的实施是将建设用地指标在城乡间进行重新分配和使用的过程。建设用地指标产生于农村宅基地及其附属设施、农村公共设施和公益事业用地及乡镇企业用地等农村集体建设用地，在经过复垦和土地管理部门严格验收后形成了地票指标，通过置换后形成的符合要求的建设用地指标，最后经由市场交易重新配置到城市建设用地市场（杨继瑞等）。

地票交易制度实施的政策基础是2008年国土资源部颁布的《城乡建设用地增减挂钩试点管理办法》。根据城乡建设用地增减挂钩政策的要求，“城市建设用地增加要与农村复垦地区，即建新拆旧区和土地复垦区的土地面积相挂钩”，以达到保证在区域内各类土地面积不变的基础上实现用地结构优化和集约节约的目的，而地票制引入了市场机制对建设用地指标进行空间上的再配置，可以说是对城乡建设用地增减挂钩政策的一种创新。首先，地票制通过产权界定为土地市场化流转提供了前提条件；其次，在农村集体非农建设用地指标的市场化流转过程中，通过对土地权利的定价，显化了土地发展权的价值。

6.1.1.2 重庆地票制运行过程及实质

重庆地票制中的地票，在本质上是一种土地发展权利（其内核是建设用地指标，以地票作为交易媒介），更具体来说，是建设用地开发利用的权利。作为地票交易最核心的两个部分，地票的产生和交易过程，以及最终地价收益的分配是学者们最为关心的问题，前者关系到土地发展权的初始配置和转移，后者关系到土地发展权益的归属，这也是地票交易制度中最容易产生寻租并衍生社会问题之处，直接关系到地票制的实施效果。

（1）地票制运行过程中的土地发展权转移。

重庆市地票模式的流转程序分为申请复垦、复垦验收、指标交易、指标落地四个阶段（张鹏、刘春鑫）。

第一阶段为申请复垦阶段。具有稳定住所及生活来源的农民，经集体经济组织同意，可将自己闲置的宅基地及附属用地复垦为耕地。由此可以看到，（宅基地或其他农村集体建设用地）地块被赋有开发为建设用地的权利是地票制实施的前置条件。举例来说，当某宅基地地块实际开发用途为住宅用地时，则土地发展权利（开发为建设用地的权利）“固着”于该地块，依附于土地所有权；当该地块被复垦为耕地，则土地发展权从宅基地所有权中剥离，成为可独立行使的产权，原地块成为土地发展权的“释放”地。

第二阶段为复垦验收阶段。经区县国土资源行政主管部门验收后，由政府作为代理人将复垦后形成的建设用地指标“打包”后进入农村土地交易所。在这一阶段，农村土地交易所发挥了相当于土地银行或土地发展权中介交易平台的作用，成为土地发展权的临时所有者。

第三阶段为指标交易阶段。政府制定统一的地票价格，并进行公开招标。通过用地需求者公开竞购的方式，土地发展权的价格被确定。土地发展权价格是政府行政指导下经由市场机制形成。

第四阶段为指标落地阶段。地票获得者选择符合规划要求的地块进行指标落地，即可进行相应的建设开发，从而实现了土地发展权的空间转移过程，新增城市建设用地成为土地发展权的“接收”地。

重庆地票制实施中的地票流转过程即是土地发展权的空间转移过程。土地发展权转移，是由1968年美国纽约市为应对保护具有历史意义的界标问题而在《界标保护法》提出的，土地发展权移转由土地使用受限制的土地所有者将其土地上的土地发展权转让给受让人，土地发展权受让人因此获得土地发展权并支付对价（刘国臻）。购买土地发展权的权利人可与自己已拥有的土地发展权叠加，再进行开发或用途改变。美国土地发展权的转移是通过市场机制进行的，在这一点上地票制与其有一定的相似性，但在实施层面上，重庆地票制带有政府层面的行政权配置色彩。虽然地票制不是完全市场化条件下的土地发展权转移，但从交易的目的和过程来看，体现了土地发展权在农村集体土地流转中的创新性运用，为农地制度改革探索了新途径（图6-1）。

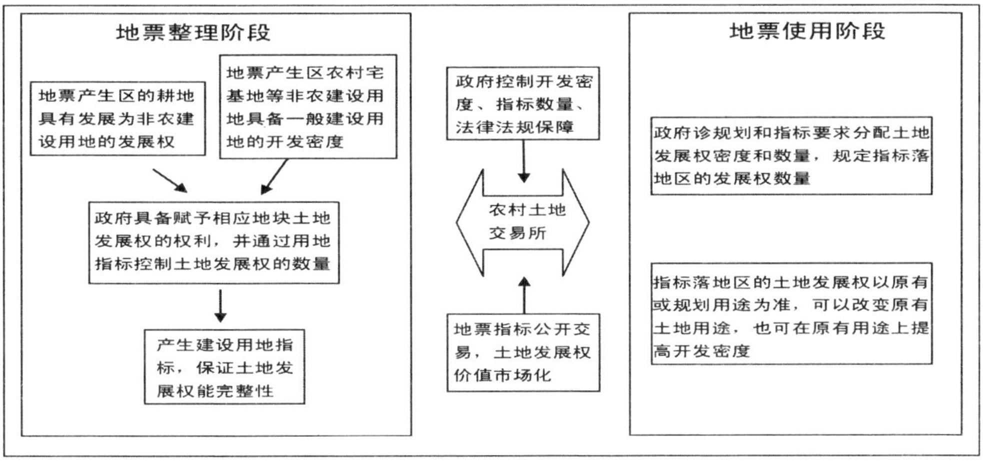

图6-1　“地票”交易中的土地发展权转移

资料来源：参考自“张鹏，刘春鑫．基于土地发展权与制度变迁视角的城乡土地地票交易探索——重庆模式分析［J］．经济体制改革，2010（05）：103-107”。

地票制的本质是借助地块生成“地票”的过程，将集体土地的农村建设用地发展权置换为城市建设用地发展权，并通过地票交易实现其市场化价值。

（2）地票制中的土地发展权归属探讨。

2008年12月《重庆市农村土地交易所管理办法》出台，其中第四章第31条规定了地票交易所获经济价值的分配办法，其中：农村宅基地使用权交易收益，原则上大部分归农民家庭所有，小部分归农村集体经济组织所有，具体分配比例由农民家庭和农村集体经济组织协商确定；乡镇企业用地、农村公共设施和公益事业建设用地等集体建设用地使用权交易收益，归农村集体经济组织所有；农村土地交易所按农村土地实物和指标交易额1%的比例收取交易服务费；农村集体经济组织获得的土地交易收益，纳入农村集体财产统一管理，用于本集体经济组织成员分配和社会保障、新农村建设等公益事业。

根据土地交易所管理办法，对农村宅基地使用权交易所获得的经济收益，在村民与村集体之间分配采取协商的方式，产生了寻租空间，早期复垦宅基地的农村家庭利益出现受损现象。为了进一步完善地票交易价款分配，2010年重庆市国土房管局出台《关于完善地票价款分配的补充意见》，规定复垦成本原则上不得高于1.2万元/亩，复垦农村宅基地及其附属设施用地的地票平均价款扣除复垦项目工程成本、管理成本和融资成本后，按9.6万元/亩支付给退出宅基地的农户；按1.7万元/亩支付给该农村集体经济组织。按以上标准支付地票平均价款后，如价款仍有剩余，则按照85∶15的比例再次支付给退出宅基地的农户和集体经济组织。复垦农村公共设施用地和公益事业用地、乡镇企业用地的地票平均价款扣除复垦项目工程成本、管理成本和融资成本后，应采取土地整治的方式用于新农村建设。该补充意见的出台，第一次明确规定了地价款的分配标准，以及农村公共设施和公益事业用地复垦后所得收益的使用方式（用于“三农”建设）。

2011年重庆市国土房管局出台《关于规范地票价款使用促进农村集体建设用地复垦的指导意见（试行）》，进一步具体规定了地票增值收益（地票价款扣除农村集体建设用地复垦成本部分后的价款）的应用方向：①复垦宅基地及其附属设施用地而形成的地票增值收益全额用于增加退出宅基地的农户的购房补助。②复垦公共设施和公益事业用地、乡镇企业用地而形成的地票增值收益缴入复垦区县（自治县）设置的地票专户，专项用于复垦地所在农村集体经济组织的以土地整治为主要方式的新农村建设。

随着地票成交价格不断攀升，2011年重庆市国土房管局下发《关于调整地票价款分配及拨付标准的通知》，将分配给农户的地票价款由原来的9.6万元/亩提高至12万元/亩；分配给农村集体经济组织的地票价款从1.7万元/亩提高至

2.1 万元/亩。且按照市国土房管局下发的《关于进一步规范农村宅基地及其附属设施用地复垦管理实行地票价款直拨的通知》采用地票价款直拨的方式，由地票交易中心委托的银行直接支付到农户提供的账户和农村集体经济组织账户。截至 2013 年 10 月，重庆市地票交易地票价款的分配仍按照调整后的分配标准进行。

在现有的土地征收补偿与土地出让制度下，“土地使用权出让金和征地补偿费不是土地发展权的对价”，在农地征收过程中土地用途转换的补偿只是对失地者的最基本的生活保障而做出的补偿，并未涉及土地发展权的对价（刘国臻，2007）。相较于农地征收补偿办法，地票制的最大进步之处在于不再是以农地产值或农地住宅重建成本对土地进行补偿，而是将土地发展权的权利及其附属的开发权益赋予了宅基地或其他农村建设用地。

土地发展权交易，更具体来说，是通过市场化的平台或方式将一块土地上的非农建设权利（包括建筑密度、容积率、开发强度、土地用途等）转移到另一块土地上的过程。相对于发达国家的土地发展权转移制度而言，地票模式中的发展权转移是小范围的流转，所涉及的土地只包括农村宅基地和镇企业用地、农村公共设施和公益事业建设用地等集体建设用地，没有涉及其他农地和建成区的城镇建设用地；且流转的指标只能是进行新的开发建设，对提高转入地区容积率、投资开发强度等并未涉及，地票交易过程中形成的地票价格，是在政府依据当地平均建设用地价格制定的指导价基础上经由市场竞拍形成的市场价格，可视为土地发展权的平均市场价格。

6.1.2 南海土地股份合作制中土地发展权的应用

6.1.2.1 南海土地股份合作制的实施背景

自 20 世纪 90 年代开始，随着改革开放的深化和国企改革的推进，南海地区由于其较好的经济社会条件，吸引了大量的外资、港资进行投资，而随着投资方的需求越来越多，该地区建设用地呈现出紧张态势，为了解决征地制度带来的矛盾，打破国家垄断农地非农化的局面，南海地区开始了土地股份制改造。

南海土地股份制的运行主要通过“两步走”来实现：首先进行“三区”规划，把村集体的土地功能划分为农田保护区、经济发展区和商住区，这样的做法一方面是为了方便城镇规划的实施，另一方面也是为了保护耕地资源、提高土地利用效率。其次实现农民土地和财产的股份化，具体的做法是通过将集体财产、土地和农民承包权折价入股，在股权设置、股红分配和股权管理上制定出章程，村集体的运营和收益分配都按照村章程进行（蒋省三等）。这一做法导致了两方面的变化：一是土地承包经营权的主体由家庭为单位变为以村小组或村委为单位；二是土地使用者主体由农户分散承包经营变为集体统一管理、统一经营。所有权与经营权统一到分散再转为统一，使得农村土地又一次向集体经济组织集中，不但实现了管理模式的转变，更提升了效率，应该说土地股份制的实现不但是市场经济体制下土地制度的变革，也是工业化发展后期农村地区主动分享工业化成果的需要。

6.1.2.2 南海土地股份制中的土地合作发展权的归属

南海土地股份合作制改革的重要意义，在于打破了土地国有化基础上的农地非农化制度框架，在保留集体所有制的前提下实现了农地非农化，在两种不同的土地非农化模式下，农地非农化过程中的土地发展权归属性质发生了根本转变。

首先，土地股份合作制的实施，打破了国家征地垄断的局面，在不改变集体土地权属性质的前提下实现集体建设用地的流转，将原有的农地流转由“农户—国家—开发商”的流转方式转向“农户或村集体—企业”的模式，使农村土地流转更接近于土地一级市场的供给方式，也就是打破了土地发展权（农地非农化开发的权利）的国家垄断形式。

其次，通过将农户所有的承包权打包为集体产权，使得单个农户所拥有的土地发展权以集体产权的形式实现了市场流转，降低了市场主体获取土地的成本（跟单个农户进行交易的成本更加高昂）。

最后，农地非农化市场流转中产生的土地租金，即土地发展权益得以保留在集体内部，并以量化股权的方式回到农户个体，从而实现了土地发展权收益的分配。

在南海土地股份合作制改革的过程中，农民原有的土地被置换为股权，形式上由村集体统一经营集体土地，可以推断土地股份合作制过程中承认了土地发展权的存在并为其权利进行了合理的市场定价，在这一权利被购买或使用时，农民集体和个人会得到相应的权利价格支付，其中不仅包含了属于农民用以维持生计的土地的社会保障价值（对其补偿主要是征地补偿费、安置补助费、青苗补偿费等），而且还包含了农民作为集体土地所有者对发展土地用途的权利进行的补偿，即集体土地发展权的补偿，补偿形式和内容由国家补偿农民数倍于农地用途价值的货币补偿，转变为村民从村集体统一经营收入中获得分红，同时保证土地的所有权和使用权不变，获得了来自制度和市场契约的双重收益。

对农民来说，农村闲置、荒废的建设用地、农村宅基地等都是可转移性的权利，股份制下的承包或征购土地行为，经土地转换用途后的巨大发展权价值以股权进行收益分红，农民既不需要直接对土地进行投资开发，又能永久获得股权分红。在土地股份合作中，土地发展权属于农民集体所有，农民个体通过股份分红的形式享有土地发展权增益，保证在实现国家建设目标的同时实现农民发展土地的权利收益，成为土地增值收益分配的重要地方制度创新。

6.1.2.3 南海土地股份合作制中土地发展权交易对制度效率的改进

如何将土地发展权合理地纳入农村集体土地收益体系内，如何实现农村集体土地发展权的市场化流转，以及如何保证土地所有者的土地发展权的收益，这是土地发展权实施所要面临的几个难题。南海土地股份制的实施，不但从发展权的界定到利益划分等方面回答了以上问题，而且从经济上实现了制度效率的改进。

土地股份合作制不只是一个简单的土地权利由分散到集中的过程，还是一个操作难度较大的合约行为，其中包含着复杂的财产权利的交易。首先，在产权界定的过程中，南海土地股份制通过将属于农民集体的使用和改变土地用途的权利集中起来，实现了土地发展权的集中，但这样的集中并未改变集体土地所有权的属性，因此可以认为村集体的做法是代表村民统一管理和运营土地发展权的行为，村民也不必再为土地产权的划分不明晰而担忧，由村集体统一运营实际上明晰了产权的边界，每位村民在实质上拥有了来自村集体土地的发展权，并且以股份红利的形式保留在了村集体内部。

其次，在土地发展权利边界确定的条件下，与土地交易和使用的一系列契约的签订和交易的实施就变得相对简单了。土地股份制中通过土地发展权实现了产权界定，在此基础上改进了土地流转中契约签订的效率，契约是当事人在地位平等、意志自由的前提下，各方同时为改进自己的经济状况（至少是理性预期）而在交易过程中确立的一种权利流转的关系（卢现祥、朱巧玲）。土地权利人在与用地者进行签约之前已经掌握了必要的信息和签约的约束条件——土地发展权能的实现形式，因此可以在选择与谁签约、如何签约的问题上进行比较和权衡，并选择费用最小、效益最大的契约形式。比较两种不同类型的契约形式选择，可以看到南海土地股份制中的签约双方是在市场条件下进行的，契约签订的主体村集体与农民之间、村集体与企业之间相互可以获取透明的交易信息和进行直接的谈判协商，相比国家介入之下的签约模式，节约了契约签订的费用和契约实施的成本，可见，土地股份制中交易双方的契约签订是理性选择的结果。

最后，土地股份合作制将土地发展权作为实现交易效率的手段，节约了交易费用，实现了效率的改进。南海土地股份制实现了土地流转中的三方效率的改进：

第一，随着城乡一体化发展的需要和地方经济发展的推动，土地在村民手中已不能实现最优用途的利用，农民作为“经济人”看到了土地市场价值的提升，主张通过市场化形式实现手中土地发展权的意愿越来越高，但由于农民对土地由来已久的感情，又不愿永久地放弃土地的所有权，这种利益需求在现有的土地产权制度框架下变得难以实现。而土地股份制的实施，将农民的土地发展权价值以股份的形式确定下来，同时保证了村民集体对土地的所有权性质不变，从而提高了农民的土地权利收益，改进是有效的。

第二，国家作为土地最大拥有者，同时兼顾对土地市场的供需管理职责。在保证城市经济发展目标的指导下，政府成为城市经济主体用地拿地的代表者，依靠政府行政权（警察权）进行土地用途限制或征地行为，这是警察权过度使用的表现，在保证政府推行的经济发展模式得以运行的同时，政府也为此付出了巨大的代价——征地矛盾引发的社会不同阶层的矛盾、政府公信力下降、“以农促工”的模式拉大收入分配差距，以及政府行政管理成本的付出，这样的制度选择显然是不经济的（叶芳）。对地方政府来讲，通过南海土地股份制的实施可以使政府无须再扮演市场参与者的角色，更好地执行政府作为社会管理者的角色，减少了依靠行政权力进行管制带来的社会成本和市场交易成本，同时通过税收手段对土地股份制的用地企业和村集体因土地增值获得收益的部分进行征税，合理地实现土地增值中国家投资部分的回报，从经济和效率上讲，这样的制度安排都实现了政府和社会利益的提高，可见改进是有效的。

第三，企业作为南海土地股份制改革中的重要一环，是整个股份制经济运行中最为“理性”的经济人，企业的任何决策和选择一定是为了实现效益最大化，南海土地股份制中企业与村集体签订契约的过程，事实上省去了与村民讨价还价的过程和与政府进行利益博弈的过程，较之分散签订契约，企业可以省去一笔可观的交易费用；较之高昂的土地出让金支付，选择土地股份合作制企业节约了大笔开支，缩短了政府审批的程序和时间，从交易费用、契约谈判、时间花费上分析，这样的选择是理性的。

可见，从产权经济学的角度分析，南海土地股份合作制的实施是有效的，一方面实现了交易成本的节约和土地发展权权益的实现，另一方面通过合理地运用土地发展权这一工具，实现了交易三方的效率改进。

6.1.3 广州市城中村改造中土地发展权的应用

6.1.3.1 广州市城中村改造的拆迁补偿政策

从20世纪90年代始，广州市为推进城市化进程开始了城中村改造。2007年以前广州市为防止开发商追求高利润使城市建筑密度增高而禁止开发商介入城中村改造，但单纯由村集体和村民来筹措资金并承担改造风险，使得村民改造的积极性不高。2007年起，广州市开始允许开发商进入城中村改造，但政府严格限制改造标准。为迎接2010年广州亚运会，广州市政府加大了城中村改造的力度，同时也给予了相应的优惠，政府让出土地出让金给予村集体和村民进行城中村改造。

2010年广州市开始了新一轮的“三旧”改造规划，计划基本138条城中村改造任务，其中52条村整体拆除，86条进行综合整治。力争用10年时间基本完成全市“三旧”改造。经过数年时间，广州市总结了四种未来城中村改造可以使用的模式：（1）猎德模式，通过公开出让土地进行融资实施全面改造。（2）林和模式，村集体自行改造、协议出让土地进行融资实施全面改造。（3）花地模式，“搬积木”式安置村民，滚动开发实施全面改造。（4）西塱模式，人居环境建设带动综合整治改造。本研究主要涉及第一种模式的分析。

在猎德、文冲等城中村为代表的猎德模式改造方案的主要内容是：经过土地征收将被改造集体土地地块转为国有土地，并制定土地开发规划，将地块划分为安置地块、融资地块和发展地块三种不同的土地利用类型。对于安置地块，由政府以划拨形式将土地出让给村民进行回迁安置，回迁房建成后，政府对其进行土地登记并向村民核发国有房产证，其使用期限是无限期的（但若回迁安置房在房地产交易市场自行流通交易，则从交易日起，其使用期限为 70 年）。对于融资地块所获得的土地出让金，政府将其作为改造项目的资金返还给村集体用于安置地块和发展地块的建设。对于发展地块，则无偿将其划拨给村民无限期使用，地块获得的开发收益作为村民的安置补偿。

2007 年广州市出台的《集体土地房屋拆迁补偿标准规定》中规定依法批准建设的村集体土地上的房屋分为住宅房屋和非住宅房屋进行补偿，住宅房屋有货币补偿、产权调换、农民自建三种补偿方式。为了规范城中村改造拆迁补偿，2011 年广州市三旧改造办制定了《广州市城中村改造复建成本标准指引（试行）》，规定了城中村改造成本，并规定了村民安置住宅复建总量上限应按照户均不超过宅基地房屋基准建筑面积（240 平方米至 280 平方米）控制（这一标准来自中国农村宅基地自建房标准，中国规定农村宅基地自建房规划仅能建 3 层半，3 层半之外的均列为违建房，城管部门有权将违建房拆除）。在猎德和文冲村改造方案中，拆迁户的回迁安置住房标准实际是按现有宅基地面积为基准的 4 层住房建筑面积进行计算。

6.1.3.2 广州城中村拆迁改造中的土地发展权配置

在猎德、文冲等城中村所采取的“政府主导、村为主体、开发商参与”拆迁改造模式中，土地发展权益由村民（村集体）和开发商分享，村民以获得安置地块和发展地块的土地发展权的形式参与土地增值分配，开发商则以土地出让金支付的形式获得了融资地块的土地发展权。政府不再参与城中村改造阶段的土地发展权收益，而是在改造完成后从商业活动中取得相应的商业税收、从房地产开发过程中取得土地增值税等土地税收，回收部分土地增值收益。

改造后文冲村的土地收归国有，国家是土地的所有权人，村民失去了土地所有权，但并没有失去土地发展权。补偿方案中村民统一拥有 4 层的建筑面积，不足 4 层的由村民购买补足（只需补交建筑成本），相当于给予了村民 4 层的土地发展权，这样的补偿方式与法国的建筑权有相似之处。法国对开发土地的建设权设定了法定密度限制，在法定容积率限制范围内，开发者拥有土地发展权，可以自主开发，并享有其带来的收益，但超过法定容积率的部分，土地发展权归为国有，土地开发者若超过这个界限，则须向国家购买超额的土地发展权，法国的土地发展权设计中，国家并没有过多干预土地开发者的行为，给予土地开发者更多支配土地资源的空间。

与其相似地，在猎德模式的改造方案中，补足村民4层的建筑面积相当于给了村民4层建筑面积的基本发展权。改造后村民可以根据自己拥有的建筑面积置换住宅面积，户型及其住宅面积可以根据自身的需要自由选择，例如用于自住的户型以及住宅面积应为多少，剩余的有多少住宅面积可以用于出租或是出售，这相当于在一定的面积上自主开发土地，而同时又有一个密度上限。如果选定的住宅面积小于拆迁所得面积，村民可以按照住宅的市场价格出售给村集体；如果选定住宅面积超过拆迁所得面积5平方米以上的，村民则要按照市价进行购买并且支付这部分的物业管理费用，超过拆迁所得面积5平方米以内的（含5平方米），按照市场价购买并免交这部分的物业费。这类似于法国的“超过负担费”，超过法定密度上限的建筑面积要按照规定向国家购买相应的建筑权。村民不仅可以用4层建筑面积置换回迁安置房的面积，也可以以3∶1的比例以住宅面积置换商业面积，补偿建筑从住宅用途转化为商业用途，从发展权的角度来看，这个政策也赋予了村民获得不同土地利用用途的土地发展权的权利。

此外，改造完毕后，村集体可以在发展地块上投资建设村集体物业发展集体经济，村民所享有集体经济发展的分红相当于土地发展权益。土地发展权益在村集体和村民的分配类似南海土地股份合作制，在此不再赘述。

6.1.4 对土地产权与土地增值收益分配制度改革的意义

中国目前没有设立土地发展权制度。国内有的学者认为中国的土地制度并没有明确或隐含地规定集体土地所有权包括土地发展权，农民集体如若拥有土地发展权会增加土地非农开发的积极性，不利于中国耕地的保护，中国将土地发展权收归国有的做法是合乎公共利益的（孙弘）；而有的学者认为土地发展权归土地所有者所有，即城市土地发展权归国家所有，集体土地权归集体所有（刘国臻）；也有学者认为土地发展权收归集体所有会因为村集体的主体模糊而出现土地发展权的虚置，应该将土地发展权归属于集体土地的使用者——农民或村民（王海鸿、杜茎深）。上述地票制、土地股份合作制和城中村改造案例是土地发展权在不同土地开发利用模式下的实践运用，其共同特征是土地发展权配置显示了私有化的倾向，有效消除了根据土地原用途价格对土地拆迁进行补偿、国有化土地非农化开发等模式存在的痼疾。这些实践个案打破了土地公有制下土地发展权被先验地认为属于国家所有的固有观念，切实地保护了农民的土地发展权权益，避免了由于所有权主体抽象性导致的土地权利虚置问题，对农村集体土地征收拆迁补偿和土地流转制度改革具有创新意义，这种自下而上的诱致性制度变迁的方式提供了有效的地方实践经验，为制度变革提供了宝贵的改革路径选择。

6.2 土地（房屋）征收中的土地增值收益分配比较

6.2.1 案例选取

城市外延扩张和城市更新改造双重驱动下的大规模土地利用方式转变是近几十年来中国城市化发展的主要特征，与之相伴随的土地（房屋）征收补偿也成为土地增值分配矛盾冲突最严重的领域。受土地二元所有制结构的影响，现阶段中国征地拆迁表现为集体土地所有制下的土地征收和国有土地所有制下的房屋征收两种形式〔以下简称土地（房屋）征收〕，二者适用不同的法律制度规范，补偿标准不一，本节将其纳入统一的土地发展权与土地增值收益分配的分析框架，一方面试图通过典型案例分析对征收补偿与土地增值收益分配状况进行全面的评估；另一方面通过深入探讨土地权利配置（重点是土地发展权配置）与土地增值分享机制的内在联系，为土地（房屋）征收补偿方案制定与土地增值收益管理提供更具体的参考建议。

本研究根据土地（房屋）征收发生的地点与方案特征，选取广州市四个典型案例对土地增值及其配置情况进行比较研究，资料主要来自实地考察调研和政府管理部门，部分参考了已有研究成果。

6.2.1.1 项目S

项目S即5.3节所描述的农地征收案例，是一个以塔楼、高层、小高层住宅为主的房地产开发项目（详见5.3节）。项目地块原属于番禺区S村。2003年，政府以建设大学城的名义，征收S村土地4204.38亩，村民（包括村集体）共获得征地补偿32952.07万元。2009年，政府以拍卖形式出让本项目地块，面积为4.66公顷，某开发商支付土地出让金105200万元获得该地块开发权。2012年，项目开始建成发售。

6.2.1.2 项目L

项目L所在的L村为广州市138条列入改造计划城中村之一，位于天河区的城市CBD区域。2007年开始改造，2009年村民回迁，2012年融资地块开发基本完成。

（1）总体改造方案。

L村改造拟分桥东、桥西、桥西南三片分步实施。列入改造范围的旧村址面积共31.74公顷，改造方案将其分成融资地块、复建安置地块和村集体经济发展地块三块，其中桥西融资地块11.42公顷，为商业金融用地，拍卖融资所得46

亿元资金全部返还L村经济发展有限公司用于组织拆迁与复建安置房（其余部分留作村发展基金）。桥东复建安置地块17.11公顷，用于建设中小学等配套公共服务设施和村民回迁安置房，采取“拆一补一”的方式对产权证内的合法建筑面积进行补偿。桥西南村集体经济发展地块3.21公顷，用于建酒店，经营收入作为村民分红来源（王林盛），见表6－1。

表6－1　L村改造地块规划情况

类别	用地性质	地块编码	容积率	绿地率	建筑控制高度
融资地块	商业金融业用地C2	AT111109	7.59	30%	100米
	商业金融业用地C2	AT111112	5.7	30%	100米
集体经济地块	村经济发展（商业金融业）用地E62（C2）	AT111119	5.46	30%	180米
村民复建安置地块	村民生活用地（居住用地）E61（R2）	AT111212	5.5	30%	100米
	中学用地R22	AT111215	0.8	30%	24米
	村民生活用地（居住用地）E61（R2）	AT111216	6.4	15%	100米
	村民生活用地（居住用地）E61（R2）	AT111218	5.93	30%	120米
	村民生活用地（居住用地）E61（R2）	AT111222	7.39	30%	120米
	小学用地R22	AT111223	0.84	30%	24米

资料来源：根据广州市规划局规划公示材料整理所得。

（2）补偿方案与桥东安置区设计。

村民房屋回迁安置原则上采用阶梯式安置方法，以四层为界限。即按证内基建面积不足两层的补足两层，原三层及以上不足三层的补平至三层，原三层及以上不足四层的补平至四层，四层以上的按证内合法面积安置回迁。猎德村改造中需要临时搬迁的村民，按合法建筑的面积计算，临迁费为每平方米30元—50元。

此外，若有村民需要增加安置面积，以3500元/平方米购买；若有放弃部分或者全部安置面积，以1000元/平方米补偿。另外，对村中备受争议的大量违章建筑，由L村经济发展公司以1000元/平方米补偿，同时临时安置补偿按超建面积每月10元/平方米补偿。安置区规划总用地171138.9平方米，建设用地132275.8平方米，共置5662套新房，总建筑面积877889平方米，住宅面积637195平方米。

从2007年改造开始到2010年村民回迁，L村改造耗费了三年多时间，改变了脏乱差的“城中村”形象，被作为一个成功的“城中村”案例进行宣传。改造完成后，安置区内37栋崭新的高层住宅楼拔地而起，整齐漂亮。村民生活方面，5662套复建安置房除了满足村民自身居住以外，还有接近4000套村民可以通过出租获得收益，桥西南的集体经济每年也会给村民们带来丰厚的收益；文化方面，村内重要的祠堂、庙宇和代表性民居采取村内异地复建保存方式，同时建设了村史博物馆，陈列了L村改造前的物品。

6.2.1.3 项目G

项目G是一个位于老城区荔湾区的大型旧城综合整治工程（一期工程），涉及河涌景观修复、交通疏解、居住和商业物业改造等。综合整治工程在实施过程中又分为多个项目，其中大多数项目都以政府招标、企业承包的方式进行。政府会对每个招标项目的合同价进行概算并最终承担相应的工程费用。荔枝湾综合整治一期工程历时一年，工序繁复，涉及面广，总用地面积约9.8公顷，整个工程中政府投入财政资金约3.5亿元。项目整体工程规划方案于2009年11月通过，2010年10月完成一期工程。

由于旧城改造采用建筑抽疏的办法，没有成片改造，且房屋产权、数据搜集等实际问题也使得土地物业增值测算无法满足从整体着手的条件。因此，我们选取其中两个宗地进行研究。其中宗地1由居住用地改为绿化广场用地，政府通过货币补偿的方式对原住户进行异地安置，将原地块改造为一个公共开放空间；宗地2由工业仓库用地改造为商业经营用地。

（1）宗地1。

在G项目整治工程中，宗地1由居住用地改为绿化广场用地。项目G所在旧城区为广州市传统建筑西关大屋比较集中的地区。由于G项目中的住宅用地改造后变为广场和绿化用地，因此而搬迁的居民都没有回迁。为有效估算这类用地的价值变化，选取位于项目附近与被拆迁住房相类似的物业荔枝湾逢源大街西关大屋保护区的逢源北街80号之二作为比较，以该幢住宅的价格代替宗地1中被拆除的房屋价格。逢源北街80号之二的建筑立面以及周边居住环境在荔枝湾旧城改造中有较明显的改善，而且其业主在改造前后都一直将该物业用于出租，租金的变化也能反映出公共投资引起的土地辐射性增值现象，具有一定的典型性（表6-2）。

G旧城改造项目地块内的住宅按门牌号算的话，基本上都是100平方米—150平方米的大房子，一般为多层住宅，极少整套用于出租。这些房子里面大多都是间隔开的，有几户人同时住在里面，每户面积大概30平方米，出租的基本为这种小面积的房屋。综合相关房地产商业网站数据和实地调研结果，逢源北街80号之二共4层，第一层15平方米，第二层到第四层均为35平方米，地块容积率为2.0。表6-2是逢源北街80号之二（第一、二层）2009—2013年的租金情况。逢源北街80号之二出租单位的平均面积为30平方米，首层面积为15平方米。可以估算，2013 年平均月租金为 50 元/平方米，荔枝湾旧城改造后（2010 年年底）为 45 元/平方米，改造前（2009 年 4 月）为 40 元/平方米，在旧城改造一年半时间里月平均租金上涨了 5 元/平方米。

表 6 - 2　逢源北街 80 号之二（第一、二层）2009—2013 年的租金情况

层数	时间	建筑面积（平方米）	租金（元/月）	月租金（元/平方米）
第一层	2009 年 5 月至 2010 年 5 月	15	800	53.3
	2010 年 8 月		850	56.7
	2010 年 10 月		900	60
	2012 年 10 月		950	63.3
	2013 年 1 月		1000	66.7
第二层	2009 年 4 月	35	1250	35.7
	2009 年 9 月至 2010 年 3 月		1300	37.1
	2012 年 8 月		1500	42.9
	2013 年 3 月		1600	45.7

资料来源：整理自调研结果和各大房地产经纪网站数据。

（2）宗地 2。

宗地 2 改造后建成的古玩城是 L 整治工程的重要配套项目，于 2011 年 3 月 29 日正式开业。文津古玩城的前身是广州市某国有企业 A 的日杂旧仓库，包括五栋单层到六层的建筑，月租金每平方米 20 元左右。在亚运会推动下，该企业与荔湾区另一家国有资产经营管理有限公司 B 共同出资组建成改造项目公司，项目公司采取股份合作形式。工程总改造费用为 4700 万元（包括税费），对旧仓库进行整体改造装修，包括外立面改造和内部功能置换，使破旧的工业库房变身为现代化专业古玩商城（图 6 -2）。

古玩城经营面积 9000 平方米左右，总用地面积 5000 平方米，现有经营商铺 218 个，铺面面积大小不等，小至几平方米，大到 100 多平方米。铺面租金较改造前有明显提高，除了回迁的商户有租金优惠外，其他后来进驻的商户缴纳的租金升到 180 元左右，有的甚至在 200 元以上。商铺租金的分布情况是：第四层的商铺为每月 40 元/平方米，第三层为每月 60 元/平方米，第二层为每月 80 元/平方米，而第一、二层的铺租大多为每月 160 元/平方米。商铺总体平均租金每月约 120 元/平方米。

图6-2　项目G宗地2改造后

6.2.1.4 项目Z

项目Z为位于城市郊区地带增城市某工业园的旧厂房用地改造项目，用地面积3.87公顷。目前土地使用权已通过地方政府土地储备中心收回，计划出让开发为商住综合用地，根据其修建性详细规划方案，开发总面积为18.69公顷，容积率为4.8。

6.2.2 土地增值收益分配测算与比较

6.2.2.1 测算结果

采用与5.3节相似的测算方法对四个项目的土地增值及其分配情况进行测算，所得结果见表6-3所未。与5.3中案例（即本节的项目S）中测算方法不同的是，项目L、项目G具有部分公益性工程的性质，政府均没有获得土地出让金收益，土地增值测算也没有考虑项目开发过程中的土地税费征收问题；在项目G宗地2的案例中，关于政府土地收益的测算是以未来商业租金税收收益流为基础的，计算终期不是工程完成日期，而是计算至未来40年（商业用地使用权出让的最高年限）。项目Z由于目前尚未完成土地出让，因此土地增值的具体数值还无法测算，所列数据系根据广州市政府2009年发布的“关于加快推进‘三旧’

改造工作的意见”进行匡算①。具体过程不再详述。

表6-3 典型案例土地增值收益分享的比较（单位：元/平方米）

		番禺区农地征收项目S	天河区城中村改造项目L	荔湾区旧城改造项目G		增城市旧工厂改造项目Z
				宗地1	宗地2	
土地自然增值		52072.40	91762.00	-29941.20	34744.63	
分享占比	原业主	0.19	42.56	0	82.40	≤60
	政府	69.45	0	-100	17.60	≥40
	开发商	30.36	57.45	0	0	0

资料来源：根据调研数据进行测算。其中项目Z的数据参照自广州市2009发布的《关于加快推进“三旧”改造工作的意见》中的附件三“关于广州市旧厂房改造土地处置实施意见”，根据该意见，对于旧工厂改造项目，规划（毛）容积率在3.5以内（包括3.5，下同）的，按土地出让成交价的60%计算补偿款；超出规划（毛）容积率3.5的，按（毛）容积率3.5以内部分用地产生的土地出让成交价的60%计算补偿款，超出部分产生的土地出让成交价不再计算补偿款。

6.2.2.2 测算结果的比较分析

城市的外延扩张或更新，其本质乃是政府基于行政管辖权和规划权对土地重新赋予土地发展权的过程，包括土地用途的变更和开发强度的改变，并由此产生了巨大的土地增值。

（1）土地增值的幅度。

对几个案例的测算结果表明，土地从农业用途、工业用途转为居住用途或商业金融用途，土地增值收益可高达每平方米数万元，项目S中土地从农业用途转为居住用途，土地自然增值达到52072.40元/平方米，项目G中宗地2从工业仓储用地转为商业用地，产生的土地自然增值为34744.63元/平方米。

土地增值有正有负，如果土地从经营性用地转为公益性用地，则会产生负增值，如项目G中的宗地1，由于转为广场公共开放空间后，地块本身不能再产出经济效益（虽然由于辐射作用使周边地块升值），较之原来的居住用途，产生了29941.20元/平方米的负增值。

土地开发强度提高也会带来可观的土地收益，以项目L为例，改造前旧村容

① 需要说明的是，广州市三旧改造政策有所调整。根据2009年56号文，广州市提出了共享的土地改造模式，如政府收回国有建设用地使用权进行改造时，原土地使用权人可按土地出让成交价的60%计算补偿款。2012年，广州市颁布了《关于加快推进“三旧”改造工作的补充意见》，提出位于城市重点地区的旧城区改建需要使用土地的，应当按“应储尽储”的原则，由政府依法收回、收购土地使用权，优先用于市政配套设施，因此政策由“宽松”走向了“收紧”，政府仍然试图更强有力地控制土地增值收益。

积率约为1.89，改造后其住房安置地块容积率达到6.0；经济发展地块主要用于建造星级酒店，发展集体经济，容积率达到5.3，这是导致其土地价值成倍提升的另一个重要原因。

区位条件与宗地周边环境，对土地发展权价值也有重要影响。在四个案例中，项目L的土地增值幅度最大，正是城市CBD区域独一无二的地理位置为其高强度的开发模式提供了市场需求基础。

（2）土地增值的分配。

在上述案例中，由于土地发展权归属不同，土地增值在不同主体间的分配情况差异巨大。

项目S中，农民完全被剥夺了（从农地转为城市建设用地的）土地发展权，从而也完全被排除了对土地增值收益的分享，所获征地补偿以农地收益为前提，在土地增值收益分配中处于极为不利的地位（仅占土地自然增值收益0.2%的比例）。政府享有土地发展权，获得了近70%的高额土地增值收益回报。开发商获得将近30%的土地增值，其税后投资利润率高达28%，远高于社会平均利润率，远高于工业企业投资8%左右的社会平均利润率（详见5.3节案例分析），是由于攫取了超过其应得利润的土地发展权增益的原因。

在项目L和项目G中，政府则几乎完全放弃了土地发展权权利。与项目S相似，项目L在开发前，土地属于农村集体所有，但在项目开发中，政府仅承担融资地块“代征代拍”的角色，所获土地出让金全部返回给猎德经济发展有限公司，完全没有分享土地发展权权益。对于融资地块的开发，我们可以将其视为一个企业合作开发模式，村集体投入土地，开发商投入资本，企业的利润来源于土地发展权增益。其中村集体和村民以一次性收入（即地块拍卖收入）的形式获得了该地块的部分土地发展权权益，开发商通过剩余控制权/索取权获得了剩余部分的土地发展权权益。安置地块和经济发展地块的土地发展权完全属于村集体和村民所有。

在项目G中，土地为国家所有，不涉及土地所有权变更的问题，土地发展权归属为原土地使用权人。在宗地1中，政府承担的拆迁安置费相当于购买土地发展权的价格。在宗地2中，政府的土地增值回收途径也非常有限，作者按应缴税率和房屋实际市场租金价值进行计算，40年内政府可获得房地产税等税收收益仅占土地自然增值收益总额的17.6%，而政府实际获得的土地增值收益远低于这一水平（由于合同不规范，难以估算）[①]。

项目Z是一个待开发工程，根据地方政策规定，土地出让金将在政府和原土

---

① 根据实地调研结果，宗地2改造前后房屋租金税收流失现象严重，根据中国《房产税暂行条例》，商业地产征收房产税租金收入计算缴纳的税率为12%；调查结果表明很多房屋租赁合同都存在不规范的现象，合同约定的租金大大低于实际市场租金（订立阴阳合同成为普遍现象），导致政府土地税收大量流失。

地使用权人之间（容积率3.5以下的部分，含3.5）实行60%和40%的分割比例，为土地发展权权益确定了大致为六四分成的规则。无论该比例是否恰当，说明政府部门对土地增值在不同主体间的合理分配问题正在进行思路调整，相较于前三个案例已有巨大的进步。

典型案例的土地产权变更与土地发展权归属情况总结如表6－4所示。

表6－4　典型案例的项目性质与土地产权变更特征

	项目S	项目L	项目G	项目Z
位置	城市新区	城市中心区	老城区	城市郊区
开发时间	2003—2012年	2007—2012年	2009—2010年	2009年启动
项目性质	经营性	公益性+经营性	公益性+经营性	经营性
土地产权变更	从农村集体所有转变为国家所有	部分土地产权从农村集体所有转变为国家所有，部分保留为集体所有	土地所有权性质不变。宗地1涉及房屋（以及土地使用权）征收；宗地2土地使用权不变	土地所有权性质不变。土地使用权收回后再转让
土地发展权归属	政府	村民集体与融资地块使用权人	土地使用权人	政府和土地使用权人分享

资料来源：根据调研结果整理。

本节尝试选择不同案例，对土地增值及其分配进行了具体的测算，并试图从土地发展权配置的角度对土地增值的形成及其分配机制进行了解释。关于土地增值分配与土地征收补偿，以往的研究多以农地征收补偿或城市拆迁补偿为研究重点，研究普遍认为补偿标准过低、农民或拆迁户土地增值分配份额不足是中国土地（房屋）征收中存在的主要问题。上述对不同区位、土地用途和土地经营性质案例的综合研究和比较表明，土地增值分配的情况十分复杂。虽然政府在土地（房屋）征收中居于主导地位、土地增值收益分享比例过高是比较普遍的情形，但同样也存在土地增值回收途径欠缺、土地增值收益流失的情况，例如在项目S中，政府获得了高达每平方米数万元的土地增值收益，在土地增值中的政府获益占比高达70%，农民所获收益不到1%；在项目L和项目G宗地2改造中，政府几乎或完全退出了土地增值收益的分享，原业主（村集体和村民或原企业）获得的土地自然增值收益也高达数万元每平方米；而在项目G宗地1的公益性项目改造中，政府更支付了巨额的财政资金投入建设。

根据现行制度规定，目前农地征收补偿标准不包含对土地发展权的补偿，农村集体虽然享有土地所有权，农民享有土地承包经营权，但土地发展权并不归属于农民或农民集体，而是随着土地所有权的转换而被收归国家所有；而当采用市场价格对城市拆迁房屋进行补偿时，关于房屋价格是否隐含土地价格则可能存在不同的解说，当房屋价格隐含了地价时，则补偿实际包含了土地使用权（发展权）的价格。由于法律表述模糊，操作模式不一，补偿标准过低或过高的现象同时存在。集体土地所有权与国有土地所有权权利的不对等，农地承包经营权、宅基地使用权、国有土地使用权的不对等，是造成“同地不同权”、“同地不同价”的根本原因。过分复杂而缺乏科学性、合理性的土地产权制度安排，导致实际运作过程中政府自由裁量权过大、灰色寻租行为突出，也成为制约相关立法进程的主要障碍。

几个案例的对比分析也表明，缺乏明确的土地增值分配原则与有效的土地增值管理工具，政府在土地开发与土地市场活动中角色定位失当，土地（房屋）征收补偿中的利益分配失衡已成为土地增值管理面临的一个突出问题。一方面，政府动用行政权进行大范围的土地（房屋）征收活动，直接介入土地开发，将公共利益泛化，成为市场逐利者，严重损害了市场交易的公平性和公正性，也严重影响了其市场监管责任的履行；另一方面，地方政府过分依赖一次性“土地出让金”，而不注重长远的土地税收制度的完善，导致了普遍的地方政府短期行为，助长了“土地财政”与地方债务的风险。由于缺乏明确的土地增值分配原则和有效的土地增值管理工具，无法形成可持续的土地增值收益回收机制。

6.3 土地发展权性质与特征的理论分析

6.3.1 土地发展权的性质

6.3.1.1 土地发展权是土地私有产权与行政权综合作用的产物

土地发展权的权源直接关系到权利的归属，是立法和政策制定的基础，从权利来源上辨析土地发展权，成为一个重要的理论问题。在大陆法系和英美法系不同的产权观念下，关于土地发展权权源的解释也具有差异性。

大陆法系的源头古罗马法产生于当时私有制充分发展的基础上。为了商品经济交易（产权界定愈清晰，才愈能降低交易成本）和私有产权保护的需要，古罗马法发展了绝对“所有权”概念，特别强调个人本位、权利归属、以及所有权主体对财产的绝对排他控制（对物的绝对支配权），基于物的其他各项权能都包含在所有权之下。根据大陆法系的产权观念，所有权是其他权利的派生来源，土地发展权也天然地从属于土地所有权，也具有私权的性质。在英美法系中，虽然不存在绝对的所有权支配观念，权利不存在派生关系并可由不同主体分享，财产利用的各项权能平等，但土地发展权作为宽泛的土地权利束中之一项权利，同样可为特定主体“所有”或“享有”，具备先验的“自有拥有”私权特征。中国继承了大陆法系，也继承了大陆法系的“绝对所有权”观念，土地发展权源于所有权这一观点得到广泛认同（刘永湘、杨明洪、沈守愚）；由于中国采用土地公有制，部分学者也由此推论中国的土地发展权应属于公有。

然而，在现代社会，支持土地发展权从属于所有权的“所有权支配”条件在现实中已难以成立，其理论说服力越来越受到质疑。这不仅仅是由于英美法系的产权体系在反映现代产权关系方面所具有的优势，权利可以脱离“所有者”而为其他主体所拥有；更由于土地使用的外部性，土地产权同时受到公法和私法的限制。正是在公权力的介入下，土地私有产权主体不能依凭个人意志随意开发利用土地，从而诞生了现代土地发展权的概念。上述案例中所隐含的土地发展权概念，正是以农地转用限制、建设用地指标控制等行政管制为基础的。因此，土地发展权的准确内涵是指“国家管制权或行政权对土地开发利用的限制”，或者说，土地发展权是经过政府运用行政权，制定土地规划或区划、实施土地用途管制对土地开发利用进行“赋权”的过程而产生，行政权由此成为土地发展权的另一个权源。正是由于行政权的行使，土地发展权需经政府批准或发放，从而成为“独立于土地所有权的权利”，甚至可以“构成对土地所有权的限制”。

行政权对于土地所有权构成某种“限制”，但却不是完全的“剥夺”，土地发展权的两个权源——所有权派生和行政权派生——同时存在，二者并非绝对对立，而是像硬币的两面相互依存。在公权力介入土地管制的前现代社会，土地发展权是附着于土地所有权的，可称之为原始的土地发展权，它天然地归属于土地产权人。自从有了现代政府对土地开发利用活动的行政干预职能，也就有了现代土地发展权概念的产生。政府基于对区域社会经济发展进行宏观布局与解决土地利用外部性问题的需要，对土地开发利用活动进行规划和管制，土地产权人不能依据个人意志进行土地开发，正是这种受到公权力限制和授权的土地开发权利构成了土地发展权的本质内涵，它的形成基础乃是作为私权权利的土地产权与作为公权力的行政权之间的矛盾。因此，土地发展权在本质上是土地私有产权与行政权综合作用的产物。

6.3.1.2 土地发展权兼具公共产权与私有产权的性质

根据土地发展权的权源，其归属主要有两种处理方式：一是基于效率的考量，将土地发展权归属于土地所有权人，政府需要保护农地时，就要先向所有权人购买发展权。二是基于社会公平的考量，国家或政府一开始就拥有土地发展权，土地开发单位或个人要变更土地用途或土地利用强度，则须先向国家申请或购买土地发展权，中国现行的正统的农地非农化模式，就与这一理念相一致。然而上述基于土地发展权的权源来判断权利的归宿却存在一个特殊的障碍，那就是不同于其他类型的经济物品，土地发展收益的实现主要是外部性经济作用的结果，土地所有权或土地用途管制本身并不是土地发展权收益形成的根源。

土地用途转换或利用强度提高产生的土地发展收益——表现为土地增值，它在本质上是一种外部经济，是社会经济总体进步的成果，城市扩张、基础设施完善、人口增长等因素是导致土地涨价的根本原因，这使“土地增值归公”成为土地增值分配的主导思想。约翰·斯图加特·穆勒的“涨价归公”论，亨利·乔治的“单一税”政策，孙中山先生“平均地权”政策等思想，无不认为土地增值来源于社会，因此应回归社会为社会公众所共享。然而，土地增值收益完全归公意味着将土地发展权完全收归国有，这一政策面临两个难题：一是违背了私有产权的保护原则，动摇了市场机制赖以运作的基础；二是它完全否定了个人劳动的贡献，违背了“谁投资谁受益”的原则。事实上，宗地上直接投资产生的增值不仅仅是资本转化，也包括了设计管理、环境改善等因素对也共同影响了土地价值。

因此，土地发展增益归公的理论看上去虽然很“正当”，却在政策实践中遭遇了困境，乔治的“单一税”政策和孙中山的“平均地权”政策都没有成功实施。1947年英国颁布实施的《城乡规划法》中规定的土地发展权完全国有化政策也不得不几经调整，最终以“部分国有化”的形式取得了公权与私权之间的妥协。美国的土地发展权转移与购买政策，以土地发展权私有化为基础，通过市场机制实现了土地增值收益真正回归于社会并在不同群体间进行公平分配的目标。中国正统的农地非农化模式在全国各地屡屡被打破，产生了各种“因应”对策，地票制、土地股份制、耕地易地保护、广州城中村改造等新的制度模式，都是对土地发展增益归公理论的突破。由此可见，土地发展权既不是完全的公共产权，也不是完全的私有产权，而是兼具公共产权与私有产权的性质。

6.3.1.3 土地发展权是可与土地实体相分离的无体物权

从土地发展权的定义来看，它是占用、使用地上和地下空间营造建筑物或其他工作物并取得相应收益的权利，似乎可理解为一种使用收益权。根据《物权法》，在中国现行的土地权利体系中，土地发展权也是与土地使用权、土地收益权结合在一起的，属于物权中的用益物权。

然而，作者认为，土地发展权并不能等同于土地使用收益权。土地发展权与土地使用权的根本不同在于，土地使用权总是与特定宗地相联系并固化于该宗地，不能进行空间转移，土地使用的对象是具体的“土地”，它是一种“有体物权”；而土地发展权在法律属性上是受行政管制的土地开发利用权，更准确地说，是一种开发容量许可权，它指向的对象是“开发容量”而不是土地本身，可以与土地实体分离而进行空间转移。

土地发展权作为政府基于行政权、运用土地用途管制手段所发放的土地开发容量许可，与大陆法系中建立在实体之物之上的传统“有体物权”具有本质差别，而与知识产权这种新型物权（或称之为“无体物权”）更具有相似性：例如虽然土地开发活动伴随着人类发展的全过程，但土地发展权是作为现代产权概念出现的，不是从来就有的；同样，知识生产是一个久远的人类行为，但知识产权也不是从来就有，是一个现代产权概念。只有当“土地开发容量”这种无体物权具体地应用于某一地块，它才具象化为土地开发利用形态；同样地，只有当知识产权应用于生产，它才会具象化为某一技术产品。正是由于土地发展权是一种抽象的无体物权，它才具有可以进行空间转移、可独立行使的财产权性质。土地发展权可脱离土地实体而进行支配的性质具有关键的作用，这样的权能范围才能保证其发挥利益界定的功能。

6.3.2 土地发展权的特征

土地发展权作为一项物权，除了具有物权的排他性、支配性、收益性等一般特征外，还具有自身的特点：

6.3.2.1 表现形式多样

由于土地开发利用方式的多样性，土地发展权也相应具有多样化的形式。例如1947年英国的《城乡规划法》规定：土地发展权是指在地上、地面、地下进行建筑建造、工程建设、矿产开采或其他工作，或在对任何建筑、土地的使用中所进行的任何实质性改变的权利，这说明落实在不同地块上的土地发展权必然表现出用途、高度、密度等各不相同的形态。例如在法国，土地发展权表现为“法定密度限制”，前述广州城中村案例改造也采用了类似的“建筑层数限制”概念。又如在美国，土地发展权被抽象化为开发许可，可以进行空间转移和由于购买而消灭，中国建设用地指标的概念与开发许可具有相似的内涵，地票制、建设用地指标的增减挂钩、基本农田易地保护在本质上就相当于土地发展权转移或土地发展权购买。中国学者的研究则将土地发展权概括为广义和狭义的两种定义：狭义的土地发展权是指改变土地原有用途的权利；广义的土地发展权则不仅包括了改变土地原有用途的权利，而且也包含改变土地使用强度的权利。

6.3.2.2 市场机制是决定土地发展权价格的最优机制

一方面，土地发展权不像其他产权存在一个实物性的标志，它是一个抽象的概念，一种对未来土地使用进行变更的获利，这种获利会随着时间推移、土地性质和用地环境的改变而发生变化。另一方面，土地发展权又具有表现形式的多样性，价值实现途径千差万别，即使是同样的开发用途和开发强度，由于地理空间位置不同，其收益的获得也会大不相同。由于其所具有的抽象性、潜在性、多样化的特点，土地发展权价值的评估尤其复杂。

中国通过法律规定的土地征收补偿标准，并非以土地发展权的实际价格为依据。在学术界也展开了各种土地发展权价格定量研究，开发了不同的评估模型，如孙弘从发展权创设成本、预期收益等角度分析了土地发展权的价格；钱安桉、郭忠兴提出发展权价格为基本发展权价格与实体发展权价格之和等，这些研究有益于反思中国现行土地征收补偿政策的不合理之处，然而却难以实际应用于土地发展权交易。从各国的土地发展权制度实践以及上述中国土地发展权的地方制度创新个案来看，土地发展权价格的确定不是依据事先的模型推导或法律规定的补偿标准，而是在权利指标落地前借助公开土地市场的价格机制来实现。运用市场机制决定土地发展权的价格，具备更强的适用性和合理性。

6.4 “公私分享”原则下土地增值收益分配合理比例的估算分析

产权配置是决定利益分配格局的根本因素，本节尝试在现有的土地产权制度框架下引入土地发展权的概念建立新的土地增值收益分配模式，以土地国有化模式下的农地非农化为例，探讨能综合平衡效率和公平目标的土地增值收益的“公私分享”合理分配比例，并进一步研究土地发展权制度在土地增值收益分配中的意义和作用。

6.4.1 基于土地发展权的土地增值收益“公私分享”思路与方法

6.4.1.1 基本思路

引入土地发展权概念重新配置土地增值收益，探讨合乎“公私分享”原则的土地增值收益合理分配比例的基本思路是：在农地非农化过程中，将土地发展权区分农地发展权和市地发展权两个层次，并基于土地增值收益公私分享的原则，将其中的农地发展权归属农民所有，农地发展权价值应补偿给农民；市地发展权归属国家所有，其价值应由政府回收作为公共资财使用。

农地发展权是区域内农地所有权人平等具有的对农地进行开发的权利，为了体现“平等”，农地发展权应独立于地块、不受具体区位条件和用途的影响，其价值应以区域内平均的城市建设用地价格作为标准来度量。为此，我们引入一个“普遍一般”的非农（建设用地）开发状态的抽象概念，区域内农地所有权人均具有将其农地进行该“普遍一般”的非农用途开发并获得相应收益（体现为“普遍一般”的非农用途土地的平均价格）的权利。设立农地发展权，并以“平均地价”为基础度量农地发展权的价格，既能防止政府或开发商对农民土地发展权的剥夺，同时也避免了征地过程中土地赔偿过高或过低的不公平现象。

相应地，市地发展权则是土地在上述“普遍一般”的非农用途状态基础上继续进行具体的非农用途开发的权利。理论上，市场机制促进了城市高效益土地利用方式的产生，其高出平均地价的部分在本质上是由级差地租和垄断地租带来的收益，这些收益由外部性因素导致，理应由政府收归公有。市地发展权的价格等于宗地在最终开发用途状态下的市场价格与其在“普遍一般”的非农用途状态下的"平均地价"之差。

6.4.1.2 农地非农化过程中的土地价值构成变化

(1) 农地资源综合价值的构成。

在非农化过程发生之前，农地的价值表现在多个方面：首先，农地不仅是农业生产资料，还具有保证国家粮食安全和调节生态环境的功能；其次，现阶段农地还承担着中国农民社会养老、就业和医疗保障的功能。因此，农地资源的价值既包括作为生产资料所实现的市场价值，也包含非生产功能所带来的非市场（不能直接进行交易）价值。

农地的市场价值由土地农业利用状态下的市场价值和体现非农开发权利的土地发展权价值构成。农地资源的非市场价值包括农地资源的社会保障价值、生态价值和粮食安全。从价值归属主体来看，农民拥有农地的农业用途市场价值、农地发展权价值以及农社会保障价值；国家拥有市地发展权价值、农地粮食安全价值和农地生态安全价值（图6－3）。

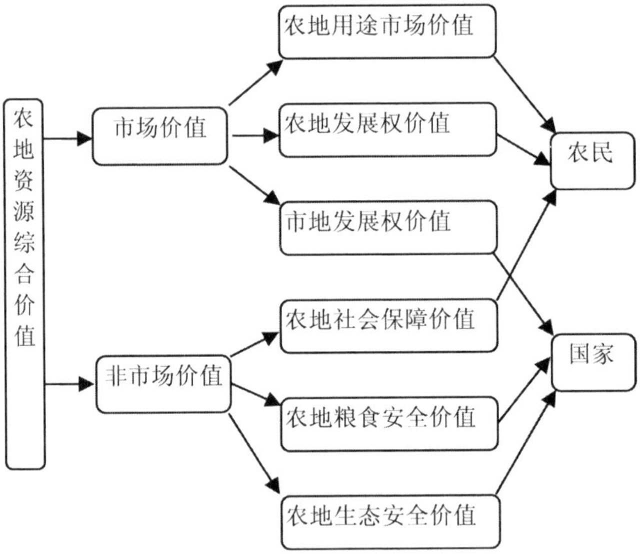

图6－3　农地资源的综合价值

农地的上述价值并不是同时存在的。农地非农化过程意味着农民以其拥有的农地用途市场价值和农地社会保障价值交换了农地发展权价值，因此农民应获得相当于农地发展权价格的补偿。在尚未实现城乡统一的社会福利保障制度的前提下，失地农民在获得农地发展权价格的补偿之外，还应获得农地的社会保障价值，这一部分价值理应由政府从其土地增值获益中支付。

也有一些研究认为农民获得的补偿还应该包括农地生态价值，这是不合理的。首先，农地生态和粮食安全保障功能并非农民耕作的自觉追求，农地的生态价值和粮食安全价值作为公共利益存在并为国家所拥有，不应成为对失地农民进行补偿的依据；其次，农地转化为非农业用途后，其生态保护和粮食保障功能也随之消失，对已消失的功能进行价值补偿也于理不合。

（2）土地开发过程与土地增值的形成。

农地经土地征收、平整、土地出让到完成房地产开发的全过程，所涉及的土地交易与土地增值过程如图6-4。

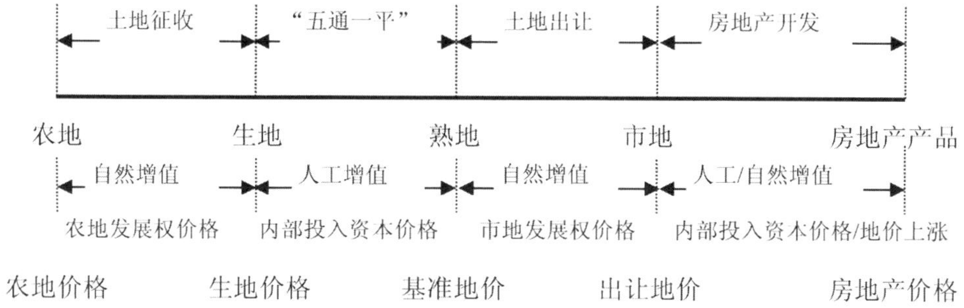

图6-4　土地开发过程与土地增值的形成

农地经征收后成为城市土地储备中心的用地，价值形态从农地价格转化为出让前的生地价格，其价值增值主要来源于预期土地利用方式的变化，属于自然增值的范畴，生地价格与农地价格的差异即农地发展权的价格。

土地储备中心的生地经土地平整等基本建设之后成为待出让熟地，这是一个由土地开发资本投入导致的人工增值过程。基准地价反映了城市待出让熟地（在广州指完成"五通一平"标准建设的熟地）的平均价格。基准地价是根据土地市场及土地价格状况进行适时调整的，年度基准地价能较好地反映农民对当前土地非农化开发的期望价格水平，因此在本研究中以按地类进行平均后的基准地价作为计算农地发展权价格的基础。

土地经出让后转化为待开发市地，土地出让价格和基准地价之间的差异即市地发展权的价格，其价值增值也源于规划用途的变化等外部因素，属于自然增值。

开发商（或土地使用者）将待开发市地转化为成熟的房地产产品首先是一个人工增值的过程，开发商所获土地收益应等于它投入的土地开发资本在社会平均利润率下的利润所得。此外，这一过程中一般也会出现外部性因素导致的地价上涨（属于土地自然增值，对此不做详细探讨），这一部分增值应以土地税收的形式收归政府所有。也就是说，房地产开发商通过土地开发投入获得的收益，应与其在社会经济其他领域的任何投资所获收益在性质上没有区别，即开发商不应参与土地自然增值的分享。

6.4.1.3 土地增值收益分配模型的构建

（1）土地增值的测算

与5.3节所采用的方法相似，以某被征农地区域为考察对象，从土地征收到出让过程中产生的土地增值ΔV为土地出让价格V_b与土地原农业用途市场价格V_a之差：

$$\Delta V = V_b - V_a \tag{6-1}$$

（2）土地农业用途市场价值与农地社会保障的测算。

土地农业用途市场价值可用收益还原法进行折算：

$$V_a = \sum \frac{A\ (1+g_a)^t}{(1+r)^t} \tag{6-2}$$

A表示农地年净收益；g_a表示农地利用效益的年增长率；r表示折现率；t表示农地使用剩余年期。

假设被征地区域范围内的全体农民平均年龄为a，m表示男性人口占总人口的比例；w表示女性人口占总人口的比例，则农地所提供的人均养老保障价值Y_1可用下式计算（杨杰等，2003）：

$$Y_1 = (Y_{1ma} \times m + Y_{1wa} \times w) \times \frac{M_t}{M_e} \tag{6-3}$$

Y_{1ma}、Y_{1wa}分别为年龄为a的男性公民和女性公民养老保险费趸交金额基数。M_t表示按照月保险费领取标准的基本生活费；M_e表示月保险费基数。

农地提供的人均医疗保险Y_2为：

$$Y_2 = Y_{2ma} \times m + Y_{2wa} \times c \tag{6-4}$$

Y_{2ma}和Y_{2wa}分别为a年龄男性公民和女性公民医疗保险费趸交金额。

失业保险价值测算，按照从失地到退休这段时间均领取最低生活保障来进行计算：

$$Y_3 = M \times (T_m \times m + T_w \times w) \tag{6-5}$$

其中M为年最低生活保障额，T_m和T_w分别为男性农民和女性农民距离退休的年龄。

征地区域内农地提供的人均社会保障总价值为：

$$Y_a = Y_1 + Y_2 + Y_3 \tag{6-6}$$

假设征地区域内人均农地面积为 A_a，被征地面积为 A_e，被征土地的总社会保障价格为：

$$Y = Y_a \cdot (A_e / A_a) \tag{6-7}$$

（3）基于土地发展权的土地增值分配

设被征土地农地发展权和市地发展权价格分别为 F_1、F_2，待出让熟地的平均价格（可通过对区域内不同用途和级别土地的基准地价进行加权平均得到）为 $\bar{V}$，对生地进行“五通一平”基本建设的成本为 E，则有：

$$F_1 = \bar{V} - E - V_a \tag{6-8}$$

$$F_2 = V_b - \bar{V} \tag{6-9}$$

农民和政府应获得的土地增值收益 V_1、V_3 为：

$$V_1 = F_1 + Y = \bar{V} - E - V_a + Y \tag{6-10}$$

$$V_3 = F_2 - Y = V_b - V - Y \tag{6-11}$$

假设自农地征收至房地产出售的全过程中房地产开发机构的资本投入为 I，社会资本平均利润率为 α，则开发商应获得的土地增值收益 V_2 为：

$$V_2 = I \cdot (1 + \alpha) \tag{6-12}$$

6.4.2 土地增值收益“公私分享”合理比例的估算：以广州为例

以广州市2008年被征农地作为研究整体，应用上述模型对土地增值收益的“公私分享”配置方案进行理论估算。统计变量和参数来源于2008—2010年度广州市统计年鉴，广州市国土资源与房管局相关统计数据和基准地价标准，广州市财政局预算执行报告，广东省统计年鉴及太平洋保险公司相关社会养老、医疗保险行业标准及其他相关政策规定。

6.4.2.1 农地市场价格与社会保障价值的测算

2008年，广州市农业增加值为1003488万元，扣除中间投入成本和税费后，平均每亩净收益为3267元/亩。从2006—2008年，广州市年均农业净收益年均增长率为11.59%。折现率用安全利率加上风险调整值方法，安全利率取2006—2008年中国人民银行一年期存款储蓄利率均值3.02%；风险调整值参照消费价格指数（广东省2006—2008年物价指数增长率均值为3.7%），由此估算折现率为6.72%。以土地承包经营期为限确定农地剩余使用年限仍为30年，采用收益还原法求得土地农业用途的市场价格17.00元/平方米。

2008年，广州市乡镇人口总数454.42万（按现行人口统计口径，农业人口无法反映真实的农村人口数量，因此以乡镇人口代表拥有集体所有土地的农村人口），平均年龄为38岁，男女性别比为50.58∶49.32，人均农地面积1.73亩。

按中国太平洋保险公司太平盛世长寿养老保险A款（60岁领取）和长健医疗保险A款（保至70岁）缴费标准中的趸缴金额折算农地社会养老保险和医疗保险价值。测算农地失业保险价值时，按照从土地征收到退休这段时间被征地农民均处于失业状态而领取最低生活保障进行计算。广州市农村最低生活保障是根据物价指数进行调整的，本研究采用2009年最低生活保障标准人均271元/月。由此计算出2008年广州市全部农地为农村人口提供的人均社会养老保险、医疗保险和失业保险价值分别为：

$$Y_1=(9844\times50.58+10768\times49.42)\times271\div100=27914.83\text{元}$$

$$Y_2=1310\times50.58+1115\times49.42=1213.62\text{元}$$

$$Y_3=271\times12\times(22\times50.28+17\times17)=63507.73\text{元}$$

全部农地提供的人均社会保障价值为92636.18元，单位面积农地提供的人均社会保障价值为53623.23元/亩（80.43元/平方米）。

6.4.2.2 土地增值的分配

根据2008年广州市基准地价标准，商业用地分为10级（容积率约为2.5），居住用地分为8级（容积率约为2），工业用地分为6级。因为高等级土地供应量少而低等级土地供应供应量多，因此我们采用较中位土地等级偏低一级的基准地价作为该类用地的平均地价，并以2008年全市居住、商服、工业用地出让面积比作为加权数进行平均，计算可得2008年全市出让土地的平均基准地价为897.27元/平方米。扣除土地基准价中所包含的“五通一平”成为约300元/平方米，农地发展权价格为597.27元/平方米；农民应获得的土地增值收益为农地社会保障价格和农地发展权价格之和，即659.70元/平方米。

由于金融危机的原因，2008年广州市土地出让未能完成计划，共出让土地8.29平方公里，获得土地出让金总收入为173.51亿元，计算可得市地发展权价格为1196.73元/平方米。政府在土地征收到出让阶段应获得的土地增值收益为市地发展权价格与农地社会保障价格之差，即1116.30元/平方米。

开发商应获土地收益依据单位面积房地产开发投资的收益进行匡算。由于房地产开发投资的阶段性和不平衡性，房地产开工面积并不与当年土地出让面积完全一致，为了消除年度间误差，采用 2007 年、2008 年两年的数据（房地产开发固定资产投资总额分别为 7038031 万元、7634024 万元，国有土地出让面积分别为 13.21 平方千米、8.29 平方千米）进行加权平均，估算出 2008 年广州市单位面积房地产固定资产投资额为 6823.18 元/平方米。以 2008 年全市规模以上工业成本费用利润率 7.25% 为社会平均利润率，估算当年房地产开发商应获土地增值收益为 494.68 元/平方米。

6.4.2.3 估算结果分析

从收益分配比例来看，从土地征收到出让过程中产生的土地自然增值为 1776.00 元/平方米，土地人工增值为 300 元/平方米，农民与政府所获土地增值收益的比为 37.14∶62.85。

从土地征收到房地产出售的全过程中，如果不考虑土地出让后的土地自然增值，则农民、开发商与政府应所获土地增值收益比为 29.05∶21.79∶51.84。

可以粗略估算土地出让后的政府土地税费收入，即为建筑企业利税额（据统计为 722.26 元/平方米）与利润额之差，227.58 元/平方米，因此政府实际所分享的土地总收益为 1116.30 + 227.58 = 1343.88 元/平方米，如此，从土地征收到房地产出售的全过程中，农民、开发商与政府应获的土地增值收益比则为 26.40∶19.80∶53.80。

6.4.3 关于估算结果的讨论

由于土地用途的多功能性、产权转移过程的复杂性、土地增值来源的多样性，确定土地增值收益分配和土地征收赔偿方案非常困难。中国现行的土地制度安排进一步加剧了土地增值收益分配中的矛盾和不公。本研究尝试重建土地增值收益分配的理论根基，探讨土地增值收益分配的科学测算方法，主要观点和结论为：

（1）农民和政府不直接对土地开发进行投资，其所获土地增值收益来源于土地自然增值，政府应作为公众代理人管理土地自然增值，农民作为土地产权人（所有权人）应基于土地发展权分享土地自然增值。开发商不应参与土地自然增值收益的分配，其所获土地收益来源于资本投入利润，在性质上属于人工增值。这样的土地增值分配方案，体现了土地增值收益来源与分配的对等性、产权利益维护与外部性增值收益归公的基本原则。

（2）农民、开发商和政府分享土地增值收益的合理比例是农民占 25%—30%，开发商占 15%—20%，政府占 50%—55%。中国土地增值收益的现行分配格局与这一理想比例相去甚远，如 2010 年修订调整的《广东省征地补偿保护标准》仍然依据农地产值确定补偿标准，最高一级农地的补偿标准是133.65万元/公顷（133.65元/平方米），最低一级的补偿标准是30.2万元/公顷（30.2元/平方米），远低于计算所得的广州市农地发展权价格579.27元/平方米。

（3）对被征农地的补偿标准应以土地产权收益为基础，将农地发展权的平均价格作为制定征地补偿标准的依据符合通过市场机制对被征农地实施补偿的改革方向。中国现有的农地补偿标准是建立在土地农业用途收益的基础上，农地补偿标准适用的基本依据发生了根本偏差。

（4）以建立在基准地价基础上的农地发展权价格对农地进行补偿，符合公平原则。目前，对于广州、深圳这样的大城市，土地补偿标准不一的现象已经非常突出，某些边缘地区的农地获得的征地补偿很低，而靠近城市中心区域却出现了由于土地拆迁补偿而产生的千万元户甚至是亿元户。靠近中心区的农地产权所有人获得远高于边远地区的补偿标准是不合理的，因为前者并没有比后者付出更多的社会劳动。以农地发展权价格作为“平均价格”对被征农地进行补偿，并可以推广应用到耕地保护补偿、生态环境保护补偿（以“平均价格”购买耕地和生态用地的土地发展权），有利于解决“意外收益—收益损失”困境。

（5）估算结果也可为设置合理的土地增值税税率提供参考依据。

本章小结

重庆“地票制”、南海“土地股份合作制”、广州“城中村改造补偿”等案例的共同特征是土地发展权配置显示了“私有化”的倾向，打破了土地公有制下土地发展权被先验地认为属于国家所有的固有观念，保护了农民的土地发展权权益，对农村集体土地征收拆迁补偿和土地流转制度改革具有创新意义，这种自下而上的诱致性制度变迁的方式提供了有效的实践经验，对于探索制度改革的路径具有重要意义。

对土地增值收益分配典型案例的研究表明，政府在土地（房屋）征收中获取了过高的土地增值收益是比较普遍的情形，但同时也存在土地增值回收途径欠缺、土地增值收益流失严重的情况。导致土地增值收益分配失衡的根本原因在于缺乏统一规范的法律制度、产权界定不合理、缺乏合理的土地增值收益分配原则和有效的政策管理工具。

基于土地发展权概念建立了土地增值收益分配理论模型，并以广州市为例进行了模拟研究。研究认为农民应获得土地增值中的农地发展权收益，政府应获得市地发展权收益，开发商应获得社会平均利润率下的土地开发资本投入收益。农民、开发商和政府分享土地增值收益的理想比例是农民占25%—30%，开发商占15%—20%，政府占50%—55%。在现有的土地国有化模式下的农地非农化过程中，以农地发展权的平均价值作为制定征地补偿标准的依据不仅体现了补偿公平原则，也符合通过市场机制对被征农地进行补偿的制度改革方向。

从长远来看，基于从土地产权配置角度对土地增值形成及其分配机制的解释，建议应消除关于公有制土地所有权的认识误区，建立土地自由交易市场来调节土地供需关系和完成土地增值收益的初次分配。政府应退出市场参与主体的角色，回归管理者的定位，一是作为管理者行使行政权，通过土地规划等手段对土地发展权进行配置和管理；二是作为社会公众的代理人，通过土地增值税或财政税等税收工具来解决土地增值收益的外部性问题，建立可持续的土地增值回收途径，而上述农地非农化土地增值理论分配比例的研究结论，也可为土地增值税率的确定提供依据。

本章参考文献

1. Johnston, R. A and M. E. Madison. From Land - markets to Landscapes: A Review of Current Practices in the Transfer of Development Rights [J]. Journal of the American Planning Association, 1997, 63 (3): 365 - 378.

2. 陈柏峰. 土地发展权的理论基础与制度前景 [J]. 法学研究, 2012 (4): 99 - 114.

3. 陈悦. 重庆地票交易制度研究 [J]. 西部论坛, 2010 (6): 01 - 05.

4. 重庆市人民政府. 重庆市农村土地交易所管理办法 [Z]. 2008 - 12 - 1.

5. 重庆市国土房管局. 关于完善地票价款分配的补充意见 [Z]. 2010 - 12 - 15.

6. 重庆市国土房管局. 关于规范地票价款使用促进农村集体建设用地复垦的指导意见 [Z]. 2010 - 9 - 25.

7. 重庆市国土房管局. 关于调整地票价款分配及拨付标准的通知 [Z]. 2011 - 9 - 20.

8. 重庆市国土房管局. 关于进一步规范农村宅基地及其附属设施用地复垦管理实行地票价款直拨的通知 [Z]. 2011 - 8 - 31.

9. 广州市国土资源和房屋管理局, 广州市建设委员会. 集体土地房屋拆迁补偿标准规定 [Z]. 2007 - 12 - 19.

10. 广州市"三旧"改造办公室. 广州市城中村改造复建成本标准指引（试行）[Z]. 2010 - 2 - 9.

11. 黄祖辉, 汪晖. 非公共利益性质的征地行为与土地发展权补偿 [J]. 经济研究, 2002 (5): 66 - 71.

12. 蒋省三, 刘守英, 李青. 中国土地政策改革——政策演进与地方实施 [M]. 上海: 上海三联书店, 2010.

13. 卢现祥, 朱巧玲. 新制度经济学 [M]. 北京: 北京大学出版社, 2007.

14. 刘国臻. 论土地发展权在我国土地权利体系中的法律地位 [J]. 学术研究, 2007 (4): 84 - 89.

15. 刘国臻. 论美国的土地发展权制度及其对我国的启示 [J]. 法学评论, 2007 (3): 140 - 146.

16. 刘永湘, 杨明洪. 中国农民集体所有土地发展权的压抑与抗争, 中国农村经济,

2003，06：16－24.

17. 钱安桉，郭忠兴．农地发展权的设立和细化研究［J］．农业经济，2008（11）：40－42.

18. 沈守愚．从物权理论析土地产权权利束的研究报告［J］．中国土地科学，1996（1）：24－29.

19. 孙弘．中国土地发展权研究：土地开发与资源保护的新视角［M］．北京：中国人民大学出版社，2004.

20. 汪晗．土地发展权定价与空间转移研究［D］．南京：南京农业大学，2012：14－19.

21. 王海鸿，杜茎深．论土地发展权及其对我国土地征收制度的创新［J］．中州学刊，2007（5）：79－83.

22. 王林盛．广州城中村改造实例研究——解读猎德村［D］．广州：华南理工大学，2011：44－64.

23. 叶芳．冲突与平衡——土地征收中的权力与权利［M］．上海：上海社会科学院出版社，2011.

24. 杨继瑞，汪锐，马永坤．统筹城乡实践的重庆"地票"交易创新探索［J］．中国农村经济，2011（11）：4－10.

25. 杨杰，黄贤金，陈涛．征地制度改革中社会保障制度建设的研究——以江苏省太仓市为例［J］．南京社会科学，2003（7）：85－90.

26. 张鹏，刘春鑫．基于土地发展权与制度变迁视角的城乡土地地票交易探索——重庆模式分析［J］．经济体制改革，2010（5）：103－107.

第 7 章　中国土地增值收益分配制度改革的对策建议

7.1 我国现行土地增值收益分配制度存在的问题

7.1.1 缺乏明确的土地增值分配指导思想与制度设计总体框架

土地增值的来源包括人工增值和自然增值两部分，其分配原则也有所不同。人工增值是由对土地自身投资带来的土地价值的增加，形成土地级差地租Ⅱ，其分配应遵循“谁投资，谁受益”的要素贡献原则，为投资方（一般为土地开发商）所获得；土地自然增值是由外部经济辐射作用的结果，其分配应遵循“土地增值公私分享”的原则，绝大部分由国家以税收的形式进行回收，其余部分应基于对产权权益的保护，作为“产权权益”为原产权人所有。

然而，中国现行土地制度设计中缺乏明确的土地增值收益分配归公、归私或公私分享的指导思想，制度总体框架缺乏内在统一的逻辑，不同利益主体的角色定位不清晰，导致目前土地开发利用活动中不同的土地增值分配形式并存、不同参与主体间土地增值分配不公等各种乱象，主要表现在：

7.1.1.1 政府角色定位混乱，参与了不同层次的土地增值收益分配过程

在矛盾冲突最严重的土地征收出让过程中，政府以其国有土地产权代理人的身份，作为市场主体直接参与土地市场交易，以获取土地出让金的形式（本质为地租收益）参加了土地增值收益的初次分配，并通过垄断土地供给在土地增值收益分配中居于绝对支配地位；在土地前期整备和房地产开发过程中，政府又作为土地管理者，以土地税（费）征收的形式参与了土地增值收益的二次分配。

7.1.1.2 政府获取土地增值收益过高与过低的现象并存

受国有化的农地非农化主导模式影响，政府在城镇化建设中获取了过高的土地增值收益是比较普遍的情形，但同时中国也存在其他不同形式的建设用地开发模式，在划拨国有用地再开发、农村集体建设用地开发（包括农村集体所有工业园区、城中村建房出租或小产权房买卖）等领域，政府土地增值回收途径欠缺、土地增值收益流失的问题非常严重。导致土地增值收益分配失衡的根本原因在于缺乏统一规范的法律制度、产权界定不合理、缺乏合理的土地增值收益分配原则和有效的政策管理工具。

7.1.1.3 不同土地产权人获取土地增值收益的标准规范不一致，欠缺公平

目前中国规范农地征收与补偿的主要法律是《土地管理法》（2004）。根据现行的农地征收补偿制度，作为原土地产权所有人的农村集体和农户个体，在上述过程中获得的征地补偿费相当于农地原用途一定年限的土地租金收益，换言之，农民基本被排除了对土地自然增值收益的分享，土地增值分配不公成为征地冲突爆发的直接动因。规范国有土地上房屋征收的法律主要是2011年颁行的《国有土地上房屋征收与补偿条例》，新的《国有土地上房屋征收与补偿条例》的进步之处在于确立了城市房屋拆迁补偿的市场化导向准则，并以列举的形式明确了公共利益用途的种类。然而，新条例将补偿标准建立在对“房屋”进行补偿的基础之上，对国有土地使用权补偿问题却采取了回避的态度，这显然与《物权法》（2007）相违背，根据《物权法》规定，对于被征收的“集体所有的土地和单位、个人的房屋及其他不动产”，在征收拆迁中受到影响的用益物权人有权获得相应补偿。根据现行制度规定，目前农地征收补偿标准不包含对土地发展权的补偿，农村集体虽然享有土地所有权，农民享有土地承包经营权，但土地发展权并不归属于农民个人或集体，而是随着土地所有权的转换而被收归国家所有；而当城市房屋拆迁采用市场价格对房屋进行补偿时，关于房屋价格是否隐含土地价格则可能存在不同的解说，当房屋价格隐含了地价时，则补偿实际包含了土地使用权（发展权）的价格。由于法律表述模糊，操作模式不一，补偿标准过低或过高的现象同时存在。

《土地管理法》和《物权法》没有明确规定农村宅基地征收补偿标准。对于农村集体建设用地和国有行政划拨或低价出让工业用地的土地增值收益分配，也缺乏相应的制度规范。

7.1.1.4 开发商从土地增值中获取了过高的超额利润

对于土地开发商来说，由于土地一级市场上“土地价格”双轨制和市场寻租现象的存在，以及土地再开发过程中土地税收制度的不完备，开发商在获得正常的人工增值之外，还通过“灰色交易”方式攫取土地租金从而分享了部分土地自然增值收益，获取了远超过社会平均利润率的超额利润。

7.1.2 土地产权制度不合理是制约土地增值收益合理公平分配的根源

7.1.2.1 缺乏人格化的土地所有权主体，两种所有权居于不平等的地位

学术界对农村土地集体所有产权已进行了广泛深入的探讨。一般认为“集体所有权”存在两个法理上的困境，是导致农村集体产权“权利贫困”的原因。第一是“集体”的指代对象不明，是抽象的群体集合，无法充当产权行为主体，导致“所有者缺位”或产权主体虚置；第二是由于集体土地产权权能不完整，

表现在“集体”虽然依法拥有法定所有权，但并不享有充分的土地所有权权能。中国财产权利构造沿袭马克思主义产权理论和大陆法系产权构造体例，所有权具有广义的含义，包括财产主体全部权能的集合，并被赋予终极支配权的地位。土地的两种所有制（城市土地国有制、农村土地集体所有制）并不平等，国有土地产权居于绝对主导地位，集体土地产权受到严格限制。土地增值收益分配失衡的根本原因，正是在于两种不平等的土地所有制制度的安排。

城市国有土地产权与集体土地产权具有共同的性质，都属于公共产权。无论是国家还是集体，均具有抽象主体的共同特征。如果说集体还能以一个具体的组织（村民小组或村）作为依托，则国家作为一个所有权主体更为抽象和难以限定边界。因此，我们认为“所有权主体虚置”并非农村集体土地产权受到限制和剥夺的根源。公共产权相关理论研究也证明，公地资源的悲剧并非源于被产权剥夺，而是由于产权缺乏排他性被太多主体所分享；而奥斯特罗姆关于渔业资源的研究发现了公共资源治理的第三条途径——社会治理，其研究的主题并非是产权被剥夺，而是公共资源权利束如何在不同参与主体间进行配置并形成有效的治理结构，以改善公共资源产权的非排他性困局。

两种所有权的权利不对等，并非是由于公有产权性质和虚置的所有权主体所致，而是由于政府治理模式的选择。中国共产党领导的新民主主义革命的理想是建立一个以生产资料共同所有制的理想社会，消除阶级差异和阶级剥削，所采取的手段则是剥夺私有产权的革命方式。从土地革命到农村公社再到两种所有制的不平等，虽然表现形式不同，但其根源都是私有产权保护观念的欠缺。现有关于中国土地产权研究的汗牛充栋的文献，无不以建立有效的产权保护制度为研究主旨。建立有效的产权保护制度，其基本前提是政府应该明确其角色定位不是以产权主体的身份参与市场交易活动或以政府的威权地位侵犯私有产权，而在于以公众代理人的身份保护产权和维护市场秩序。

7.1.2.2 受政治意识形态影响的土地产权制度安排违背了客观经济规律的要求

如前所述，中国实行土地公有制，实乃一种政治意识形态的制度选择[①]。在计划经济体制下，生产资料公有制（包括土地公有制）是社会主义生产方式的制度基础，也成为政治制度的判别标准，影响和主导着经济发展的基本模式。随

① 吴次芳认为“中国土地产权制度的基本性质包含三个层次”。首先，中国土地产权制度是一种政治制度安排。中国社会主义国家的国家性质决定了维护土地产权公有制是中国政治体制的要求。其次，中国土地产权制度是一种社会组织制度安排。农村的集体土地制度从本质上讲是一种社会组织方式，它镶嵌在中国社会结构中，并以法律形式得到保证。最后，中国土地产权制度是一种财产法律制度。见吴次芳，谭荣，靳相木. 中国土地产权制度的性质和改革路径分析［J］. 浙江大学学报（人文社会科学版），2010（06）：25－32。

着社会主义市场经济体制的确立，生产资料的私有化改革方向得到确立，唯有土地公有制作为社会主义计划经济时代的产物遗留至今，但它作为一种社会主义生产组织方式存在的基础已经不复存在，而主要成为政治意识形态的象征。毋庸讳言，改革开放三十多年的实践证明，政治制度与经济制度的组织形式具有不同的发展规律，计划与市场并非对立不相容的制度，这为社会主义市场经济体制改革奠定了重要的思想理论基础。

物有所属和权利界定是社会劳动分工合作的基础。古罗马法起源于私有制社会背景下对私有所有权的维护，古日耳曼法起源于共同生产条件下的社会背景条件对多重产权权利关系进行界定和保护的需要，可以说，虽然权利构造体系不同，但对私权的保护是大陆法系和海洋法系的源头和根本。无论从经济发展还是法律演进的角度，实践证明产权界定、私有产权的保护不但是经济秩序得以维系的基础，也是促进社会经济进步的重要动力。因此，理解土地公有制的性质、问题和改革的必要性，必须区分政治意识形态和经济组织方式的差异，既要尊重土地产权形成的历史基础，也应摒弃将政治意识形态和经济组织形式混为一谈的误区，将经济发展的客观规律作为指导改革的依据。

7.1.2.3 现有土地物权权利体系与经济活动中事实产权关系的矛盾

遵循大陆法系的产权构造体例，中国现行土地物权权利体系在立法上难以回避几个根本矛盾。第一，实行土地公有制，是从所有权的角度出发所进行的制度安排，所有权具有广义的含义，包括财产主体全部权能的集合，土地所有权（实际是国有土地所有权）具有终极支配的权能。然而应该看到，大陆法系的源头古罗马法产生的原因就是为了保护私有产权，现代社会，大陆法系国家的民法物权制度都是建立在私人所有权的基础之上，由此发展出自物权和他物权的二元结构，以界定资源流转过程中的权利关系。但是中国物权法所界定的土地所有权是一种公有产权，不符合一般大陆法系以私有所有权为物权体系设置基础的一般规则。此外，所谓国家所有的本质是全民所有，集体所有的本质是集体成员所有，在这种情形下，如何从公有（本质是自有）的资源上发展出他物权（即国有土地使用权、集体土地承包权）就成为一个悖论。第二，国家或集体是非人格化的抽象主体，作为土地所有权人，容易产生权利虚置、委托代理等一系列问题。对于集体土地所有权的权利被弱化或虚置，政府作为城市国有土地所有权的代理人，拥有事实上的土地权利处置权利，在不健全的决策监督机制下，为自由裁量权行使和灰色寻租行为提供了空间，导致“同地不同权”“同地不同价”。第三，严格的土地物权权利立法界定难以概括经济生活中的事实产权形态，如土地股份制、小产权房、行政划拨国有土地使用权与招拍挂出让的国有土地使用权权利的异同、农村土地所有权、承包权和经营权之间的权利配置关系，都无法从现有的法律体系中得到界定，成为制约土地产权制度改革的障碍。

概念上的混乱、适应理论的混淆、政治意识形态的影响及现有土地产权制度本身所造成的利益格局固化，已成为中国土地产权制度改革的桎梏。改革现行土地产权制度，有赖于新的理论依据的建立，尤其需要深刻理解经济学（事实产权）和法学（法定产权）之间、马克思经济学和西方现代产权经济学之间、大陆法系和英美法系之间关于财产权利的概念、理念的基本差异和冲突，在现有物权法的基础上，科学借鉴现代产权经济学产权研究的成果和英美法系产权设置的优点，方能改变中国基于大陆法系、马克思经济理论指导的土地财产权利制度设计与现实经济生活中的产权实际不相符合的状况，推进土地产权制度改革朝向正确的方向发展。

7.1.3 土地租税（费）体系难以发挥土地增值分配的平衡功能

土地租税在本质上是土地增值收益分配的方式。地租是土地增值收益的产权权益收入，通过市场交易活动实现，与土地产权配置一起发挥着土地增值收益初次分配的功能；地税是政府调控的重要手段，调节土地增值收益分配，属于二次分配的范畴；地费则并不参与土地增值收益分配。中国现行土地租税（费）体系存在的问题是：

7.1.3.1 土地租、税、费混淆不清及重复征收

土地租、税、费概念不清，是造成三者混淆的主要原因，致使土地税收制度调控乏力。首先，由于历史原因和人们长期对土地租税费的基本概念和本质缺乏认识，导致本质相同的事物有多个名称，甚至出现“以税代租”“以费代税”“以费代租”等现象，即“租税费名目繁杂，名不副实”。如中国目前的土地出让金以“土地有偿使用费”的形式出现，但它的本质并不是费，而是地租。如场地使用费和城镇土地使用税，它们都是土地使用者以其实际占用土地面积为依据向政府缴纳的金额，其征收依据和范围与土地出让金类似，其实质应该为租。开发商缴纳土地出让金之后，仍然需要根据相关规定缴纳城镇土地使用税，这既是租税混淆也是重复征收的一种表现。又如土地闲置费虽然被设计为政府收费，但其不具有收费的补偿性质，而是政府凭借其公权力强制性地向开发商征收的，其实质应该为税。还有如用于土地整治的资金主要包括新增费（含中央分成部分和地方部分）、耕地开垦费、土地复垦费，以及用于农业土地开发的土地出让收入等，明显存在重复征收的问题。其次，地方政府拥有收费权，致使土地收费标准不一、名目繁多。政府部门因提供特定服务或者实施特定行政管理可以向公民个人收取工本费和手续费，由于法律没有明确规定政府部门提供何种服务可以收费或者不可以收费，而且大部分收费标准也没有作出相关规定，这就为政府部门乱收费提供了法律空子。

7.1.3.2 土地税制设置不合理，难以适应经济发展的需要

中国现行土地税制设置不合理主要体现在以下几方面：

一是具有滞后性。近年来，部分土地相关税法有所修改，但大部分仍然使用过去的标准，显然已经无法适应目前的经济形势。如《房产税暂行条例》自1986年颁布以来，未曾做过修改，目前城市中心区及边郊地区中存在大量的个人或单位出租住房或商业经营面积的情况，而且租金收入随着城市经济发展不断上升，这种增加的租金收入属于土地自然增值收益，由于对租金收入的课税制度不健全，阴阳合同难以管理，漏税现象严重，土地增值税收大量流失。

二是土地税收体系不健全，结构不合理。如印花税和契税重复设置，遗产税和财产税缺位；土地税收重流转税而轻保有税；课税范围狭窄，存在漏税现象。如耕地占用税所指的耕地，是指用于种植农作物（包括菜地、园地）的土地，对林地、草地、养殖水面等非耕地则没有明确的规定；税基重叠，重复征税。房屋作为地上建筑物，其价值包含了土地价格，对房产价值或租金收入征收房产税，实质已经包含了对土地价格的征税，这与城镇土地使用税的税基重叠。关于农村土地税收方面的立法还属于空白。近年来，中国已出台了一系列减轻农民负担的税费改革措施，取消了农业税，但农村土地经营（包括农地和建设用地经营）应属于地方财政收入的土地增值在灰色寻租活动中被开发商或地方干部攫取，造成了乡村财政负担严重。

总之，由于缺乏明确的土地增值分配原则与有效的土地增值管理工具，政府在土地开发与土地市场活动中角色定位失当，利益分配失衡已成为土地增值管理面临的一个突出问题。一方面，政府动用行政权进行大范围的土地（房屋）征收活动，直接介入土地开发，将公共利益泛化，成为市场逐利者，严重损害了市场交易的公平性和公正性，也严重影响了其市场监管责任的履行。另一方面，地方政府过分依赖一次性“土地出让金”，而不注重长远的土地税收制度的完善，导致了普遍的地方政府短期行为，助长了“土地财政”与地方债务的风险，也导致了大量的土地增值收益流失。由于缺乏明确的土地增值分配原则和有效的土地增值管理制度顶层设计与政策工具，无法形成可持续的土地增值收益回收机制。

7.2 土地增值收益分配制度改革的对策建议

7.2.1 建立土地增值收益分配新模式，重塑地方治理结构

7.2.1.1 改革土地增值收益分配制度，建立土地增值收益分配新模式

土地增值收益并非土地本身产生的价值，而是社会整体生产与进步的结果。

不但个人或市场经济主体不应过分追求土地增值收益，以避免土地投机行为，破坏土地市场和扰乱社会经济秩序；即使是政府，同样也不应过分追求土地增值收益，这是由于，如果政府角色定位错误，以其所处的威权地位和占有的资源优势，其对市场秩序的破坏将更胜于市场主体行为。本研究认为，政府对土地获取土地增值收益进行管理的目标定位是：①通过土地规划、公共服务设施供给等行政规制手段，一方面防范土地利用过程中可能产生的负外部性，提供市场供应失灵的公共产品，另一方面对土地收益权利进行空间配置；②以土地税收的形式实现土地增值收益的第二次分配，实现“土地增值收益归公”，并调节土地增值在不同利益主体间的分配；③政府获取土地增值收益的目的，是为了提供地方公共产品，土地增值收益仍然应回馈给社会，形成正向循环机制；④政府获取土地增值收益的份额，应与地方公共产品供给的费用相匹配。

将土地增值收益回归政府，具有法理上的正当性，但它必须建立在正确的政府角色定位和清廉的执政环境基础之上。政府不合适的介入方式或过度介入，造成土地价格虚高，是以整个社会经济体系付出的代价来进行平衡的，从长远来看将影响社会经济的长远健康发展，是不可持续的。土地增值收益分配制度改革的基本方向是：

第一，明确政府、土地产权人、开发商在土地开发利用活动中的角色定位。政府作为管理者，不应直接介入土地开发活动和土地市场交易，而应该作为管理者发挥在政策规范制定和市场监管方面的作用；农户（或城市拆迁户）与开发商是地位平等的行为主体，在相关法律政策制度（包括土地开发利用管制）的规范下，进行平等协商的市场交易。

第二，平衡土地产权权益保护和“土地增值收益归公”之间的矛盾，明确政府、土地产权人、开发商在土地增值收益分配中的地位。土地产权人有权利从土地财产中获取相应的土地收益，即地租收益；但土地增值收益（地租收益）的主要来源是外部性经济作用的结果，按照外部性经济处理的原则，应实现“土地增值收益归公”。本研究认为土地自然增值既不能出于土地产权权益保护的目的完全“归私”，也不能因其外部性经济的形成机制完全“归公”，而应以“公私分享”为基本原则，在政府和土地产权人之间实现合理分配。开发商不应参与土地自然增值分配，其在土地开发活动中创造的价值（包括利润在内）属于土地人工增值，开发商获得的资本利润率应与社会资本的平均利润率相当。

第三，明确政府、土地产权人和开发商取得土地增值收益的方式，建立新的土地增值收益分配模式。土地增值收益分配应区分为两个层次，第一层次分配以效率为目标、以地租分配为主要内容，由市场主体通过市场交易活动完成，在“虚化所有权，强化使用权的私权性质”的前提下，通过地租收益的分配保护土地产权权益；第二层次的分配以公平为目标、以税收调节为主要形式，由政府运用公共权力完成，实现“土地增值收益（大部分）归公”的目的。仍以农地非农化过程中的土地增值收益分配为例，在初次分配层次上，农村集体土地可以实现上市自由流转，农民凭借产权所有者的身份获得相当于绝对地租和级差地租Ⅰ（特殊情况下包括垄断地租）的土地收益，开发商则遵循“谁投资，谁获益”的原则，在市场竞争下获得相当于社会平均投资利润率水平的投资收益（级差地租Ⅱ）。政府则退出土地市场经营通过以土地增值税、财产税为主的土地税收形式回收绝大部分的土地增值收益，回归其市场管理者的角色定位，实现土地增值的再分配（图7－1）。

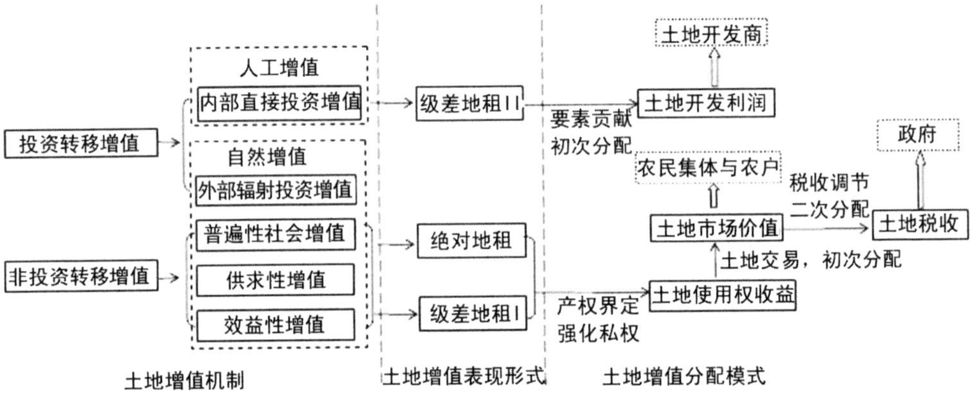

图7－1　土地增值收益公私分享分配模式

7.2.1.2 重塑地方治理结构

改革以土地产权和土地税收制度为核心的土地增值收益分配制度，理顺不同参与主体在土地增值收益分配和管理中的地位和作用，地方治理也将从政府主导型治理结构转向多中心治理结构，其主要特征是（图7－2，表7－1）：

地方政府退出土地经营，构建以土地税收为主力税种的地方财政基础。土地税收具有稳定性和受益税的特征，有利于为地方财政提供可持续的地方财政收入来源，使地方政府的职责从经济发展转移到提供良好的公共服务产品，引导地方政府行为方式，形成公共服务供给与土地增值之间的正向回馈机制。

消除土地产权处分权的桎梏，以自由土地市场与新型土地权利体系为基础，促进新的市场经济秩序的形成。如与土地抵押权相联系的金融制度创新，土地融资（土地入股权）相联系的农村城镇化与工业化发展，与农地经营权流转相结合的农场规模化经营，与自由竞争房地产市场相联系的住房供给与城市化发展等。

实施多决策中心的治理模式。可从单个冲突事件的解决和全社会的资源治理两个不同层面来理解。对于特定的土地开发利用活动，在决策过程中综合运用政府、市场、社会管理等多种管理途径，利益相关者参与和监督决策过程并执行决策方案，政府、市场主体和利益团体的共同参与形成了多决策中心。对于全社会的土地资源管理，多中心治理模式意味着政府、市场和社会组织在不同层次和领域中各自发挥其优势，形成多元主体参与、多元决策模式的土地资源管理体系，政府的责任在于土地利用外部性管理，保护土地生态和回收土地增值，市场主体的责任在于促进土地资源高效利用，社会团体的责任在于管理社团产权和参与监督。多中心治理模式产生的社会经济背景是多元化、混合型的经济体系，具有决策透明、民主性高、权威性高等特征，但复杂的组织和决策过程导致其决策效率较低，决策成本也较高。

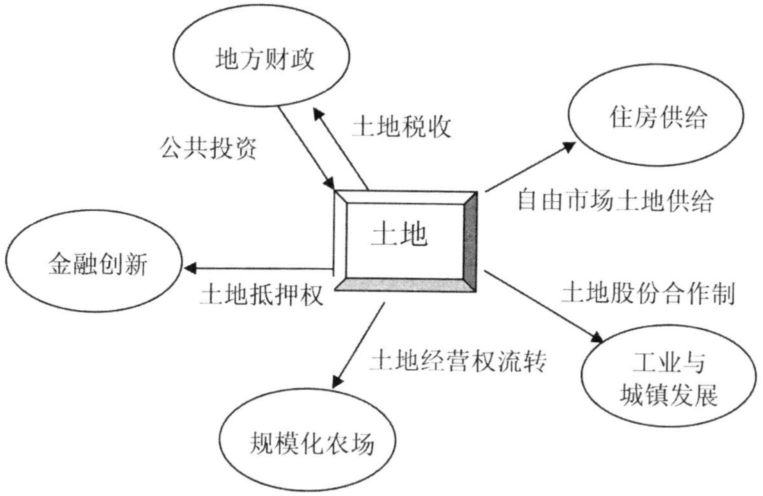

图 7－2　新型土地增值收益分配模式下的地方政府行为与经济秩序

表 7－1　不同土地增值收益分配模式下的地方治理结构

	政府主导型地方治理结构	多中心地方治理结构
社会经济背景	集权式政治经济体系	多元化、混合型的经济体系
土地增值分配模式	土地增值国有化为主，土地增值收益流失与分配不公并存	兼顾土地增值归公与土地产权保护并重、效率与公平并重原则，土地增值公私分享
土地产权特征	土地国有产权居于绝对主要地位，产权不明晰	虚化公有产权，强化私有土地产权，明晰产权与不明晰产权并存
产权冲突性质	搭便车，外部性，委托代理问题，寻租，产权剥夺	搭便车，外部性
政府作用与行为	土地产权配置，税收，行政管制，土地经营，多重角色与行为异化	土地产权初始分配，征税与行政管制，正向回馈行为作用机制

续表

	政府主导型地方治理结构	多中心地方治理治理结构
理论基础	国家主权理论，政府干预理论	产权理论，交易成本理论，集体行动理论，公共治理理论
决策人	政府	政府，市场主体，利益相关者
地方财政基础	地租收入为主，不可持续	土地税收为主，可持续
治理工具	以法律法规等正式规则为主	综合运用正式规则（法律法规，市场规则与合同）与非正式规则（地方知识、传统习俗与道德力量）
决策机制	自上而下的决策	多向参与式，协商型决策
组织结构	单决策中心，命令—服从关系，利益主体地位不平等	多决策中心，网络式组织，参与型管理，利益主体地位平等
优缺点	不透明，集权管理，具决策权威性，效率较高，成本低，执行效果好坏不确定	透明，民主管理，决策威权性较高，效率较低，成本较高，执行效果较好

7.2.2 土地产权制度改革的对策建议

土地管理实践中的诸多矛盾证明，中国现行深受计划经济体制影响的土地产权制度安排所带来的管理成本的节约，已无法抵偿其背后巨大的社会成本支出，越来越难以适应市场经济发展的需求。土地产权制度改革，已成为影响未来中国发展的一个关键因素。

7.2.2.1 虚化公有制土地所有权

明确土地公有产权的本质及其在土地产权权能体系中的作用地位，首先需要澄清几个关于自然资源产权的认识：

第一，自然资源“国有化”无法解决“公地悲剧”。这是由于，一方面国家并非一个具体的人格化主体，当涉及具体的资源开发利用活动，则必然产生产权分解和委托管理的需要。虽然国有化产权使政府具有了初始产权配置的权利，但当产权发生分离时，就会产生不同的权利束，这些权利束具有不同的权利主体，成为事实上的“私有化”权利（即哈耶克所谓的“分立的产权”），在资源的实际开发利用活动中，“国有”仅仅沦落为一种形式而已。另一方面委托管理和产权代理人的出现，也会导致管理成本过高、寻租设租、资源沦为无主物等一系列问题，导致资源利用无序与低效，在此不再赘述。

第二，所有权与管理权不是同一性质的权利。自然资源的公共资源特征与开发利用中的外部性问题，是政府介入管理的依据，但政府对自然资源开发利用的管控不能成为国家所有的依据，换言之，管理权与所有权是性质完全不同的权利。管理权源自于行政权，是公民对政府的授权，作为管理权的主体，政府具有角色中立、非直接利益相关者的特征；作为所有权的主体，则可以享有占有、使用、收益、处分等全部或部分权利，成为直接的利益相关者。在自然资源的开发利用方面，政府的定位不应该是所有者，而是公共管理者。只有将所有权与管理权和政治意识形态区分开来，才能恢复土地产权作为财产权利的本来面目，也才能恢复政府作为管理者的准确角色定位。

第三，交易成本的高昂使得部分自然资源滞留于公共域，成为公共池塘资源，但总的来看，自然资源产权界定的发展趋势，与产权发展的一般规律一致，就是越来越趋于明晰化（私有化）。奥斯特洛姆关于公共池塘资源自主治理的开创性研究，在本质上揭示了一个尽量将产权界定清晰的治理过程。奥斯特罗姆将公共资源权利束划分为四种类型：进入权和提取权（access and withdraw）、管理权（manage）、排他权（exclude）、转让权（transfer），不同的参与者分别拥有这五种权利的全部或部分，这些参与者是所有者（owner）、业主（proprietor）、索取者（claimant，也有翻译成管理者，权利主张者，在此管理者与政府管理者的角色定位是不一样的）授权用户（authorized user），其中所有者拥有上述全部五种权利，业主拥有除转让权之外的其他四种权利，索取者拥有管理权、进入权和提取权，而授权用户只拥有进入权和提取权，并提出了决定产权的三个层次的操作规则即宪法选择规则、集体选择规则和操作规则，不同层次的规则构成一个“嵌套性制度系统”。虽然具体的产权权利形式和内容不同，但奥斯特罗曼所研究的渔业资源治理结构，与企业的治理结构具有同一性，即都是关于产权配置的契约。土地的开发利用同样是一个多参与主体的合作过程，关于土地产权权利配置的契约决定了土地开发利用的合作治理结构。

土地资源不但作为一种自然资源为人类社会所共享，其财富积累也主要是社会经济总体进步贡献的成果，因而具有公共资源的性质，然而经济发展规律证明土地产权作为私有物介入经济活动能取得更高效率。土地私有产权的产生是资源稀缺程度提高的结果，随着对竞争性稀缺资源的争夺的加剧，资源从公共资财域界定为边界更趋明确的私人资财域是产权发展的一般规律。世界各国土地产权制度的实践证明，土地产权向私有化方向的发展是历史演进的趋势。中国绝大多数时期都是实行土地私有制，据相关研究，土地私有制在历史上并未造成大规模的土地兼并，到明清时期反而形成了土地分割破碎化的局面。土地私有化制度安排被证明能有效防范公权力过度侵入、防范公地悲剧、保护自然资源和提高土地利用效率。土地增值收益分配矛盾的本质，是在资源稀缺和权属不清的前提下，不同行为主体对土地资源（土地开发权利）的竞争而导致的利益冲突，当这种利益冲突带来的消耗超过产权界定带来的成本，则产权将趋于进一步的明晰化。

在中国，土地产权制度改革由于其特殊的历史与政治制度基础显得尤其复杂：一方面土地二元所有制结构有效保障了国家对土地资源的管控权威，但却无法解决产权不明晰带来的制度寻租、利益分配不公及立法困境等难题；另一方面私有土地产权在市场经济条件下能更有效地规范行为主体间的关系和决定利益归属，但同时也面临着制度改革带来的成本和风险问题。由于制度创新的路径依赖性，完全的土地私有化在现有的中国条件下还不具备成熟的条件，改革应以虚化土地所有权的作为改革的起点。所谓土地所有权的虚化，就是剥离其经济意义，将土地所有权视为“统治权”的象征，从中国古代帝国统治下的“普天之下，莫非王土”，到现代工业化国家如英国、新加坡等，在名义上土地为国家所有，实际上则是通过土地使用权来实施私有土地产权下土地市场运作。当土地所有权虚化成为“统治权”的象征，则意味着政府不能再以土地公有产权代理人的身份直接介入市场，可以说它既是厘清政府职责定位的前提，也是土地市场制度与土地收益分配制度改革的基础，是土地产权制度改革的第一步也是首要一步。

7.2.2.2 强化私权保护观念，建立新型土地物权制度

土地产权体系按照大的类别来分可以分为两个大类：一是以土地物权体系为核心的大陆法系，主要是强调对土地的支配权利；二是以土地财产权利为核心的海洋法系，其核心是土地之上的权益。虽然两种土地权利体系都包含了对土地的所有权解释，但以英美法系为代表的海洋法系强调通过对土地的保有带来的权益或效益，而大陆法系则主要强调土地产权归属及其支配，相比之下英美法系在土地产权的规定上更强调通过土地保有实现土地充分利用，有效避免了因强调土地产权归属而阻碍土地有效利用的问题，这对于当前正在尝试土地市场化运行的中国来讲具有十分重要的借鉴意义。

强化土地使用权的私权性质与土地公有的所有制形式并不矛盾。张五常在《佃农理论》中提出：私有产权包括使用权（或决定使用权）、自由转让权、不受干预的收入享有权，只要有这三种权利，所有权是不重要或不需要的。科斯特别强调张五常等人的贡献，张五常界定的私有产权定义被广泛接受。在土地二元所有制的背景下，强化土地私权的保护具有以下三重含义：第一，对于城市国有土地，要强调对土地使用权的私权保护，一方面这关系到即将要进行的财产税（房产税）制度建设的法理基础，另一方面也将直接影响到城市房屋拆迁补偿政策与立法的完善，现行《国有土地上的房屋征收与补偿条例》虽然强调了公共利益是实施国有土地上房屋拆迁的补偿的前提，但它将土地使用权问题搁置的做法也留下了制度建设的空白；第二，强调国有土地和集体所有土地的权利应处于平等的地位，打破土地制度二元结构的现状，在政策上尽快结束因土地所有制不同就被赋予不同权利的二元结构，实行农村集体土地和城市建设用地的“同地、同价、同权”，实行城乡统一的土地市场；第三，在集体土地内部，同样应该弱化土地集体所有制中的“所有权”地位，转变村民委员会的经济组织性质，还

原其村民自治组织的行政管理者角色定位，防止乡镇政府或村自治组织、个人等以“所有权”主体的名义侵犯农民个体权利，强化土地承包权的法律地位，使其成为一个实质的私有性质产权。

在虚化土地所有权，强化土地私权保护的原则指导下，现行物权法关于土地用益物权的内涵与制度安排也应该进行相应调整，形成新的土地物权体系：首先，国有土地使用权和农村土地承包权将发展成为独立的不动产物权①，拥有类似所有权的权能（包括占有、使用、收益和处分权，姑且称之为类土地所有权），承担自物权的功能②；其次，在土地使用权的自物权功能上，可以发展地上权③、租赁权等他项权能（相当于经济学意义上的土地经营权）。从产权制度变迁的角度，维护土地产权的公有性质，并把重点放在土地使用权（自物权）和土地经营权（他物权）的彻底物权化，以农民享有物权内涵上的私有产权来约束公权力，明确农民的私有产权，把土地私有产权界定为使用权、自由转让权和收益权，并以公民财产制度为基础保障土地产权作为一项公民财产的合法权益，这样的产权安排在当前国情下有利于降低制度变迁成本。

7.2.2.3 创设土地发展权制度

强化私权的目的是发挥土地市场对土地资源配置的作用，避免高度行政管控下的土地利用弊端。但是虚化土地所有权，强化对土地私权的保护，并不意味着土地产权人可以随心所欲地对土地进行开发，土地的私有产权是一种受限制的产权。在实行土地私有制的市场经济国家，行政权对土地使用权的限制备受争议，被认为是对私有财产权利的侵犯，违背了宪法的私产保护精神。尽管如此，通过行政权对土地使用权进行限制以消除土地使用的外部性、维护土地利用的秩序仍然是各国通行的做法。土地发展权的设置在英、美、法等国已应用于耕地保护、生态环境补偿、历史遗产保护等实践领域，它为刚性的土地利用规划与分区管制制度提供了一种矫正机制，缓解了土地开发利用活动中土地增值收益分配不公的矛盾（即“意外收益—收益损失”困境）。可以说，土地发展权制度的实施，一

---

① “经依法取得的从国有土地所有权中分离出来的土地使用权的权能几乎与土地所有权相近似，即权利所有人取得土地使用权后，像拥有所有权一样也拥有对土地使用权的四项权能：占有、使用、收益和处分权”。见张少鹏“土地使用权”是独立的不动产物权［J］. 中国法学，1998（06）：49－56。

② “土地使用权成为中国不动产物权体系的基础，它不仅支撑房屋等建筑物所有权，而且支撑抵押权、地役权等他项权。在这个意义上，它是自物权，具有所有权的功能。从比较法的角度观之，中国的土地使用权非常类似于英美法的地产权制度，可借鉴英美法的地产权制度，建立以土地使用权为基础的不动产物权体系”。见高富平．土地使用权的物权法定位——物权法殊见定之评析［J］. 北方法学，2010（04）：5－15。

③ 中国法律并没有规定地上权，但存在地上权的概念。如钱明星认为地上权是因建筑物或其他工作物而使用国家或集体所有的土地的权利，见钱明星．物权法原理［M］. 北京大学出版社，1994；又如杨立新认为为建筑及培植林木而使用国家、集体土地的权利，符合地上权的法律特征，是地上权，见杨立新，尹艳．我国他物权制度的重新构造［J］. 中国社会科学，1995（03）：78－93。

方面在行政规制之下强化了对土地开发和使用权益的保护；另一方面则限制了土地产权人从土地开发利用中的过度获益。创设土地发展权，是完善土地产权体系和土地增值收益分配制度的重要内容。

前文通过分析土地发展权收益的形成机制，从理论上说明了土地发展权兼具公共产权和私有产权的性质，为土地发展权权属安排的制度设计提供了方向性的指导。从世界各国的实践来看，一般认为英国是实行土地发展权国有制度的代表，美国是实行土地发展权私有制度的代表。但从操作手段来看，各国实施的土地发展权制度都是公私分享的制度安排，英国通过土地开发税税率来调节土地发展公私分享的比例；美国虽然将土地发展权进行“私有化”分配，但它的一般财产税制度也发挥了土地发展权部分归公的功能。制度不同，但殊途同归，其目的都是为了平衡不同地块的不均等规划获益，以及政府和个人之间的土地获益配置。中国不少学者基于土地公有制制度背景坚持中国不应该实施土地发展权私有制，而应该继续采用土地发展权国有化制度，这种观念将使土地制度改革陷入僵局，应该要予以纠正。

作者认为，土地发展权应作为一种经由行政许可而产生的“私有”进行初始配置，并通过税收调节等二次分配手段，最终达到“公私分享”的目标。这是由于：第一，土地发展权必须与土地开发利用行为结合在一起，才能从一种“虚拟”的权利转化为“实化”的权利。土地发展权的直接行使主体是市场行为主体而非国家或集体，或者说，国家或集体作为非人格化的抽象主体，不适宜于作为产权行使主体。如果在土地产权的初始配置阶段，将“土地发展权”归为公有，不仅将与土地私有产权保护原则产生冲突，也将打击市场的积极性，回到计划经济和政府垄断土地市场的老路上去；第二，政府的职责在于维护市场秩序、调节社会分配。政府实现土地发展增益归公或土地增值收益归公的合法和有效的方式，是通过“税收”的形式实现部分土地增值收益归公。

7.2.2.4 允许多种形式的土地合作开发，鼓励地方创新

综上，土地产权制度改革的核心内容包括土地所有权虚化，强化土地使用权的私权性质，土地发展权的初始配置应该朝向“私有化”的改革方向，建立新型土地物权体系（图 7－3）。土地储备和批租将主要转向公益性用地开发的需要，建设用地的供应应打破政府垄断的局面，建立起城乡统一的建设用地市场。

大陆法系成文法的严格法律条文定义与现实产权形态的内在固有矛盾，往往造成物权法定原则与合同自由原则之间难以解决的冲突，这已成为物权法的立法难题。因此，我们认为一方面应转变物权法的立法理念，适当借鉴英美法系的立法原则；另一方面物权法不必对产权的具体形式进行过多条文限制，在把握几种关键的产权形式的前提下，给市场更多的发挥空间，通过让市场（而非政府或政府人员）掌握剩余控制/索取权的方式，激发市场活力，在做好顶层设计、把握

基本制度框架的同时，允许多种形式的土地合作开发，鼓励地方创新。

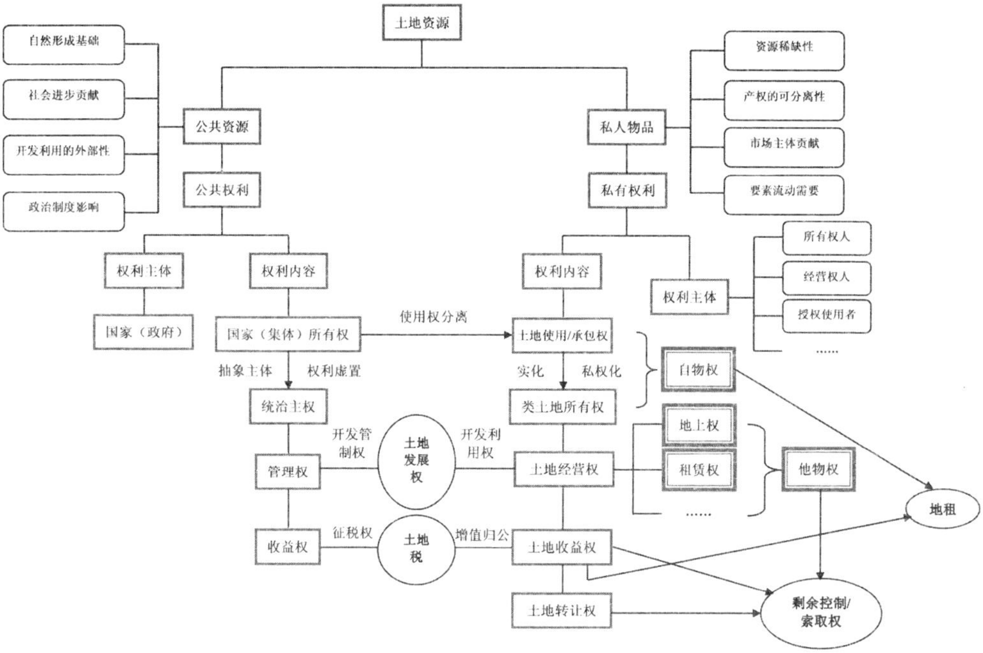

图 7－3　新型土地产权体系的框架

在这一制度总体框架的基础上，以保护土地和高效利用土地为基本原则，一方面应允许地方治理进行各种方式的土地制度创新，充分利用土地权利的配置和保护促进市场经济活力，提高土地利用效率，这其中包括土地股份合作制、地票制、广州城中村改造拆迁补偿的“一村一策”等，均反映了强化土地私权、充分运用土地发展权理念的制度改革方向，应逐步总结经验，将其中具有共性的部分以法律制度形式进行规范，从而达成自下而上诱致性制度变迁与自上而下的强制性制度变迁的统一。而一些“灰色用地”行为，包括小产权房等，在住房市场上发挥了重要的平衡作用，有值得肯定之处，是市场的自发选择，具有高效、低成本的优势，也是对不合理的土地管理和土地产权制度的“矫正”，与其维持其“灰色”的性质，不如通过产权合法化、税收手段等综合治理方式进行处理。另一方面中国国土面积广大，地区差异巨大，城市中心区和城市郊区面临的土地利用问题不一样，经济发达的快速城市化地区和内陆偏远地区的土地利用和农村问题迥然不同，东、中、西部地区也处于不同的发展阶梯上，因此，难以用同一改革模式应对不同的情形，应在基本制度框架范围内，进行地区性的政策设计。对于这些不同的开发治理形式中的产权安排，中国的物权制度在债权、无体物权的设置上可以借鉴英美法系的灵活处置方式，并在合同法、民商法领域充分引进自由契约交易与合同保护的理念作为对严格规范的物权分类体系的补充。总之，关于土地增值收益的分配，在正式制度的设计基础上，应通过土地私有产权保护使土地所有权人以地租收益的形式获得部分土地增值，政府通过税收手段实现（大部分）土地增值收益归公，而其他市场参与者也能通过剩余控制权和剩余索取权参与土地增值收益的分配。

7.2.3 完善土地税收制度的建议

7.2.3.1 完善土地税收制度，建立地方政府治理的财政基础

完善土地税收制度，是土地增值收益分配制度建设的落脚点，是实现“土地增值收益（部分）归公”的关键环节，同时也是加强地方财政建设、转变地方治理模式的一个重大课题。地方政府对建设用地的垄断性供给，是土地财政形成的根源，实现地方治理模式的成功转型，必须转变地方政府作为建设用地的“地主”和土地经营者的角色；在此基础上，以土地税收作为地方政府财政的主力税种，探索建立以土地（及地上建筑物）市场价值为基础的土地税收体系。地方政府获得土地收入的形式从土地出让金为主转向土地税收为主，其优点在于：第一，有利于厘清政府角色定位，避免政府短期行为和对市场的过度介入；第二，有利于政府从土地的交易和级差收益的上涨中获得长期而有保障的税收，规避财政风险，实现可持续的地方财政，建立地方治理的财政基础；第三，有利于形成合理的中央—地方分税制关系，构建地方主力税种。关于税种在中央与地方之间的划分，根据马斯格雷夫、奥茨等的研究，税基流动性强、税源分布不均匀、有利于实现收入再分配和经济稳定以及其他宏观调节目标的税种应划归中央税，反之，应划归地方税。土地税收具有明显的稳定性、受益税、便于征管等特征，已被世界各国广泛采纳作为地方主力税种；第四，是实现土地增值收益在不同利益主体间进行公平合理分配的重要政策工具（见第 3 章）。针对土地税制结构改革的总体框架提出以下建议：

第一，明租、正税、少费，简化土地租税费体系。明租，目前不少以税、费为名目的租，包括土地出让金、土地使用费、农村宅基地使用费等，这些税费实质上属于地租的范畴，建议取消这些名实不符的项目，明确土地出让金（地租）为土地批租金或土地年租金（目前的土地使用权出让金是批租金形式，选择批租或年租或者两者结合，需要进一步研究）。正税少费，更正以费代税、以费挤税的现象，明显如土地闲置费、耕地闲置费等应更名为土地闲置税、耕地闲置税，加强税收对土地资源配置以及土地增值收益分配的有效调节作用，严格管理乱收费情况，改变费多税少的局面。

第二，规范土地收费行为。首先，取消政府服务性收费和预算外收费，并调整部分过高的收费标准。为纳税人服务是政府部门及代行政府职能的事业单位的

工作人员的基本义务，除了制造成本外，相关职能部门不得以任何名义收取劳务补偿费，如房屋产权登记费、交易手续费、土地出让业务费等；其次，对于可以交由市场提供的准公共物品，政府部门都应该放手让企业提供，如房屋安全鉴定、技术咨询服务、宗地价格评估等；再次，应以立法的方式对需要保留的地费加以限制，对于确实需要保留的地费进行立法，明确收费内容、范围以及具体标准；最后，应改变收费的管理方式。取消过去政府部门收费自收自支的管理制度，改变土地收费与部门利益挂钩的情形，将其纳入预算管理，规范地方政府乱收费、乱使费行为。

第三，对重复征收的税种或税目进行合并。如根据财产租赁合同征收的印花税、根据房租收入征收的房产税与财产租赁所得税的税基基本相同，而产权转移书据印花税和契税的税基在本质上也相同，对于同一征税对象，显然存在重复征收的情况，因此，应该将印花税的重复征收的税目取消，对房产税、契税和所得税进行修改或调整。取消城镇土地使用税，这是由于城镇土地使用税实质为租，土地闲置费的本质为税，因此，应该取消城镇土地使用税，为土地闲置费正名，并以法律的形式加以确认。在土地税制的设计，包括税基、税率确定，需要兼顾个人与公家利益的平衡，结合公共财政收入支出、国民税负能力、社会公平、经济效率等多方面因素进行研究。基本原则是税面宜宽、税率适中、特别课税，以保证社会各成员的税负公平，既不打击土地开发积极性又不妨碍城市建设和经济发展的促进，而特别课税则是针对特殊情况特别区分（如通过短期交易课重税来抑制土地投机），以土地收益的合理分配为目的。

第四，重视保有环节课税，在保有环节征税比流转环节征税更能抑制土地投机。一是建立以分享土地增值收益为核心的土地财产税体系（物业税），目前房产税的开征已在试点，但对于其税制设计和实施方面的细节问题仍需进一步研究。二是设立土地和房产的闲置税，增加囤积土地和房产的成本，减少开发商对土地的囤积以及未来房产需求者置房。

第五，完善土地增值税的征收管理。一方面应扩大征税范围，现行的流转性质的土地增值税扩大为保有性质的土地增值税，对个人转让、出租自有房地产应该征税（现行税制中个人转让自由住宅免税），对开发商囤积土地和个人空置房屋都应征税。另一方面税制设置合理化，对开发商囤积土地和个人短期交易行为（投机性较大）课以重税；对个人保有房产征收土地增值税，借鉴穆勒的税收思想，税基应扣除最低生活费，同时根据平等牺牲原则采用比例税率，但税率不能过高，以免导致居民税负过重。

第六，建立税务、财政和国土资源管理部门的联动机制，加强土地税征管。三个部门可以通过信息共享、情况通报及联合办公等方式加强部门间的协作，查找漏征税的土地，并共同研讨土地税征管中的问题，结合实际情况，制订行之有效的解决方案。

关于土地主力税种的选择，学界存在不同的观点，有的认为应该征收一般财产税而取消土地增值税，有的则认为应征收土地增值税而取消一般财产税，本研究认为应该同时征收，建立以保有环节的一般财产税和土地增值税、流转环节的增值税为主体的土地税收体系。此外，对土地使用权、物业权等使用权益所发生的资产所得，还应辅助征收利得税。在一般财产税、土地增值税、土地利得税三种核心税种之外①，对其他土地税目尽可能简化。应参照社会资本平均利润率、土地增值分享比例对土地核心税种的税率进行科学设计，达到合理分配土地增值收益的目的。以下将对（一般）财产税和土地增值税进行重点分析。

7.2.3.2 关于一般财产税（房地产税）制度改革的对策建议

一般认为，一般财产税（房地产税）的作用在于为地方政府提供稳定的税收来源，但不具有打击土地投机、调节收入分配、稳定房地产价格方面的功能。以美国为例，除了针对极少数穷人（老人、退伍军人或残疾人等）的减免措施和低收入阶层的断路器政策，财产税具有普遍性征收的特点，因此不具有区分性特征（穷人和富人都需要住房子），也难以达到控制房地产价格的效果。对于中国来说，征收财产税应吸收国外财产税征收的经验教训，建立适合中国特色的一般财产税制度。

一是可通过制度细节的设计，兼顾不同目标。由于拥有面积更大住房的家庭、或拥有位于配套设施更好地段的高价格住房家庭，事实上占用了更多的公共资源，应根据家庭拥有住房的不同情况进行财产税税率区分，对低收入家庭采取低税率或减免政策，对大面积住房、多套住房或高价值住房按累进税率征收财产税，对土地囤积和房屋空置行为征收重税。这样，不仅能达到稳定地方政府税收来源的目的，也能起到兼顾调节收入分配、控制土地投机的作用，更有效地实现土地增值收益的回收。农村地区和城市地区实施不同的土地所有制，也是财产税征收必须解决的一个难题，由于农村地区宅基地建房不能进行市场交易，难以进行估值，则试行阶段可从城市地区开始，等时机成熟以后，再考虑农村地区房地产税的征收方式。总之，如何从兼顾公平和效率的原则出发，制度设计需要详尽考虑房地产税征收的对象、范围、税基、税率即税收优惠措施等问题。

二是要解决与现行土地税收制度的衔接问题。中国目前的土地税收体系中，类似于一般财产税的税种包括房产税和城镇土地使用税（适用于外资企业的城市房地产税自2009年1月1日起废止，外商投资企业、外国企业和组织以及外籍个人依照《中华人民共和国房产税暂行条例》缴纳房产税），且房产税和城镇土

① 事实上，土地增值税是发生在土地交易环节的一种土地利得税，为了与土地保有环节的土地收益（如土地租金）相区分，我们分别将其区分为土地增值税和土地利得税。

地使用税目前未对非营业性质的个人物业征收。如果实施一般财产税，则需要对现行的房产税和城镇土地使用税进行合并，并从法理上解决土地产权、土地出让制度的相关问题。中国现行房产税开征的对象是房产（地上物业），但从实际操作的情形来看，难以将房产价格和地产价格进行分割，房产价格中实际上已包含土地价格，因此，如果同时开征房产税和城镇土地使用税，就会存在重复征收的问题，所以，建议房产税制度设计应更名为“房地产税”，将房产税和城镇土地使用税的合并征收，并重新明确征税范围、税基和税率等问题。此外，也应该从法律上一揽子解决土地使用期的年限问题，建议在现行的土地使用期的年限到期后采取免费续期的方法，并通过保有期的土地增值税和一般财产税的征收确保政府持续获得土地增值收益。

房地产税的开征是一个庞大的制度变革工程，不但需要考虑配套的土地产权、土地出让制度改革，以及现有的土地税费制度改革，还必须考虑制度实施的条件，如物业税征管机构的设置，物业评估机构的设置和技术力量的培养，以及物业税优惠政策等措施的制定等。在配套制度改革尚未完成的情况下，考虑开征一个本身就问题重重、管理体系复杂的税种，其可行性就大打折扣，但考虑到土地财政问题的紧迫性，对土地产权、土地税收相关制度的改革有必要加快步骤，应该要加紧对房地产税收制度及其相关配套措施进行研究。

7.2.3.3 关于土地增值税制度改革的对策建议

土地增值税实质上是一种资本利得税。在中国，土地增值税是对有偿转让国有土地使用权、地上建筑物及其他附着物产权并取得增值收益的单位和个人征收的一种税。该税从1994年开始征收，以转让房地产所取得的增值额为计税依据，税率实行四级超额累进税率计算，分别为30%、40%、50%和60%。但从历年的征管情况来看，虽然其税收增幅高于其他地方税种，但是其税收规模一直很小，其原因在于税制设计不合理，导致土地增值税的征收管理十分随意，少征和免征的情况十分普遍。

对流转环节发生的土地增值进行增税是重要的土地增值收益回收手段，并且可以有效地控制土地投机活动。除了流转环节的土地增值税，同时也建议对保有环节的土地增值进行定期（10年—20年重新评估）征收，避免土地增值收益的流失。

与一般财产税不同，土地增值税设置的主要目的是平衡土地增值收益的分配，社会经济总体进步带来的土地自然增值收归公有，因此土地增值税具有典型的土地利得税的特征，而财产税具有更明显的受益税特点，征收目的是为地区公共服务供给提供税收来源。

针对目前土地增值税征收中存在的问题，本研究不同意将土地增值税取消、与房地产税合并的观点。土地税收体系的设计，必须综合考虑不同税种的特征与功能，区分房地产税与土地增值税的征收目的和性质，有利于更好地发挥税收调节分配功能，实现土地增值的归公。房地产税属于保有环节税，一般税率较低，加之减免措施的实施，税收收入总额有限，虽然可为一般公共服务产品（如社区教育、公共卫生、环境维护等）提供支持，但是在现阶段，依靠房地产税仍然难以实现对地方基础设施建设和公共服务产品供给巨大投入的回收，因此有必要将土地增值税作为重要补充。土地增值税发生在交易流转环节，在当前中国城镇化快速发展时期，城镇化建设和经济发展带来的土地增值上涨幅度巨大，房地产开发和交易过程中形成的巨额土地增值流失现象十分严重。前文 5.3 节的房地产开发项目案例具有典型代表性，在该案例中，在仅考虑土地增值税预征（税率为销售额的 2%）、未考虑土地增值清算的情况下，房地产开发商的税后利润率高达 28.26%，因此，以征管难度大为由取消土地增值税是非常不合适的。我们认为应该从完善税制设计、提高税收征管技术、严格税收征管办法的角度来完善土地增值税，比如妥善解决土地增值税与所得税的重复征税问题；或者采取将土地增值税与资本利得税进行合并征收的办法①，通过设置阶梯税率解决土地增值税与所得税税率的差异问题。即使进入经济发达阶段，房地产市场趋于稳定，对于房地产开发销售或达到一定持有期限（如 5 年或 10 年）的物业的交易征收土地增值税也仍然是有必要的，这是由于长时期内土地增值仍存在相当增长空间；如果土地增值空间很小，那么影响也会很小，保留土地增值税并不会造成什么负面效果。

根据第 6 章的研究成果（农地非农化过程中土地增值收益的理想分配比例是农民占 25%—30%，开发商占 15%—20%，政府占 50%—55%）。国外经验也表明，私有产权较为完善的国家或地区对土地增值税税率的设置基本不超过 60%，如意大利的不动产增值税税率为 3%—30%，韩国的土地超过利得税税率为 50%，台湾的土地增值税税率为 40%—60%。因此，土地增值税税率以 40%—60% 为宜。除了税率之外，对于土地增值的估算也是计税的重要基础。没有健全的土地价值评估制度，单单根据交易凭证作为纳税依据，使得税收征管缺乏统一和客观的标准。只有建立科学的土地评估系统，才有可能设计出满足“受益者支付”、“量能税负”和“征管方便”三大原则的科学税制。特征价格模型正好提供了科学评估土地价值的数学工具和方法，由于模型的使用需要引入现代信息技术，运用特征价格模型建立的土地评估系统被称之为“计算机协助规模评估系统”（computer assisted mass appraisal systems，CAMA）。在新加坡，有 45% 的不

① 例如德国采取将土地增值税与所得税合并的办法，“按照德国现行个人所得税法，对于购买的房地产在一定的期限内卖出的交易净所得要纳入所得，申报所得税（现行规定为 10 年保有期，以前是 2 年）”。见朱秋霞．土地税与财产税孰优——基于德国土地税和美国财产税制度的比较［J］．现代经济探讨，2009（09）：75－79。

动产市运用 CAMA 系统进行评估的。中国香港特别行政区从 1984 年开始构建 CAMA 系统，该系统通过对 2.1 万宗不动产交易实例的调整，求出超过 110 万宗不动产的价值。目前，不少在占有环节对不动产征税的国家都积极推行 CAMA 系统的建设，这也为中国税务评估技术提供了重要的经验借鉴。

综上，土地税费制度改革的重点是：重视保有环节征税。在土地保有环节应根据土地增值的形成来设立新的税种（财产税、土地增值税），同时加强保有环节上的征税力度，特别是对于个人所有非营业用房也要开征房地产税和土地增值税，逐步扩大对自有物业的征税范围，使其代替土地出让金成为地方政府最大和最稳定的财政收入来源。扩大流转环节土地增值税的征收范围，从向房地产开发商征收到向个人征收，对个人转让、出租自有物业征收土地增值税，特别是对于短期转让物业以套利的组织或个人课以重税，这样才能更好地回收由社会经济发展和政府公共投资引致的土地增值，也能更有效地充实城市建设资金，促进城市土地增值收益的合理分配。此外，严厉打击土地囤积和不良投机行为，对土地囤积和房屋空置行为征收重税，提高土地利用效率，避免土地资源浪费和增值收益的流失。另外，对土地使用权、物业权等使用权益所发生的资产所得征收利得税，有助于明晰国有土地使用权，是保护私有产权的重要举措，也为中国产权制度改革提供基础支持。而对于其他的土地税收项目，如城镇土地使用税、耕地保护税、城市建设维护税等，由于存在重复征收、征管体系复杂的问题，应尽量精简，形成间接高效的土地税收体系。

结论与展望

研究结论

基于包括土地产权、土地租税体系、土地增值收益管理在内的统一的逻辑分析框架，对土地增值机制与影响因素、土地产权权益保护与土地增值收益归公原则之间的矛盾性、土地增值管理工具的应用等重大理论问题进行了探讨；采用问卷调查、个案分析相结合的方法，对土地二元所有制结构下的土地增值收益分配现状进行了全面剖析；基于现代计量经济学思想和公共管理决策理论，建立了定量分析模型对土地增值影响因素、土地增值测算、土地征收补偿满意度决定等问题进行考察；并针对土地增值收益分配存在的理论基础适应不明、指导原则与思想缺乏，以及土地增值分配制度设计中的不合理等问题，提出了解决土地增值收益分配与地方治理所面临困局的对策建议。主要研究成果与结论如下：

1. 理论与政策述评

研究对土地增值收益分配基础理论进行了较详细的梳理评述，针对容易导致土地增值收益分配指导思想混乱的一些问题进行了重点探讨，尤其是着重比较了不同学派、特别是马克思主义经济学和西方现代经济学关于地租地价、土地税收和土地产权的不同观点，试图厘清不同分析层面和话语语境下二者观点的异同，以期为土地制度改革提供一个具有内在一致性的理论指导框架。研究认为在由计划经济体制转向市场经济转型的背景下，应该抛除狭隘的阶级分析与生产关系分析视角，从土地、资本、劳动力在生产过程中所发挥的作用和所贡献的效应出发来确定土地收益分配的基本原则，才不失为寻找公平与效率兼顾的土地增值收益分配的正确途径。研究基于对马克思产权理论和西方现代产权理论、英美法系产权构造体例和大陆法系产权构造体例的比较，认为中国沿袭马克思主义产权理论和依循大陆法系产权构造体例，所有权具有广义的含义，被赋予终极支配权的地位，并具有将所有权制度安排“政治化”的观念，与现实中复杂的产权安排事实产生了脱节，已成为土地产权制度改革的障碍。借鉴乔治的土地单一税理论所蕴含的土地“虚拟国有化”思想，中国应该搁置关于“土地公有”或“土地私有”的争议，从土地税收入手对土地产权制度中的不合理安排进行温和的“修正”。

“土地增值归公”“土地增值归私”“土地增值公私分享”的不同思想反映了对土地增值收益来源理解与利益分配价值取向的差异。土地增值收益分配主要存在两方面的困境：一是土地自然增值归公与产权保护的冲突；二是土地增值收益难以在各利益相关主体间进行分割。本研究认为，土地增值分配应当综合考虑土地产权保护、保持土地市场活力和提高土地利用效率、土地增值作为外部性经济属性理应归公的需要，实行“公私分享”的分配制度。对不同国家土地增值收益管理工具应用的比较表明，在土地产权工具应用方面，中国应反思土地储备制度与土地批租制度存在的问题，与一般意义上的土地储备制度不同，中国土地储备制度的实施是与强制土地征收权相结合，并受到政府经济人和公共管理者双重身份的行为目标约束，土地储备制度成为控制土地价格和发掘土地价值增值的重要政策工具；也应该慎重对待土地批租制度可能导致的房地产价格飙升、土地投机、工业基础削弱、居住生活空间被侵蚀等种种问题；土地发展权是关系到土地产权和土地收益分配的核心问题，应当要考虑创设土地发展权制度。土地税收制度是一个繁杂的体系，研究重点是一般财产税（核心是房地产税，美国的财产税具有典型代表性，研究着重对其进行了研究）和土地增值税制度（采纳国家不多，对重要国家实行情况进行了分析比较）。研究也对中国土地产权与土地税收制度实施的概况进行了梳理，两种所有制的土地产权地位不对等、农村集体所有制土地产权主体虚置是中国现行土地产权制度存在的主要问题；在土地税费体系设计方面，则存在体系繁杂、土地租税费性质不明、重复征收、征管不力等种种问题。

2. 实证研究

为了从微观层面上研究投资、区位、交通条件等因素对土地价值（价格）的影响，采取将“城市中心距”指标与地价的三次曲线关系变换为线性关系后与其他变量指标进行组合的方法，建立了中山市居住用地特征价格的组合模型；并基于特征变量与对土地价格之间的线性相关与曲线模拟拟合关系的比较，确定模型的总体结构形式，较好地诠释了中山市土地利用空间格局与土地出让市场的实际情况，并通过求取偏导的方法测算土地特征的边际增值量，从而具体分析单个土地特征对土地增值的影响。研究将特征价格方法应用于对土地价格和土地增值问题研究，为土地增值测算与土地收益分配问题的提供了新的思路。土地特征价格模型的结构分析不但有助于明晰土地增值的机制，而且通过测算每一个土地特征变化引起的土地增值量，为“受益者付费”原则提供了量化准则，对于设置科学合理的土地增值税率、为土地税收征管建立可靠的土地估价工具具有重要的参考价值。

农地征收补偿所导致的社会矛盾冲突问题与土地增值收益分配机制不合理密切相关，也是土地增值收益分配研究关注的重点领域。关于农地征收补偿的研究主要讨论了土地增值收益分配局部政策存在的问题。基于农地征收补偿调查，共获得分布于全国东、中、西部 17 个省 47 个县 409 个样本村的有效调查问卷（每村调查一个农户），总体来看，被调查行政村大部分都发生了征地，而征地补偿标准普遍偏低（1万—3万元/亩的比例最高，为41%）；在征地补偿之外，没有获得任何形式的社会保障的比例最大（占56.5%）。关于征地意愿，有66%的农户表示不愿意土地被征。以广东省获得的样本村农地征收补偿调查问卷获取的信息为基础，基于IAD（奥斯特罗姆的制度分析与发展框架，Institutional Analysis and Development framework）延伸决策模型，构建了农户征地意愿决策与满意度评价测度因子和评估指标体系，运用二元非线性模型（Logit和Oreder－Probit）、Blinder－Oaxaca分解和Heckman二阶段选择模型，对已征地农户和未征地农户的征地决策与满意度进行了评价，评价结果发现，从提高农户满意度的角度，征地程序公正和规则透明，征地补偿款较多地发给农户家庭而不是集体，可能比片面提高征地补偿标准更有用。

研究选择了一个农地征收个案，从土地租税费的角度对农地征收到开发建成全过程中的土地增值收益状况进行了详细研究，揭示了中国典型的农地非农化过程中土地增值收益分配的机制与土地增值收益政策工具的应用情况。基于项目过程中发生的土地租税费、其他成本及销售收入、征地补偿等费用的详细梳理和测算，发现在该开发项目中，包括土地出让金、耕地占用税、土地增值税等在内的各种土地租税费总费用占项目预期销售收入比达到31.56%。在土地总增值中，人工增值仅占2.28%，自然增值占97.72%。在土地自然增值中，政府获得45.30%，其中租（土地出让金）、税、费形式的收入占比为67.60%：27.09%：5.31%；房地产开发商获得30.36%，经测算，开发商在本项目中的税前投资利润率为33.70%，税后投资利润率28.26%；农民以征地补偿形式获得的土地增值收益仅占0.19%，补偿显著偏低。

土地增值收益分配的实质是土地发展权益的配置。对重庆“地票制”、南海“土地股份合作制”、广州“城中村改造补偿方式”等案例的研究表明，土地发展权以事实产权的形式存在于各种不同形式的土地开发利用活动中，这些个案的共同特征是土地发展权配置显示了“私有化”的倾向，有效消除了根据土地原用途价格对土地拆迁进行补偿、国有化土地非农化开发等模式存在的痼疾，打破了土地公有制下土地发展权被先验地认为属于国家所有的固有观念，切实地保护了农民的土地发展权权益，这种自下而上的诱致性制度变迁的方式提供了有效的实践经验，对农村集体土地征收拆迁补偿和土地流转制度改革具有创新意义，揭示了制度变革的方向。研究也选择了不同类型（农地征收、城中村改造、旧城区综合整治工程、旧工业区改造）、不同区域（城市中心区、旧城区、城市近郊、城市远郊）的四个土地（房屋）征收典型案例，对其土地开发利用中的土地增值收益分配进行了测算比较，并从土地发展权的角度对土地增值分配机制进行了剖析。研究表明政府在土地（房屋）征收中获取了过高的土地增值收益是比较普遍的情形，但同时也存在土地增值回收途径欠缺、土地增值收益流失严重的情况。导致土地增值收益分配失衡的根本原因在于缺乏统一规范的法律制度、产权界定不合理、缺乏合理的土地增值收益分配原则和有效的政策管理工具。最后，基于土地发展权概念建立了土地增值收益分配理论模型，探讨了农地非农化过程中政府、开发商和农民应当分享的土地增值收益合理比例问题，并以广州市为例进行了模拟研究。研究认为农民应获得土地增值中的农地发展权收益，政府应获得市地发展权收益，开发商应获得社会平均利润率下的土地开发资本投入收益。农民、开发商和政府分享土地增值收益的理想比例是农民占25%—30%，开发商占15%—20%，政府占50%—55%。在现有的土地国有化模式下的农地非农化过程中，以农地发展权的平均价值作为制定征地补偿标准的依据不仅体现了补偿公平原则，也符合通过市场机制对被征农地进行补偿的制度改革方向。研究结果可为土地征收补偿标准制定、耕地和生态保护补偿标准制定和土地增值税税率设置等提供参考依据。

3. 问题总结与对策建议

总的来看，中国土地增值收益分配制度存在的主要问题表现在：缺乏明确的土地增值收益分配指导思想与制度设计总体框架，缺乏明确的土地增值收益分配归公、归私或公私分享的指导思想，制度总体框架缺乏内在统一的逻辑，不同利益主体的角色定位不清晰，导致目前土地开发利用活动中不同的土地增值分配形式并存、不同参与主体间土地增值分配不公等各种乱象；由于缺乏人格化的土地所有权主体，两种所有权居于不平等的地位，受政治意识形态影响的土地产权制度安排违背了客观经济规律的要求，现有土地物权权利体系与经济活动中事实产权关系的矛盾，土地产权制度不合理成为制约土地增值收益分配制度的根源；土地租、税、费混淆不清及重复征收，土地税收体系不健全，结构不合理（包括农村土地税收还属于空白），导致土地税收体系未能充分发挥应有的平衡土地增值收益分配功能。

关于土地增值收益分配制度的改革提出了以下对策建议：明确土地增值收益公私分享的原则和不同利益相关者的角色定位，建立土地增值收益分配新模式，重塑地方治理结构。土地增值收益分配区分为两个层次，第一层次分配以效率为目标、以地租分配为主要内容，通过自由市场交易活动完成，地租收益的分配保护土地产权权益；第二层次的分配以公平为目标、以税收调节为主要形式，由政府运用公权力完成，实现“土地增值收益（大部分）归公”的目的。改革土地产权制度，虚化公有制土地所有权、使其成为“治权”的象征，厘清政府职责定位；强化土地私权保护，建设新型土地物权体系，国有土地使用权和农村土地承包权将发展成为独立的不动产物权，土地私有产权界定为使用权、自由转让权和收益权，创设土地发展权制度，土地发展权应按“私有产权”进行初始配置，应转变物权法的立法理念，适当借鉴英美法系的立法原则，在做好顶层设计、把握基本制度框架的同时，鼓励各种合作土地开发模式的地方创新。在土地税收制度建设方面，应构建以一般财产税、土地增值税（或土地利得税）为核心税种的土地税收体系，将土地税收作为主力税种重建地方治理的财政基础。

研究的创新之处

①立足于地方治理理论、产权理论、土地租税与土地增值收益分配相关理论，将土地产权、土地租税费制度、地方财政与地方治理整合为逻辑统一的研究框架，综合运用规范分析、历史分析、比较分析等多种研究方法，探讨中国土地增值收益分配的内在机制、分配模式、存在问题与改革措施，在研究视角和分析框架上具有创新性。

②以具有创新性的理论探讨为基础研究了土地产权与土地税收政策工具的应用问题。借鉴西方现代产权理论与英美法系产权构造体例的优点，完善物权立法理论，提出以所有权虚化、使用权实化和私有化为基础，建立新型土地物权体系。重新辨析了土地发展权的性质，提出了土地发展权是受行政管制的土地开发利用权，在本质上是开发容量许可权，属于无体物权，初始配置应该私权化的新观点。运用特征价格理论研究了土地增值产生机制，从土地租税（费）体系和土地发展权的双重视角下研究了土地增值收益分配机制，对利益主体间的土地增值收益实际分配比例和理想分配比例进行了测算，在此基础上提出了土地税收体系建设和土地税率设置的主张。

③受制于理论研究基础的薄弱和资料收集的困难，土地增值收益分配的问题虽然引起了广泛关注，但深入的实证研究还非常欠缺。本研究在问卷调查的基础上，选取农村土地和城市土地拆迁中的典型案例，对土地增值收益的影响因素与影响效应、土地增值收益的测算及其在不同利益主体之间的具体分配、土地增值收益的理论分配比例等问题进行了定量分析，在实践应用方面也有创新意义。

④研究提出了关于土地增值收益分配制度的总体改革方向。基于土地增值公私分享的出发点，研究认为应消除关于公有制土地所有权的认识误区，建立土地自由交易市场来调节土地供需关系和完成土地增值收益的初次分配。政府应退出市场参与主体的角色，回归管理者的定位，一是作为管理者行使行政权，通过土地规划等手段对土地发展权进行配置和管理；二是作为社会公众的代理人，通过土地发展权配置、土地行政管制权、土地税收工具来综合解决土地增值收益的外部性问题。相较目前土地市场化改革中的多止于“政府”与“市场”关系的探讨，或者仅提出加强土地产权保护、促进土地自由流转等宏观改革指导思想，研究更具有综合性、系统性，不但注重政策建议主张的法理性，也建立了一个涵盖了政府、社会、市场不同利益主体角色定位与利益诉求、不同土地开发利用方

式、土地收益分配不同环节的制度建设总体框架。

研究的不足与未来展望

①综合来看，中国当前土地增值收益分配中的突出矛盾体现在土地（房屋）征收过程中，这是由于中国尚处于快速城市化进程中、城市土地利用处于激烈的变更进程中。由于篇幅所限，研究尚未对处于静态土地利用模式中的土地增值收益分配问题进行实证研究。

②由于土地增值收益分配研究问题的综合性，研究试图建立一个综合性的研究理论框架来对问题进行探讨，其中囊括了地方治理、土地财政、土地产权、土地租税费、行政管制、农地征收、城市房屋拆迁等各种理论和实践问题，但同时也带来了研究体系较为庞大，研究深度不够等问题，尤其是关于土地税制与地方财政建设问题，还停留在初步阶段。

③研究着重探讨了土地增值收益分配制度的改革方向（终极制度改革方案），但改革的过程不可一蹴而就，期间会出现各种渐进的、小步跨越的改革模式，产生各种不同的地方实践方式，课题对改革的步骤设计、地方差异等方面的研究还存在欠缺。

未来应进一步重点深入研究的课题应包括：土地产权制度改革、包括土地发展权制度创设在土地增值收益初次分配中的作用机制；土地税制设计及其对土地增值收益分配与地方财政建设的影响。从研究的地域空间范围来看，不同农地非农化模式下的土地增值收益分配制度比较、城市更新中的土地产权结构与土地收益分配也将是研究应重点关注的方向。

附　录　农地征收补偿调查问卷

Ⅰ概况

1. 请问您的年龄是

A. 30 岁以下

B. 31 岁—45 岁

C. 46 岁—60 岁

D. 61 岁以上

2. 请问您家庭及全村的基本情况？

被访人家庭概况				全村概况	
受访者性别		承包地面积（亩）		总面积（亩）	
家庭总人口		承包耕地面积（亩）		总人口（人）	
宅基地面积（平方米）		住房面积（平方米）		外出打工人数占全村人口的比例（%）	

3. 请问您家收入的主要来源有（请按顺序填写）

A. 务农　B. 打工

C. 承包地转包　D. 宅基地建房出租

E. 经营个体工商业　F. 村集体经济分红

G. 其他

4. 请问您家人均年收入的水平大概是

A. 5000 元以下　B. 5000 元—10000 元

C. 10000 元—20000 元　D. 20000 元以上

5. 改革开放以来本村发生过土地征收（征用）的次数是

A. 从来没有　B. 1 次

C. 2 次　D. 3 次或 3 次以上

如果第 5 题回答为 A，则进入第 18 题，否则进入问卷第 6 题

Ⅱ征地及补偿情况

6. 本村最近一次土地被征收发生在______年，全村被征土地面积______亩，其中宅基地面积______亩，农用地面积______亩，耕地面积______亩，涉及农户______；您家被征土地面积______亩，其中宅基地面积______亩，农用地______亩，耕地面积______亩。

7. 村土地被征后获得补偿的方式有哪些（可多选）？

A. 货币（现金）补偿　　B. 安置房补偿

C. 社保补偿　　D. 留地补偿

E、其他（请填写）________________

8. 仅针对有农用地被征的情形：您家因农用地被征工获得货币（现金）补偿收入______元。您是否了解您家获得的货币收入补偿标准是按以下哪种方式确定的？

A. 被征土地前三年年均产值的30倍（《土地管理法》规定）

B. 根据本省（市）另行制定的补偿标准

C. 通过与政府进行协商谈判确定

D. 不清楚

9. 关于全村获得的征地货币补偿收入，其在农户和村集体间的分配方式是

A. 全部分配给农户

B. 农户和村集体分享，村集体占大头

C. 由农户和村集体分享，农户占大头

D. 其他（请填写）______________

10. 仅针对有宅基地被征收的情形：您家获得宅基地补偿的方式是怎样的？如是否统一建安置房？住房面积的补偿标准？是否需要缴纳够房款？如是，缴纳购房款的标准是怎样的？购房款的缴纳是否从上述第8题中所获得的货币补偿收入中抵扣？以及其他需要补充的方面。

自己补充：A. 安置房补偿，按集中统一建设公寓安置房形式进行补偿

B. 安置补偿，由村户另行选地获批后分散建设新住房

C. 货币补偿，由村户在市场上购置商品住房

D. 其他

E. 没有宅基地被征情况

11. 您家因土地被征获得以下哪些形式的社会保障补偿（可多选）？
A. 养老保险　　B. 医疗保险
C. 失业保险　　D. 就业培训
E. 就业安置　　F. 没有任何形式的社会保障补偿措施

12. 对于已被政府征收的土地，您所了解的情况
（1）是否已经出让？（是/否）
（2）如果是，是否了解出土地让金？（是/否）价格是________
（3）如果是，通过以下何种方式出让
A. 行政划拨　　B. 协议出让
C. 招标出让　　D. 挂牌出让
E. 拍卖出让　　F. 不清楚
（4）土地出让的用途为
A. 公益性用途　　B. 商业用途
C. 商住用途　　D. 工业用途
E. 旅游用途　　F. 其他（请填写）______
G. 不清楚

Ⅲ征地意愿、满意度与土地产权认知度
13. 从您个人的意愿来看，您是否同意征地？（是/否）

14. 您是通过以下何种方式获得土地被征的信息的？
A. 上级政府颁发的书面通知　　B. 村委颁发的书面通知
C. 村委书面公告　　D. 村民大会告知
E. 其他途径（请填写）__________

15. 您是否了解政府与村签订的征地协议的内容？（是/否）征地协议通过的形式是
A. 未经村民同意直接通告
B. 经村民代表大会或听证会同意后通过
C. 经上访后通过
D. 经上诉后通过
E. 其他途径（请填写）

16. 您对征地补偿标准的满意程度
A. 补偿合理，很满意
B. 补偿较合理，比较满意
C. 补偿偏低，不太满意
D. 补偿远远低于生活保障需要和市场价值，很不满意

17. 经征地后，您的预期收入水平与之前相比__________
A. 下降了　　B. 上升了
C. 基本持平

18. 您认为您家的承包地和宅基地归谁所有？
A. 属于国家所有　　B. 属于市/县政府所有
C. 属于乡/镇所有　　D. 属于村集体所有
E. 完全属于农户个人所有　　F. 属于政府、集体和个人共有
G. 不知道

19. 您希望对自家的承包地和宅基地拥有下述哪些权利（可多选）？
A. 自由选择土地用途　　B. 自由上市交易
C. 自由抵押　　D. 自由兼并
E. 其他（请填写）__________

20. 如果您拥有承包土地和宅基地的完全所有权，您在何种情形下最可能将土地永久出卖以获得现金收入？

A. 无论如何绝不会将土地永久出卖

B. 只在极端困难情形（如家庭破产、家人病危等急需资金）下才可能将土地出卖

C. 对自己及子孙未来就业和生活不担心，只要市场价格合适就可以永久出卖

D. 不确定

21. 如果您可以享受与城镇居民完全相等的社会保障条件（养老、医疗、上学），并获得城镇就业机会或享受失业保障，您是否愿意放弃农村户口和土地而选择进城落户？
A. 不愿意　　B. 愿意
C. 很难说

22. 请谈谈您对征地及征地补偿的意见：如补偿标准和补偿收入分配是否公正？村集体对征地补偿提留的使用是否透明和合理？村集体与村民在土地征收及补偿方面是否存在矛盾？如有，存在哪些矛盾及原因？您是否知道新的农地征收条例（《农村集体土地征收补偿条例》）即将出台？对即将出台的农地征收条例有什么期待？其他意见和看法。

致　谢

感谢国家社会科学基金委员会资助完成本研究。

研究生潘英健、严诗露、王哲、徐莉、杨莹、隆容君，本科生彭帅、董睿、刘一凡、何熠琳、黄奕娜等同学参与了农地征收补偿问卷调查、重庆地票制和广州城中村改造等案例调查，以及调查和统计资料整理分析工作。研究生同学对本书做出的贡献还包括：潘英健参与完成了第4章的研究工作，张冰洁参与完成了5.1节的研究工作，曹裕参与完成了5.2节和6.4节的研究工作，严诗露参与完成了5.3节的研究工作，付磊参与完成了6.1节的研究工作，王哲参与完成了6.2节的研究工作和部分文献整理工作。王哲、梁智、杨莹、杨倩楠帮助对本书进行了文字排版工作。在此一并表示感谢！